맹지 탈출
노하우

현황
도로

《 개정판 》

맹지 탈출 노하우
현황도로

개정판 1쇄 발행 2022년 10월 26일
개정판 2쇄 발행 2025년 01월 10일
지은이 서영창

펴낸이 김양수
책임편집 이정은
교정교열 채정화

펴낸곳 도서출판 맑은샘
출판등록 제2012-000035
주소 경기도 고양시 일산서구 중앙로 1456 서현프라자 604호
전화 031) 906-5006
팩스 031) 906-5079
홈페이지 www.booksam.kr
블로그 http://blog.naver.com/okbook1234
이메일 okbook1234@naver.com

ISBN 979-11-5778-567-4 (03320)

국가와 지자체가
해결해야 할!!

맹지 탈출 노하우
현황도로

《개정판》

★★★
YouTube
서영창교수의
토지투자의 모든것
동영상 강의중!!
★★★

서영창 지음

맑은샘

필자가 법과대학을 다닐 때는 우리 국민 대부분은 단독주택에서 살았다. 기본 6법 공부에 매달리던 시절임에도 주택들 사이에 미로처럼 뻗어 있는 골목길이나 주택들 사이사이의 공터를 바라보면서 저 땅의 소유자는 누구이기에 왜 자기 땅을 자유롭게 무상으로 사용하도록 내버려두고 있는 것일까 하는 막연한 의문을 가지고 있었다. 그러다가 토지소유자가 지방자치단체를 상대로 "왜 내 땅을 허락도 없이 주민들에게 도로로 제공했느냐"는 이유로 제기한 부당이득반환청구 소송을 접하면서부터 막연한 의문을 가졌던 문제들이 소송으로 해결되어 가고 있다는 사실을 알게 되었다.

도로법상의 노선 인정 및 공고나 이에 따른 도로구역의 결정 및 고시의 대상이 되지 않은 채 사실상 도로로 이용되어 온 '현황도로'와 관련된 사안들에서는 국가나 지방자치단체가 그 토지를 점유하고 있다고 볼 수 있는지가 해결해야 할 쟁점이었다. 넓은 면적의 토지를 분할하여 매도하였는데 그 분필된 토지 사이에 도로 형태로 남아 있는 토지에 대하여는 분할 당시의 토지소유자가 사용·수익권을 포기한 것으로 볼 수 있는지, 그 토지의 승계취득자는 사용·수익권 포기 사실을 알고 취득하였다고 보아야 할 것인지가 쟁점이 되었다. 이 쟁점은 최근 대법원 2019.1.24. 선고 2016다 264556 전원합의체 판결로 정리가 되었다.

맹지 소유자와 인접 토지소유자 사이에서 발생하는 주위토지통행권의 존부와 범위를 둘러싼 분쟁도 많았다. 이러한 문제들을 안고 있던 토지들에 대한 분쟁이 상당히 많이 해결되어 현재는 이러한 유형의 소송 사례가 드물어지고 있다. 그 대신 대규모 개발행위가 빈번하게 행하여지면서 사실상의 현황도로를 둘러싼 사업시행자와 국가 또는 지방자치단체 사이에서의 민사 분쟁이 빈발하였는데, 이에 대한 법리도 판례의 축적으로 어느 정도 해결이 된 상태이다.

행정법원 출범 초기에 행정소송을 담당하면서부터는 건축허가처분이나 불허가처분의 위법 및 무효의 관점에서 건축 문제에 부딪히게 되었다. 일조권 문제, 건축물 간의 이격거리 문제, 환경권 문제, 지구단위계획, 제삼자에게 건축허가취소를 구할 원고 적격이 있는지의 문제 등 사안마다 다른 법률문제를 해결해야만 하였다. 판례가 축적되면서 행정법원 출범 초기에 대두되었던 건축법 관련 문제들이 이제는 많이 해결이 된 상태이고 제삼자의 원고 적격도 대법원이 점점 넓게 인정해가는 추세에 있다. 그런 가운데서도 건축물의 접도의무와 관련된 문제는 여전히 분쟁이 자주 발생하고 있는 사안으로 보인다.

이 책의 저자가 지속적으로 지적해온 것처럼 사실상 도로로 이용되는 현황도로나 건축법 제2조 제1항 제11호 나목 소정의 "건축허가 또는 신고 시에 위치를 지정하여 공고한 도로" 등에 대하여 행정관청이 취하고 있는 보수적인 태도에도 그 이유가 있겠지만, 이 문제에 대한 해답을 주기 위한 입법자의 노력이 부족한 것도 이유라고 생각된다. 저자가 지적하는 것처럼 이제 많은 사례가 축적되었으니 입법에 의한 친절한 해결책 안내가 가능한 시기가 되었을 것이다.

최근 법원은 민사와 행정이 복합적으로 문제되는 재개발, 재건축 등과 같은 복잡한 법 영역에 대하여는 법관들이 힘을 합하여 해설서를 만들어 핸드북과 같은 지침서로 활용하고 있다. 그러나 개발행위나 건축에 필요한 도로와 같은 문제에 대한 포괄적인 해설서는 아직 어느 누구도 시도하지 못하고 있는 것 같다.

그러던 중 오랜 기간 부동산학을 강의한 교수인 저자로부터 이 저서를 살펴보아 달라는 청을 받았다. 알고 보니 저자는 이미 《맹지탈출노하우 건축과 도로》라는 저서를 발간하여 호평을 받은 적이 있었는데, 이 저서는 그 후속 저서였다. 필자가 살펴보니 건축에 필요한 도로와 관련된 모든 문제를 망라한 방대한 내용이었고, 간결하고 압축된 글 속에 실무에서 부딪칠 수 있는 문제들을 빠짐없이 발굴하고 그 해결책을 정확하게 제시하고 있어서 매우 놀라웠다. 일선에서 건축허가 업무를 담당하는 실무자뿐만 아니라 소송을 담당하는 변호사, 그리고 재판 업무를 하는 법관들도 곁에 두고 필요할 때마다 찾아본다면 시간과 노력을 줄일 수 있고 합리적인 해결책을 찾아내어 국민들의 권익 보호는 물론이고 행정관청의 업무 처리에도 큰 도움이 될 것임이 분명하였다.

우리나라가 건축과 도로에 관한 법령을 갖게 된 것은 일제 강점기로 거슬러 올라간다. 해방 후 현재까지 지속적으로 이루어진 법령 개정과 판례 축적으로 현재는 국민들의 예측 가능성이 높아졌고 건축행정을 담당하는 공무원들을 위한 행정관청 내부의 지침도 많이 정비된 것 같다. 그러나 건축에 필요한 도로의 문제는 공법과 사법이 교차하는 영역에 속하다 보니 현황도로, 건축법 제2조 제1항 제11호 나목 소정의 도로 등과 관련하여 아직도 행정관청이 민원을 의식하여 전향적인 결정을 내리는 데 주저하는 것 같다. 저자는 이 점을 아쉬워하면서 행정 관행이 국민들의 재산권을 보호하는 방향으로 해결되기를 바라고 있는데, 필자도 저자의 견해에 공감한다.

국민이 국가를 위해 애국하는 방법에는 여러 가지가 있겠지만, 이러한 실무지침서를 만들어 건축 때마다 부딪치는 일반인들의 고생을 덜어주고 실무가들의 시간과 노력을 아껴주는 일이야말로 진정한 애국 행위일 것이다. 저자가 바라는 것처럼 이 저서가 도로와 관련된 건축행정에 큰 기여를 하기를 기원해본다.

법무법인 민주
변호사 김 영 태

 건축허가 및 개발행위허가에서 허가청은 허가신청자의 건축물 진입로가 공도(법정
도로) 또는 공로公路(비법정 도로인 일반 공중의 통행로 포함)까지 연결되어 '그 건축물 이
용자의 편의와 긴급 차량의 통행로가 확보된 경우'에 건축허가를 하여야 한다.
 이때 허가권자는 그 건축물 진입로 소유자로부터 사용동의를 받아서 그 진입로를
건축법 도로로 지정·고시하고 '도로관리대장'에 등재하여 공로로 관리하고 있다.

 반면 그 진입로가 이미 현황도로(건축법 제2조 1항 11호의 도로가 아닌 비법정 도로)인
경우에는 ①그 현황도로의 너비·구조가 건축법 및 개발행위허가기준에 맞고 ②그 현
황도로소유자가 사인私人인 경우 사용동의를 받아야 한다. 다만 ③배타적 사용·수익
권이 제한되었다고 판단되면 사용승낙 없이 허가할 수 있고, 국·공유이면 사용허가
를 받아야 한다(비법정 현황도로는 형질변경이 없으면 허가 없이 사용할 수 있다).

 이런 현황도로가 생긴 원인은 여러 가지인데, 허가청 및 국토부는 그 소유권 보장
과 통행권 보호(공익) 분쟁을 민사사안(=사적자치 영역)이라는 이유로 방치하고 있어,
주민들은 현황도로로 인한 분쟁이 많고 지자체는 이런 민원으로 행정력이 낭비되며
도시인의 귀농·귀촌의 큰 걸림돌이 되어 전국 균형발전을 막는 원인이기도 하다.

 지금 전국에 산재한 수많은 현황도로를 지자체가 공로公路로 만들지 못해 주민들의
분쟁이 계속되고 있는데, 단지 사유私有라는 이유만으로 허가신청자에게 사용승낙을
요구하는 것은 국가 및 지자체의 올바른 행정은 아닐 것이다.
 이제라도 미불용지 등 소유자가 억울한 현황도로는 보상補償하고, 그 이외에 소유자
스스로 배타적 사용·수익권을 포기하였거나 각종 허가관련 법령과 대법원 판례 법
리에 따라 이미 배타적 사용·수익권의 행사가 제한된 현황도로는 국가가 나서서 업
무지침 또는 법령개정을 통하여 지자체가 적극행정(주민들의 통행권 보호)을 펼칠 수

있도록 보호막을 만들어주어야, 결국 억울한 국민이 생기지 않을 것이다.

예를 들어 소유자가 ①자기 필요(편익)에 의하여 개설하여 주민들에게 자유롭게 사용하도록 하였거나 ②국가 및 지자체에 기부의사를 표시했는데도 지자체가 관리의 어려움 등으로 기부채납을 받지 않았거나 ③소유자가 마을자조사업에서 마을길 또는 농로로 사용할 것을 허락하였거나 ④허가제도가 미비하여 개설도로를 건축법 도로로 지정할 수 없었거나 ⑤허가제도 이전부터 자연발생적으로 사용해온 마을길 또는 농로를 20년 이상 용인한 것 등은 그 배타적 사용·수익권의 행사가 제한되는 공로가 될 수 있는데, 그동안 허가청은 대법원 판례(2009다822)가 배타적 사용·수익권이 포기된 소유권은 물권법정주의에 어긋난다고 하여 사용승낙을 요구하였으나, 2019.1.24. 대법원 전원합의체 판결(2016다264556)에서 사유라도 일정 조건에 해당되면 원 소유자 및 승계인까지도 토지인도 및 부당이득반환 청구권을 행사할 수 없다고 판결하여 사실상 배타적 사용·수익권이 제한된 도로가 존재하게 되었다.

그러므로 지자체는 건축허가 때마다 그 진입통로를 건축법 도로로 지정하는 것을 원칙으로 하되, '해당 건축물의 출입에 지장이 없다고 인정되는 경우'에는 예외를 두고, 또한 건축조례 및 대법원 판례 법리에 따라 소유자의 배타적 사용·수익권이 제한된 도로라고 판단되면 그 소유자의 사용승낙 없이 공로公路로 인정하여야 한다.

다만 건축법 도로를 지정할 수 없는 비도시·면지역은 그 현황도로가 개설될 당시 소유자 스스로 배타적 사용·수익권을 포기한 근거가 있거나, 허가권자가 공로로 사용할 것을 허가조건으로 하였거나, 대법원 전원합의체 법리에 따라 배타적 사용·수익권의 행사가 제한되는 현황도로라고 판단되면 사용승낙 없이 허가하여야 할 것이다.

그런데 이런 현황도로의 문제는 국토교통부만으로 해결할 수 없다. 왜냐하면 현황도로는 그 발생 원인 및 개설경위에 따라 배타적 사용·수익권의 제한에 대한 판단기준이 다를 수 있고, 또한 그 현황도로를 유지·관리하고 있는 지자체 담당자를 보호하기 위한 중앙정부의 각종 법령도 개정되어야 하기 때문에, 국토부 – 행안부 – 농림부 – 산림청 – 환경부 등이 한시적으로 TF팀을 구성하여 해결책을 찾아야 할 것이다.

저자는 전국 지자체가 법령의 미비 등으로 소극행정을 할 수밖에 없었던 이유를 200여 개 상담사례에서 분석하여 이 책과 유튜브에 올렸다. 이제 지자체는 허가관련법에서 위임받은 재량권과 민법 및 대법원 판례 법리에 따라 도시지역은 '조례도로'로 일괄지정하고(예시: 울산광역시 울주군), 비도시(·면)지역은 공로公路의 기준을 자체적으로 정하여(예시: 충남 당진시) 공정한 적극행정을 하여야 하고, 국토부 등 중앙행정부는 법령개정을 통하여 그 보호막을 만들어야 하며, 법률전문가는 행정법 근거 및 판례 법리를 연구하여 현황도로로 인한 국민의 고통을 최소화해주길 요청한다.

그동안 바쁜데도 불구하고 제 질문에 성심껏 답변해주신 법무법인 민주의 김영태 변호사, 법무법인 강남의 이헌제 변호사, ㈜웅진설계 김종수 대표, 유신㈜의 이동훈 이사, 이천시 이상훈 팀장(건축사), 당진시 이용규 팀장(기술사)께 감사드리고, 유튜브 제작 및 상담에 노력해준 배연자 원장, 고유진 대리에게도 고마움을 전한다.

디디알부동산연구원
서영창 교수(박사)

차례

PART 1 — 건축법 강화로 맹지가 된 사례

PART 2

대법원 판례 법리와 사유도로 분쟁

PART 3

건축법 예외와 진입로 분쟁

PART 4

개발행위허가의 진입로

비도시·면지역의 현황도로

대형 개발에서 발생된 현황도로

PART 6

PART 7 정당한 보상이 안 된 현황도로

PART 8
도시계획(예정)도로와 현황도로

PART 9

국·공유지 현황도로를 공도로 만들기

PART
10

지적(측량)법의 현황도로

PART 11

법령 개정과 적극행정지침 제정

건축법 강화로 맹지가 된 사례

건축법 (지정)도로가 되지 못한 비법정 현황도로를 이용한 건축허가 (신고)에서 허가신청자는 건축법이 강화되면서 발생된 현황도로가 건축법 등 허가 관련 법령과 소유자의 배타적 사용·수익권이 제한될 수 있다는 대법원 전원합의체 판례(2016다264556) 법리에 맞는 현황도로라는 것을 입증하여(87누861), 허가권자가 공법 및 민법에 따른 재량적 판단으로 소유자의 사용승낙 없이 건축허가할 수 있도록 하여야 할 것이다.

1. 1962.1.20. 건축법 이전의 현황도로

1962.1.20. 건축법 제정 이전 현황도로

현황도로

도시계획 도로

현황도로의 정의
1. 건축법 도로로 지정되지 않은 도로
2. 실제 현황이 건축법 기준에 맞는 도로
3. 배타적 사용권 제한이 미확인된 통로

건축법이 진화(강화)되면서 발생하는 민원은 국가 및 지자체가 해결해야 한다. 그러므로 1934년 이후 건축법 강화로 주민들 간의 분쟁이 되고 있어, 허가권자가 잘 판단해야 할 첫 번째 '현황도로'는 건축법이 제정되기(1962.1.20.) 전부터 건축허가에서 건축물 진입로로 만들어진 통로이다.

건축법은 전국적으로 공평하게 집행되어야 하고, 예외적으로 지자체 건축조례로 다르게 집행될 수 있지만 그 법률적 근거가 명확해야 하는데, 건축법 제정 전의 현황도로로 건축허가가 가능할 것인지에 대해서는 각 지자체가 해석을 다르게 하고 있다.

물론 일선 지자체 공무원도 민원인에게 일부러 부담을 주려는 것이 아니라 현행 건축 법령 해석에 대하여 자신감이 부족하기 때문일 것이다. 그래도 허가담당자는 공법公法과 사법私法을 모두 공부하여 법이 허용하는 적극행정을 하여야 한다.

건축법 제정 당시 건축법 조문을 살펴보면, 건축법 도로란 너비 4m 이상의 모든 도로를 말하고, 현행 건축법처럼 법정도로와 지정도로를 포함하였다. 그러므로 어떤 현황도로가 너비 4m 이상으로서 1962.1.20. 전에 개설된 것을 객관적으로 입증할 수 있다면 이 현황도로는 사유라도 건축법에 의하여 '배타적 사용·수익권'이 제한되어 사용승낙이 필요 없는 일반 공중의 통행로(공로)인 것이다.

(1962.1.20.) 건축법 제2조(정의)
① 이 법에서 사용하는 용어의 뜻은 다음과 같다.
15. 도로라 함은 폭 4m 이상의 도로를 말한다. 시장, 군수가 도로의 신설 또는 변경에 관한 계획의 고시를 하였거나 위치의 지정을 한 도로도 또한 같다.

현재 우리나라 골목길, 마을길의 너비는 대부분 4m 미만인데, 1962년 건축법 제정 당시 너비 4m 미만 골목길은 건축허가 시 도로로 지정되지 않았다면 현행 건축법 도로가 될 수 없는, 즉 건축허가 조건에 맞지 않는 현황도로라고 생각하기 쉽다.

그러나 건축법 제정 전 도로의 건축법 도로 인정 여부에 대한 판단은 건축법 부칙의 경과규정을 보아야 하는데, 얼핏 건축법 제정 전의 모든 건축물 허가기준이 건축법 제정 당시 법령에 맞지 않으면 기득권조차 인정되지 않는 것으로 보일 수 있다.

건축법 부칙 〈법률 제984호, 1962.1.20.〉
③ (경과규정) 본법 시행 당시 종전의 법령에 의하여 행한 처분 기타의 절차는 본법 또는 본법에 의하여 발하는 명령에 저촉하지 아니하는 한 본법의 규정에 의한 것으로 본다.

그래서 지자체는 건축법 제정 전의 너비 4m 이상의 현황도로는 건축법 도로가 되지만, 4m 미만의 현황도로는 건축법 도로로 보지 않으려고 한다.

그렇다면 '조선시가지계획령'에 의하여 지어진 건축물 중 너비 4m 미만의 골목길에 접한 대지는 현행 건축법 너비 기준에 맞지 않으면 개축조차 될 수 없다는 말인가?

이런 해석은 국민에게 너무 큰 부담을 주어 '비례의 원칙' 등에도 어긋나는 것이다. 그러므로 제정 건축법의 입법 취지를 (국민의 편에 서서) 해석한다면, '조선시가지계획령'에 의하여 건축된 건물의 통행로는 현행 건축법 너비 및 구조 기준에 맞고 그 소유자의 배타적 사용·수익권이 제한된 건축법 도로라고 해석하는 것이 타당하다.

그러려면 먼저 1934년 제정되어 1962년 건축법 제정 시까지 존재했던 '조선시가지계획령'을 살펴볼 필요가 있다.

조선시가지계획령 [시행 1934.6.28.]
[조선총독부제령 제18호, 1934.6.20. 제정]
제26조 시가지계획구역 안에서의 건축물은 그 부지가 조선총독이 정하는 바에 의하여 도로부지에 접하지 아니하고는 건축할 수 없다. 다만, 특별한 사유가 있는 경우에 행정 관청의 허가를 받은 때에는 그러하지 아니다.
제37조 ① 도로라 함은 폭원 4m 이상의 도로 및 폭원 4m 미만의 도로로서 토지의 상황에 따라 행정 관청이 인정한 것을 말한다.

이 조선시가지계획령은 1962년 도시계획법과 건축법으로 나누어지면서 폐지되었는데, 이 영 제26조에 의하면 '시가지계획구역' 안에서의 건축물은 '도로부지'에 접하지 아니하고는 건축할 수 없다고 규정되었다.

여기서 시가지계획구역이란 이 영 제15조에 주거·상업·공업·녹지지역 및 혼합지역을 말하는 것으로, 지금의 국토계획법에 의한 도시지역과 비슷하다.

그리고 도로부지란 이 영 제37조에 규정된 도로를 말하는데, 건축허가를 받을 수 있는 도로란 너비 4m 이상의 도로 및 4m 미만의 도로로써 토지의 상황에 따라 행정청이 인정한 것을 말하는 것으로, 1962년 제정된 건축법의 도로와 비슷하다. 그러므로 이런 통로(도로부지)는 도로관리대장에 없어도 배타적 사용·수익권이 제한된 도로로써 제정 건축법 부칙 제3조에 따라 현행 건축법 도로라고 해석할 수 있다.

또한 조선시가지계획령 제26조의 단서에 의하면 행정청의 허가를 받으면 대지가 접도하지 않아도 건축허가가 가능하다고 규정되어 있는데, 제정 건축법 제27조 단서에 의한 건축허가의 접도의무 예외와 같은 의미이다.

(1962.1.20.) 건축법 제27조 (대지와 도로와의 관계)
① 대지는 2m 이상을 도로에 접하여야 한다. 단, 건축물의 주위에 넓은 공지가 있거나 기타의 사정으로 보안상 지장이 없을 때에는 예외로 한다.

다시 말하면 건축법 제정 당시의 건축물 대지의 접도의무는 지금처럼 너비 4m 이상의 도로에 2m 이상이 접해야 하였고, 너비 4m 미만의 도로는 건축허가 시 건축법

건축법 강화로 맹지가 된 사례

도로로 지정한 것만 건축법 도로인데, 현행처럼 ①주변에 공지가 있거나 ②해당 건축물의 출입에 지장이 없다면 접도의무를 면제받는다는 것이다.

결국 도시지역의 경우 이 접도의무 예외규정은 1962년이 아니라 1934년으로 거슬러 올라가게 된다. 그러므로 지금 건축허가에서도 접도의무 예외규정을 적극적으로 해석해야 하는데, 일선 지자체는 그렇게 하지 않고 있다.

사례 1 | 80년 된 골목길 안의 개축신고가 반려된 사례   대구 달서구

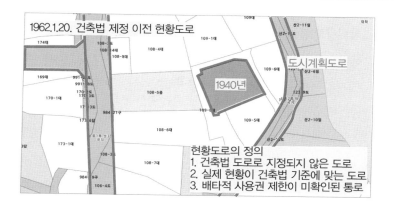

이 진입로인 골목길은 지목이 대(垈)로서 원래 한 필지의 토지에 5채의 주택(1940년 사용승인)이 지어졌지만 대지는 최근까지 원 소유자 명의로 있었는데, 주택 소유자들이 토지인도 소송을 하면서 그 진입로까지 점유취득시효를 주장하였으나, 법원은 일반 공중의 통행로이므로 시효취득을 인정하지 않아 원 소유자의 상속인 명의로 남게되었다. 그런데 허가청은 이 골목길 소유자가 배타적 사용·수익권을 주장한다는 이유만으로 사용승낙이 없이 개축신고를 수리할 수 없다고 하였다.

그러나 지난 80년 동안 주민들이 마을길로 사용해왔고 한 필지를 5개로 분할하면서 개설된 유일한 통행로이므로 대법원 전원합의체 판례(2016다264556) 법리에 맞는 배타적 사용·수익권의 제한된 도로임이 명확하므로, 소유자가 배타적 사용·수익권을 주장한다고 하여도 허가청이 민사사안(사적자치 영역)이라면서 뒤로 빠질 것이 아니라 주민들의 통행권을 보호하여야 할 것이다. 그렇지 않으면 80년 동안 거주해온 주택 및 대지에 대한 재산권 행사를 할 수 없는 억울한 상황에 처하게 된다.

이럴 때에는 당시 조선시가지계획령에 의하여 만들어진 도시지역 안의 도로인 경우에는 정보공개를 통하여 당시 허가 신청 도서를 찾아야 할 것이나 당시 도서를 보유하고 있는 지자체는 거의 없을 것이다.

그렇다면 이곳이 도시지역이므로 건축법 제45조 1항 단서 2호에 의하여 대구시 건축조례에 정해진 현황도로라면 이해관계인의 동의 없이 건축법 조례도로로 지정해줄 것을 요청할 수 있다. 만약 지자체가 건축조례에 조례도로의 지정 입법취지에 맞지 않게 규정되었다면 건축조례의 개정을 요구할 수도 있다.

반면 당시 대지가 시가지계획구역 외지역이었더라도, 당시 규정에 맞게 허가되어 건축물대장이 존재하는 것이므로 그 현황도로가 현행 건축법 너비 기준에 맞고 대구법원이 2차례에 걸쳐 80년 동안 사용해온 일반 공중의 통행로라고 판결하였으므로 그 현황도로가 배타적 사용·수익권이 제한된 것으로 보아 개축을 허용하여야 한다.

그런데도 대구시 달서구청에서는 이 현황도로소유자가 배타적 사용·수익권을 주장한다는 이유만으로 대지 소유자의 통행권을 인정하지 않고 개축허가를 막고 있다.

이때 국민권익위에서도 현장을 확인하였는데, 행정법과 민법에 대한 종합적 판단이 부족한 것인지 허가권자의 재량권이라고 판단하였는지 구제해주지 못하였다.

정리 1962년 건축법 제정 이전의 너비 4m 미만의 도로는 건축허가에서 도로로 지정한 근거가 있어야 건축법 도로가 되는데, 허가권자는 지정근거를 찾을 수 없더라도 (현행법 너비 기준에 맞으면) 법원이 2차례에 걸쳐 내부도로를 일반 공중의 통행로로 판단하였으므로, 대법원 전원합의체 판례(2016다264556)에 따라 현황도로소유자의 재산권과 주민들의 통행권 즉 공익公益과 사익私益을 비교교량하여, '해당 건축물의 출입에 지장이 없다고 인정'하거나 '조례도로'로 지정하는 등의 방법으로 개축신고 신청자의 재산권을 보호하는 것이 올바른 행정일 것이다.

2. 1976.2.1. 건축법의 지정도로

1962.1.20~76.2.1. 현황도로

도시지역 VS 비도시지역

현황도로의 정의
1. 건축법 도로로 지정되지 않은 도로
2. 실제 현황이 건축법 기준에 맞는 도로
3. 배타적 사용권 제한이 미확인된 통로

1934년 이후 건축법 강화로 주민들 간의 분쟁이 되고 있는 두 번째 '현황도로'는 너비 4m 이상으로써 76.1.31.까지의 도로이다. 이 도로는 지금 건축허가에서 건축법 도로로 지정할 필요가 없고 도로관리대장이 없어도 되는 건축법 도로이다.

이런 현황도로가 너비 4m 이상인 경우 건축법 제2조 1항 11호의 건축법 도로에 해당된다는 규정은 1934년 조선시가지계획령과 62.1.20. 제정 건축법에 명시되어 있다.

> **건축법 부칙 〈법률 제2852호, 1975.12.31.〉** **법 조항 살펴보기** ⚖
> ② (기존도로에 대한 경과 조치) 이 법 시행 당시 종전의 규정에 의한 도로로서 제2조 제15호의 규정에 적합하지 아니한 것은 동 규정에 불구하고 이를 도로로 본다.

(1) 이 규정은 1976.2.1.부터는 너비 4m 이상의 도로라도 건축허가에서 건축법 도로로 지정하여야만 건축법 도로가 된다고 바뀌었다. 그러므로 현황도로의 지목이 도로라도 건축법 도로로 지정되지 않은 도로이면 배타적 사용·수익권이 제한되지 않은 현황도로일 수 있다(대법원 99두592).

(1976.2.1.) 건축법 제2조(정의)

① 이 법에서 사용하는 용어의 정의는 다음과 같다.

15. '도로'라 함은 보행 및 자동차 통행이 가능한 폭 4m 이상의 도로(막다른 도로에 있어서
    는 대통령령으로 정하는 구조 및 폭의 도로)로서 다음에 게기하는 것의 하나에 해당하는
    도로 또는 그 예정도로를 말한다.
    가. 도시계획법·도로법·사도법 기타 관계 법령의 규정에 의하여 신설 또는 변경에 관
       한 고시가 된 것
    나. 건축허가 시 시장(서울특별시장·부산시장포함)·군수가 그 위치를 지정한 도로

반면 건축허가에서 허가권자가 그 진입로 소유자의 사용승낙을 받아서 그 현황도
로 또는 신설도로부지를 건축법 도로로 지정하면(건축법 제2조 1항 11호 나목) 그 도로
는 배타적 사용·수익권이 건축법으로 제한된다(대법원 94누11552, 2008두4008 등).

즉 건축법 도로로 지정된 토지 위에는 건축이 불가능하고(건축법 제47조), 이미 축
조된 경우에는 이에 대하여 철거명령을 내릴 수 있으며, 도시지역에서는 3년 이하의
징역이나 5억 원 이하의 벌금에 처할 수 있다(건축법 제108조). 다만 이 제한은 공법적
규율의 반사적 이익일 뿐 주민들의 권리는 아니다(대법원 95다2203, 2002다9202).

대법원 94누11552

건축법 도로로서의 위치 지정이 있게 되면 그 도로 부지 소유자들은 건축법에 따른 토지
사용상의 제한을 받게 되므로 그 위치 지정은 도로의 구간, 연장, 폭 및 위치 등을 특정하
여 명시적으로 행하여져야 한다 할 것이다.

그러므로 1976.2.1. 전에 만들어진 너비 4m 이상의 현황도로는 건축법 도로이지
만(대법원 2011두815, 2011두27322), 당시에는 '도로관리대장' 제도도 없었기 때문에 지
금 공부(公簿)로 건축법 도로를 확인할 수 없다.

그래서 이웃 건축물대장의 현황도면(배치도)에 대지가 접하는 도로의 위치 및 폭과
대지 경계선 등을 확인하거나, 건축허가(신청)서를 정보공개 신청하여 그 대지가 너
비 4m 이상의 도로에 접했다는 것을 확인할 수밖에 없다.

또는 항공사진 등으로 그 현황도로가 1976.2.1. 전에 4m 이상으로 개설되었다는
것을 증명할 수 있으면 건축법 도로로 인정받을 수 있어 사용승낙이 필요 없다.

임⑤ 전③ 대①

← 막다른 도로 (B) →

임⑥ 답④ 대②

↕ (A)

4m
도로

(B)의 길이가 10m 미만이면
　(A)에 접도 2m 이상,
• 10〜35m 미만 : 3m 이상
• 35m 이상 : 6m 이상
　(비도시 읍·면은 4m 이상)

(2) 이때 '막다른 도로'라는 용어가 건축법에 도입되었다. 위 그림의 대지 6필지 중 ①, ②(지목 대)는 4m 도로에 접해 있으므로 접도의무가 충족된 것이고, 대지 ⑤, ⑥ (지목 임야)은 4m 이상의 도로(A)에 붙어 있지 않으므로, 이 건축허가 신청자는 본인의 대지에서 너비 4m 도로까지 연결통로를 건축법의 막다른 도로로 만들어야 한다.

즉 대지 ⑤, ⑥의 건축허가 신청자는 그 건축물의 진입로(=막다른 도로)가 본인 소유이면 허가권자에게 그 진입로 부분을 건축법 도로로 지정 요청하고, 타인 소유이면 사용승낙을 받아서 건축법 도로로 지정받아야 한다.

반면 ③(지목 전), ④(지목 답)가 건축허가를 신청할 때에는 그 연결통로가 임야 ⑤ 또는 ⑥의 건축허가에서 허가권자가 건축법의 막다른 도로로 지정하여 공로公路가 되었다면, 그 막다른 도로소유자의 동의 없이 건축허가를 받을 수 있다.

그러나 너비 4m 미만의 이런 골목길로 오래전에 건축허가가 되었다면 이 막다른 도로가 건축법 도로로 지정되었더라도, 지금 지정한 근거를 찾을 수 없거나 또는 도로관리대장에 없다면, 사유私有인 경우 허가청은 추후 감사에 지적받을 것이 두려워서 사적자치 영역이라는 핑계로 사용승낙을 요구할 수 있다(대법원 94누11552).

이런 때는 주민들이 오랫동안 사용해온 사실상 통로는 건축법 제45조 1항 단서 2호에 의하여 지자체 건축조례에 따라 건축법 도로로 지정할 수 있으므로 허가권자에게 이 현황도로를 조례도로로 지정해줄 것을 요청할 수 있다.

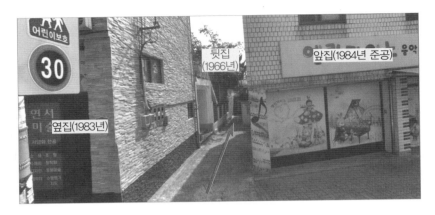

1966년에 건축된 주택이 있는데, 그 대지는 공로로부터 10m 미만의 골목길 안에 있다. 이 골목길(주택의 진입로)은 지적도에 분할되지 않고 앞집 대지에 현황도로로 존재한다. 그래서 그 소유자의 사용승낙이 없으면 개축이 안 된다고 한다.

1966년에 이곳이 도시지역이었으므로 이 골목길이 건축법 도로로 지정되었을 수 있으나 그 지정한 근거를 찾을 수 없을 것이다. 다만 이 골목길이 있는 앞집 대지에 1984년 개축허가가 되었을 때에, 허가권자는 건축법 제46조에 따라 건축선 후퇴를 요구하였을 것이므로 앞집 허가서(설계도면)를 확인할 필요도 있다.

또한 이 대지의 접도의무는 10m 미만의 막다른 도로인 경우 너비 2m의 도로에 2m만 접하면 되는데, 그 통로는 앞집 소유이지만 원래 한 필지의 대지를 지적도의 통로 없이 분할하여 분양한 것이므로 대법원 판례 법리에 따라 배타적 사용·수익권 이 제한된 도로로 볼 수 있다(대법원 85다카421, 2016다264556).

그러므로 접도의무 예외 또는 조례도로로 지정하면 사용승낙 없이 개축허가를 할 수 있을 것이다. 그러나 불허하면 허가청을 상대로 취소소송을 하거나, 앞집 소유자 를 상대로 통행권 소송(대법원 96다10171)을 할 수밖에 없을 것이다.

1976.2.1~81.10.8. 현황도로

81.10.8. 도로관리대장
94.7.21. 법정양식

현황도로의 정의
1. 건축법 도로로 지정되지 않은 도로
2. 실제 현황이 건축법 기준에 맞는 도로
3. 배타적 사용권 제한이 미확인된 통로

　건축법 도로로 지정되었는지 확인하여야 할 세 번째 '현황도로'는 76.2.1.부터 허가권자가 건축허가 때마다 지정되는 도로이다. 이때부터 너비 4m 이상의 도로와 너비 4m 미만의 막다른 도로 모두 지정한 근거가 있어야 공로公路가 되었다.

　그러나 건축법 도로로 지정한 근거를 보관하는 도로대장은 1981.10.8. 건축법 시행령 제140조에 규정되었고, 그 법정 양식(건축법 시행규칙)은 1994.7.21. 생겼으며, 접도의무 예외도 있었으므로 도로대장이 전체적으로 부실할 수 있다.

　그래도 건축허가에서 도로의 지정은 허가권자의 의무이므로 다음을 근거로 현황도로를 공로로 보아 건축허가의 접도의무가 충족되었다고 볼 수 있을 것이다.

　(1) 1981.10.8. 건축법 시행령이 개정되어, 허가권자가 건축허가 때마다 지정하는 건축법의 지정도로(건축법 제2조 1항 11호 나목)는 반드시 그 토지소유자의 동의를 얻어 건축법 도로로 지정하여야 하고, 지정한 때에는 그 도로의 구간, 연장, 폭 및 위치를 도로대장에 기재하여 비치하여야 한다고 규정되었다. 그런데 그 이전에 건축법 도로로 지정한 근거는 신청서(규칙) 외에는 없다.

그러므로 어떤 도로가 도로대장에 등재되어 있다면, 그 도로는 건축법의 지정도로로서 누구나 사용승낙 없이 건축물 진입로로 사용할 수 있는 공로公路인 것이고, 반면 지정한 근거가 없다면 지금 그 현황도로를 건축법 도로로 지정하여야 할 것이다.

법 조항 살펴보기 ⚖

(1981.10.8.) 건축법시행령 제140조 (도로의 설치·폐지 또는 변경)
① 법 제2조 제15호 나목의 규정에 의하여 시장·군수가 도로를 지정하고자 할 때에는 당해 도로에 대하여 이해관계를 가진 주민의 동의를 얻어야 하며, 도로를 지정한 때에는 그 도로의 구간·연장·폭 및 위치를 기재한 도로대장을 작성·비치하여야 한다.

그러나 모든 도시지역 건축물은 허가신청자에게 도로개설 의무가 있으므로, 그 진입로가 건축법 도로로 지정된 것 같은데 도로대장이 없다면, 허가권자가 ①대지가 이미 접도의무가 충족되었다고 판단했거나 ②대지 내에 여러 채의 주택을 지을 때에 진입로를 각각 지정하지 않은 후 (사실상 통로로) 분할하였거나 ③지정 후 도로대장 작성이 누락 또는 분실된 경우 등일 것이다. 이런 경우 허가권자는 그 현황도로의 배타적 사용·수익권의 제한을 검토하여, 그 현황도로를 조례도로로 지정할 수 있다.

(2) 76.2.1. 이후 건축허가에서 건축법 도로로 지정되었으나, 그 지정근거를 공부公簿로 확인할 수 없다면 지자체는 배타적 사용·수익권이 제한되지 않는 도로라고 할 수 있다. 왜냐하면 81.10.8. 전에는 그 지정도로의 도로대장이 없었기 때문이다.

그러나 1934년부터 도시지역의 건축물은 모두 건축허가를 받았고, 이때 그 진입통로를 건축법 도로로 지정하였을 것이므로, 당시 허가 신청서에 첨부된 도서와 사용승인조서 및 검사 조서를 보면 대지의 접도의무가 어떻게 충족되었는지 알 수 있다.

예를 들어 건축허가 신청자가 제출한 배치도 등에 그려진 건축법 도로에서부터 대지까지 연결된 통로가 본인의 소유일 때에 그 배타적 사용·수익권의 포기서가 없었다면 4m 미만은 건축법 도로로 지정되지 않았다고 볼 수 있지만(대법원 98두12802, 94누11552 등), 그 연결통로가 타인의 소유일 때는 허가신청자의 통행권원이 없거나, 해당 건축물의 출입에 지장이 있다고 판단하였다면 건축허가를 하지 않았을 것이다.

막다른 도로는 시장·군수가 건축허가 시 위치를 지정하면 되고, 이해관계인의 동의를 얻어 도로를 지정한 때에는 도로의 구간, 연장, 폭 및 위치를 기재한 도로대장을 작성 비치하여야 하며, 특히 도로대장은 도로를 지정하고 난 다음에 작성 비치의무가 지워져 있음이 그 규정상 명백하므로 도로대장을 작성 비치하지 아니하여 건축법 도로가 아니라고 판시한 것은 건축법의 도로지정에 관한 법리를 오해한 것이다.

　반면 이 판례(87누1036)는 원고의 대지가 막다른 도로에 접했는데, 막다른 도로의 소유자는 당시 사용승낙은 하였지만 그 사용승낙한 위치를 특정하지 않았고, 허가권자도 위치를 명확히 지정하지 않았으며 도로대장조차 없으므로 건축법 도로 지정이 없었다고 주장하였다. 그러나 대법원은 소유자가 사용승낙하여 허가권자가 건축법 도로로 지정한 후 보도블록이 깔리고 주민들의 통로로 이용되었다면, 그 도로의 구간, 연장 폭 등을 기재한 도로대장이 없더라도 건축법의 막다른 도로라고 판결한 것이다.

　즉 도로관리대장의 작성·비치는 허가권자가 도로로 지정한 후에 하는 허가청의 의무이므로, 도로대장의 비치가 건축법이 정한 소정의 도로 요건이 될 수 없으니, 이 막다른 도로는 도로대장이 없더라도 위 '98두12802' 판례와 달리 당시 소유자의 사용승낙이 있었기 때문에 건축법의 '지정도로'라고 판결한 것이다.

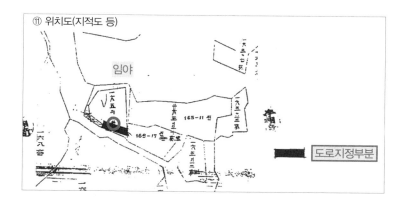

⑪ 위치도(지적도 등)

　(3) 도로대장의 법정 양식이 제정된 94.7.21. 이후의 현황도로에 대한 판단이다. 물론 그 이전에도 위와 같은 도로대장 양식이 있었다. 그래서 건축물이 있는데 도로대장이 없다면, 건축법 제2조 1항 11호 나목의 '지정도로'는 개별 건축허가 때마다 만들

어지는 것이므로 그 현황도로의 배타적 사용·수익권의 제한을 적극 검토해야 한다.

(4) 건축법 도로의 지정 여부를 판단할 수 있는 건축법의 시행규칙이 정한 건축허
가 신청도서(1960~70년대)를 지금 정보공개를 통하여 그 지정 여부를 확인하기 쉽지
않을 것이다. 왜냐하면 지자체가 보유하지 못하는 경우가 많기 때문이다.

그리고 이런 현황도로에 대한 정보를 공개 신청하면 대부분의 지자체가 정보공개
법 제9조 1항의 8가지 비공개 대상 정보에 해당한다거나, 소유자의 동의가 필요하다
거나, 보관 연한이 지났다면서 '정보 부존재'라고 하고 있다.

그러나 이 건축허가 신청 정보는 정보공개법 제9조 1항 6호 단서 다목에 해당되는
것이므로, 허가청은 개인 신상 정보를 제외하고 공개할 의무가 있다.

공공기관의 정보공개에 관한 법률 (약칭: 정보공개법)　　　　법 조항 살펴보기 ⚖

제9조(비공개 대상 정보) ① 공공기관이 보유·관리하는 정보는 공개 대상이 된다. 다만, 다
　음 각 호의 어느 하나에 해당하는 정보는 공개하지 아니할 수 있다.
　6. 해당 정보에 포함되어 있는 성명·주민등록번호 등 개인에 관한 사항으로서 공개될
　　경우 사생활의 비밀 또는 자유를 침해할 우려가 있다고 인정되는 정보. 다만, 다음
　　각 목에 열거한 개인에 관한 정보는 제외한다.
　　다. 공공기관이 작성하거나 취득한 정보로서 공개하는 것이 공익이나 개인의 권리
　　　구제를 위하여 필요하다고 인정되는 정보

정리 1976.2.1.부터는 건축허가 때마다 만들어지는 건축법의 (지정)도로는 모두 그
현황도로소유자의 사용승낙을 받아서 허가권자가 도로로 지정하여야만 건축법 지정
도로가 되는 것이다. 그런데 지정한 근거를 도로대장에 기재하라는 것은 81.10.8.이
고, 도로대장의 법정 양식은 94.7.21.이다. 그러므로 건축법 도로로 지정한 근거가
부실한 지자체가 많다(국토부 도시정책팀-2673, '04.05.20.).

그런데 '1999.5.9. 전의 도로는 건축법 도로로 지정되었다면 그 근거가 없어도 건
축법 도로로 공고한 것으로 본다'(99.2.8. 개정 부칙 제4조)라고 개정되었으므로, 당시
허가(신고)대상 건축물이었으면 도로대장이 없어도 건축법 도로로 지정되었다고 볼
수 있다(국토교통부 건축정책과, 2010.11.30. 등록).

4. 1992.6.1. 신고 대상 건축물의 진입로 등

1992.6.1. 현황도로

허가 VS 신고

현황도로의 정의
1. 건축법 도로로 지정되지 않은 도로
2. 실제 현황이 건축법 기준에 맞는 도로
3. 배타적 사용권 제한이 미확인된 통로

건축법의 지정도로가 되었는지 지자체가 확인하여야 할 네 번째 '현황도로'는 허가권자가 건축신고를 수리하면서 지정하는 건축법 도로이다. 1992.5.31.까지 대지의 접도의무(=통행로 확보)는 허가 대상 건축물이었는데, 92.6.1.부터는 신고 대상 건축물까지도 건축허가에서 대지가 건축법 도로에 접도하여야 한다(비도시지역 제외).

법 조항 살펴보기

(1992.6.1.) 건축법 제2조(정의)
① 이 법에서 사용하는 용어의 뜻은 다음과 같다.
11. '도로'라 함은 보행 및 자동차 통행이 가능한 너비 4m 이상의 도로(예외 생략)로서 다음 각목의 1에 해당하는 도로 또는 그 예정도로를 말한다.
　　나. 건축허가 또는 신고 시 시장·군수·구청장이 그 위치를 지정한 도로

　1992.6.1. 전에는 도시지역의 모든 건축물은 허가대상이었는데, 92.6.1.부터 (도시지역에도) 신고 대상 건축물이 생겼고, 허가권자는 그 신고 건축물의 진입로를 건축법 도로로 지정하였던 것이다. 그러므로 도시지역의 건축물의 진입로는 모두 건축법 도로이어야 하는 것이 원칙이다. 다만 이때에도 '해당 건축물의 출입에 지장이 없거나', '주변에 공지가 있는 경우' 등에는 건축법 도로를 지정하지 않았을 것이다.

그래서 사유인 현황도로가 건축허가(신고)에서 허가권자에 의하여 배타적 사용·수익권의 제한된 건축법 도로로 지정되었는지를 판단하려면 당시 허가 및 신고 대상 건축물의 종류와 면적 등을 확인할 필요가 있다.

법 조항 살펴보기

(1962.1.20.) 건축법 제5조 (건축허가)

다음 각 호에 게기하는 건축물의 건축, 대수선 또는 주요 변경을 하고자 하는 자는 서울특별시장 또는 시장, 군수의 허가를 얻어야 한다.(단서 생략)

　1. 학교, 극장, 백화점, 여관, 공동주택, 기숙사 등 연면적 100㎡ 이상의 것
　2. 연면적이 500㎡ 이상이거나 3층 이상인 목조의 건축물
　3. 연면적이 200㎡ 이상이거나 2층 이상인 목조 이외의 건축물
　4. 기타 도시구역 내에 있어서의 건축물

먼저 1962.1.20. 건축법 제정 전부터 도시지역(당시 도시구역 또는 시가지계획구역)의 모든 건축물과 외지역이라도 100㎡ 이상의 특정 건축물은 허가 대상이었으므로, 건축법 도로 지정이 이루어졌을 것이다.

법 조항 살펴보기

(1980.4.5.) 건축법 제5조 (건축허가)

① 도시계획구역·국토이용관리법에 의하여 지정된 공업지역 및 취락지역과 대통령령이 정하는 구역 안에 있어서의 건축물과 기타 구역 안에 있어서의 연면적 200㎡ 이상이거나 3층 이상인 건축물을 건축하거나 대수선하고자 하는 자는 미리 시장 또는 군수의 허가를 받아야 한다.

그리고 1980.4.5.부터는 도시계획구역, 국토이용관리법의 공업지역 및 취락지구의 건축물은 모두 건축허가 대상이었고, 도시계획구역 및 취락지역을 제외한 용도지역(비도시지역)에서는 연면적 200㎡, 3층 이상의 건축물만 허가를 받았다.

법 조항 살펴보기

건축법 시행령 제5조의2 (농·어업용인 신고 대상 건축물 등)

법 제5조 제2항 제3호에서 "대통령령이 정하는 지역 및 규모"라 함은 읍·면의 지역 중 시장·군수가 지역계획 및 도시계획상 지장이 없다고 인정하여 지정·공고한 구역 안의 건축물로서 그 바닥 면적의 합계가 주택의 경우에는 60㎡ 이하, 축사 및 창고의 경우에는 100㎡ 이하인 것을 말한다. [본조신설 1988.2.24.]

1988.2.24. 읍·면지역의 주택은 바닥면적의 합계가 60㎡ 이하, 축사·창고는 100

㎡ 이하인 것은 신고 대상이었다. 그런데 이런 신고 대상 건축물에 관한 규정은 건축법과 국토이용관리법, 도시계획법 등이 개정되면서 용도지역 및 규모에 따라 달라졌다.

또한 용도지역이 비도시지역에서 도시지역으로 또는 행정구역이 면面에서 동洞으로 상향되었을 때에 건축법 도로의 적용 기준이 문제된다.

그리고 지자체의 지원 및 마을자조사업 등으로 개설된 마을안길, 농업용 도로 등이 사유私有인 경우 그 배타적 사용·수익권이 포기 또는 제한된 도로도 있다.

기타 이러저러한 이유로 건축법 도로의 지정은 없었지만, 주민들이 오랫동안 통행로로 사용해서 사실상 공로公路가 된 현황도로가 많이 있다.

만약 1992.6.1. 전에 지어진 건축물의 진입로인 현황도로가 도로대장은 없지만 건축법 도로가 되어 사용승낙이 필요 없는 공로임을 입증하려면, 허가신청자는 그 현황도로를 이용한 이웃 건축허가로 만들어진 건축물대장의 배치도 또는 당시 건축사가 접도의무를 충족하는 도면을 그려서 제출한 도서 및 현장조사서를 확인하고, 그 진입로 소유자가 사용승낙한 근거가 있는지 또는 당시 소유자의 증언 등을 확보하여야 할 것이다(대법원 87누861, 87누1036). (국토교통부 건축정책과, 2010.11.30. 등록).

지금 국토부는 이런 현황도로 분쟁을 민사사안(사적자치 영역)이라는 핑계로 대법원 판례(2009다228 등의 채권적 제한) 뒤에 숨어서 현황도로의 배타적 사용·수익권의 포기 또는 제한에 대한 명확한 유권해석 없이 허가권자에게 해결하라고 하고, 전문성과 자신감이 부족한 허가권자는 결국 허가신청자인 국민을 괴롭히고 있다.

그보다는 국가 및 지자체는 이런 배타적 사용·수익권이 제한된 현황도로가 도시지역에 있다면 공익달성을 명분으로 건축법 조례도로로 지정하고, 비도시지역은 허가권자의 재량권으로 공로로 만드는 합리적 방안을 찾아서 적극행정을 하여야 할 것이다.

5. 1999.5.9. 이후 조례도로 및 지정·공고

1999.5.9. 현황도로

조례도로

현황도로의 정의
1. 건축법 도로로 지정되지 않은 도로
2. 실제 현황이 건축법 기준에 맞는 도로
3. 배타적 사용권 제한이 미확인된 통로

1934년 이후 건축법 강화로 주민들 간의 분쟁이 되고 있어, 허가권자가 잘 판단해야 할 다섯 번째 '현황도로'는, 건축법 제45조 단서 2호에 의하여 지자체 조례에 위임되어 그 소유자의 동의 없이 건축법 도로로 지정할 수 있는 '조례도로'이다.

법 조항 살펴보기

건축법 제45조(도로의 지정·폐지 또는 변경)
① 허가권자는 제2조 제1항 제11호 나목에 따라 도로의 위치를 지정·공고하려면 국토교통부령으로 정하는 바에 따라 그 도로에 대한 이해관계인의 동의를 받아야 한다. 다만, 다음 각 호의 어느 하나에 해당하면 이해관계인의 동의를 받지 아니하고 건축위원회의 심의를 거쳐 도로를 지정할 수 있다.
　1. 허가권자가 이해관계인이 해외에 거주하는 등의 사유로 이해관계인의 동의를 받기가
　　곤란하다고 인정하는 경우
　2. 주민이 오랫동안 통행로로 이용하고 있는 사실상의 통로로서 해당 지방자치단체의
　　조례로 정하는 것인 경우

(1) 허가권자가 건축허가(신고)에서 건축법 제45조에 따라 건축법 제2조 1항 11호 나목의 (건축법) 도로를 지정해야 하는데, 앞서 설명한 대로 여러 가지 이유로 지정한 근거가 없는 현황도로가 많다.

이런 사유私有 현황도로의 통행권 분쟁이 늘어나자 1999.5.9. 건축법 제45조 1항을

개정·시행하여, ①해외 이민 등으로 소유자를 찾을 수 없거나 ②주민들이 오랫동안 이용하고 있는 사실상 통로는 건축법 제45조에 이해관계인(주로 소유자)의 동의 없이 건축위원회 심의로 건축법 도로로 지정할 수 있게 되었다.

이런 도로를 '조례도로'라고 하는데, 만약 어떤 현황도로가 조례도로로 지정되면 그 도로는 배타적 사용·수익권이 제한된 건축법 도로가 되어(대법원 94누11552) 주민은 누구나 소유자의 사용승낙이 없이 그 도로를 이용하여 건축허가를 받을 수 있다.

반면 소유자는 헌법 제23조 및 민법 제211조에 보장된 사유재산권이 침해될 수 있다. 그리고 추후 그 지정도로가 협의 또는 수용 등의 이유로 (손실)보상을 받게 되면, 「토지보상법」에 의하여 주변 평가액의 1/3 가격으로 보상될 수 있다.

그래서 대부분의 지자체가 이런 조례도로의 지정에 소극적이다. 그러나 국민은 이런 현황도로를 조례도로로 지정해달라고 할 권리가 건축법에 있으므로, 허가권자는 이 '조례도로' 제도를 적극 활용하여 주민들의 통행권을 보호해야 할 것이다.

즉 허가권자인 지자체장은 이런 현황도로소유자의 배타적 사용·수익권의 보호와 주민들의 통행권 확보를 비교교량하여야 하고(대법원 2016다264556), 허가권자에게 건축법의 접도의무 및 개발행위허가의 진입로 확보의무를 확인할 때에 기부채납 등 재량권을 부여한 입법취지와 민법 제219-220조의 법정지역권 및 대법원 전원합의체 판례 법리에 따라 어떤 현황도로가 배타적 사용·수익권이 제한되었다고 판단할 수 있다면, 그 통로를 건축법 제45조 1항 단서 2호에 의하여 이해관계인의 동의 없이 건축위원회 심의를 통하여 건축법 조례도로로 지정할 수 있다(비도시·면지역 제외).

건축법 제2조제1항제11호에 따라 허가권자가 도로의 위치를 지정·공고하도록 한 규정은 1999.2.8. 개정된 건축법에서부터 규정하고 있고, 개정부칙 제4조에 따라 종전의 규정에 의하여 지정된 도로는 제2조제1항제11호 나목의 개정규정에 의하여 지정·공고된 것으로 보도록 하고 있음에 따라, 종전의 규정에 따라 건축법상 도로 지정을 받아 건축허가를 받은 경우에 단순히 도로대장에 등재가 되지 않았다고 해서 건축법상 도로로 인정하지 않는 것은 곤란할 것으로 사료됨. (국토교통부 건축정책과, 2010.11.30. 등록)

(2) 이때 건축법 도로를 지정하면서 일반에 공고하라고 건축법이 개정되었다. 건축법 개정부칙(법률 제5895호, 1999.2.8.) 제4조에 '지정된 도로는 지정·공고한 것으로 본다'고 하였으므로, 허가(신고)대상 건축물이라서 신청도면 등에 4m 이상의 도로를 확보한 근거가 있다면 건축물대장이 없어도 지정되었다고 해석할 수 있을 것이다(국토교통부 건축정책과, 2010.11.30. 등록), (국토부 도시정책팀-2673, '04.05.20.).

그리고 99.5.9. 이후에 지정된 건축법의 '지정도로'는 지자체 홈페이지에서 찾을 수 있고, 99.5.9. 전에 허가받은 건축물 진입로가 건축법 기준에 맞고 이해관계인의 동의가 있었다면 지정된 것으로 볼 수 있다(대법원 87누1036, 91누1776).

사례 3 **101개소를 '조례도로'로 지정함**   2022.2.25. 울산 울주군

도로지정 공고 (울주군 도로지정 용역사업)

고시공고번호 : 울산광역시 울주군 공고 제2022-383호 | 등록일 : 2022-02-21 | 담당 부서 : 건축과
담당자/연락처 : 김재경 / 052-204-2022

| 도시계획도로 일몰제에 따른 건축법상 건축위원회 심의를 거쳐 『건축법』 제2규정에 따라 다음과 같이 도로의 위치
1. 공 고 명 : 도로 지정 공고
2. 공고기간 : 2022. 2. 21. ~ 2022.
3. 공고내용 : 붙임 공고문 참조
4. 공고방법 : 군,읍 게시판 및 홈페이지 | 울주군 건축조례 제22조(도로의 지정) 법 제45조제1항제2호에 따라 주민이 오랫동안 통행로로 이용하고 있는 사실상의 통로로서 다음 각 호의 어느 하나에 해당하는 경우에는 군수가 이해 관계인의 동의를 얻지 아니하고 건축위원회의 심의를 거쳐 도로를 지정할 수 있다.
1. 사람들이 장기간 통로로 이용하고 있는 사실상의 통로로서 해당 통로가 하나뿐인 통로인 경우 또는 당해 통로를 이용하여 건축허가한 사실이 있는 통로
2. 하천이나 제방 등으로 연결되는 통로인 경우(제방도로 포함)
3. 사실상의 도로로서 새마을사업 등으로 포장 또는 확장이 된 도로
4. 복개된 하천 또는 구거부지 |

울주군은 1년여 기간 동안 개발제한구역에서 해제된 곳 등 관내 현황도로를 전수조사하여 그중 101개소를 건축법 조례도로로 지정하는 적극행정을 실시하였다.

이 과정에서 소유자로부터 민원도 많았겠지만, 이 현황도로가 개설될 때의 허가도서 등 관련 자료를 찾아 대법원 판례 법리에 따라 배타적 사용·수익권의 제한 여부를 분석하여, 건축조례에 따라 '주민들이 오랫동안 이용해온' 현황도로를 '조례도로'로 지정하여 주민들 간의 분쟁을 선제적으로 해결한 전국 최고의 모범 사례이다.

2006.5.9. 현황도로

사후신고 건축물

비도시지역(~2006.5.8)
연면적 200㎡, 2층 이하

사도(개인소유)

현황도로의 정의
1. 건축법 도로로 지정되지 않은 도로
2. 실제 현황이 건축법 기준에 맞는 도로
3. 배타적 사용권 제한이 미확인된 통로

건축법 제정 이후 지난 60년간 건축법이 여러 차례 개정·강화되면서 허가권자가 판단해야 할 여섯 번째 '현황도로'는 건축허가나 신고 없이 건축할 수 있었던 '사후신고 건축물'이 존재하던 시절에 만들어진 현황도로이다.

비도시지역에는 건축법 제정 전부터 2006.5.8.까지 연면적 200㎡ 미만, 2층 이하의 주택은 사전에 건축허가, 또는 신고조차 하지 않고 (지목변경을 위한) 전용신고만으로 건축이 가능하였다.(《건축행정길라잡이》 203쪽, 2013.12. 국토교통부 발행)

즉 비도시지역에서 농지農地나 임야林野를 대垈로 형질변경하여 그 대지에 주택을 지을 때에는 먼저 '농지전용신고' 또는 '산지전용신고'만 하고 건축을 한 후에 준공되면 '건축물대장' 기재 신청을 하면 되는 '사후신고 건축물'이 있었는데, 이런 주택의 경우 그 진입로는 건축법 도로로 지정할 기회조차 없었다.

어떤 대지의 국토계획법의 용도지역이 비도시지역이면서 행정구역이 면面이면 건축법 제44~47조가 적용되지 않아 대지의 접도의무가 없기 때문에, 이런 곳의 건축물의 진입로는 개발행위허가운영지침이 정한 차량 통행이 가능한 통로만 있으면 된다.

그래서 2006.5.8. 이전의 비도시지역의 사후신고 건축물의 진입로와 마을안길, 농로 등을 이용한 건축허가에서 건축법 도로로 지정되지 않은 현황도로에 대한 분쟁은 대부분 배타적 사용·수익권 제한 여부이므로 일선 허가청도 판단이 쉽지 않다.

특히 건축물 대지의 용도지역이 비도시지역에서 도시지역으로, 또는 행정구역이 면面에서 읍·동지역으로 상향된 경우의 건축물의 진입로에 대한 판단이 쉽지 않다. 이런 곳에는 건축법 제44조의 접도의무 예외는 물론 건축법 제5조의 읍·동지역의 완화 규정이 있지만 거의 활용되지 못하고 있다.

일선 지자체 허가담당자는 대지가 개발행위허가 대상이면, 그 진입로가 지목이 도로로써 최근에 건축허가를 하면서 개설된 도로라고 하여도, 건축법 도로로 지정되지 않은 현황도로는 배타적 사용·수익권의 제한 여부를 구체적으로 확인하지 않고(법제처 13-0363, 13-0427), 모두 사용승낙이 필요하다고 해석하고 있다.

그러나 도시지역의 녹지지역보다 더 교통량이 많은 비도시지역의 현황도로가 공로(건축법 지정도로 등)가 되지 못했다면 그런 현황도로는 지자체가 나서서 빨리 공로로 만들 필요가 있다. 이때 비도시·면지역이라서 건축법 도로로 지정하지 못하면 개발행위허가에서 '일반 공중의 통행로 제공'을 조건으로 허가하여 공로를 만들어야 한다.

왜냐하면 국가 및 지자체는 주택의 진입로(기반시설)를 만들 책임이 있는데, 이렇게 건축법과 국토계획법이 동시 적용되는 현황도로를 모두 국민에게 현행법 기준으로 해결하라는 부담을 주는 것은 헌법의 비례의 원칙에도 맞지 않기 때문이다.

이제 국토부는 이런 지역에서의 진입로에 대한 규정을 정확히 만들어 지자체의 현황도로에 대한 분쟁을 해결할 필요가 절실하다. 왜냐하면 ①건축법의 진화로 발생한 현황도로 이용권 분쟁으로 수도권과 지방의 균형발전이 저해되고 또한 국토의 가치 상승 및 마을발전이 어려워지며 ②지자체가 민사 사안이라는 핑계로 소유자의 배타적 사용수익권의 제한을 판단하지 않으면 국민은 법원에 호소할 수밖에 없고, ③일선 허가청인 지자체 공무원도 수많은 민원에 시달려야 하기 때문이다.

1971년 농가주택의 대지가 맹지라서 양성화가 안 됨

경기 안성시

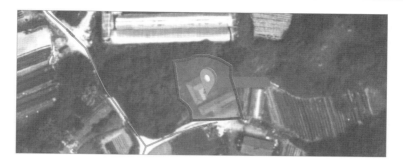

면사무소에서는 88년 양성화 조건에 맞으면 지목을 대로 변경할 수 있으나 그 진입로가 공유_{公有}이므로 공유재산사용허가를 받으라 한다. 그러나 현황도로가 있으므로 주위토지통행권은 사권설정이 아니므로 허가받을 필요가 없다(대법원 94다14193).

임야 위에 100년 된 농가주택이 개축이 안 됨

경북 울진군

건축물대장이 없고 진입로가 사유이다. 임야는 1961.7.27.부터 전용허가제도가 있으므로 그 이전의 건축물 대지는 불법은 아니고(대법원 2021도84), 진입로는 현 상태로 허가할 수 있는데도 사용승낙을 요구한다면 주위토지통행권 소송으로 진입로를 확보할 수밖에 없다(2012두9932).

7. '토지이용계획확인서'에 기재되는 건축법 도로

법 조항 살펴보기

「토지이용규제법」 시행규칙 제2조(토지이용계획확인서 등)
② 영 제9조제4항제2호에서 "국토교통부령으로 정하는 사항"이란 다음 각 호의 사항을 말한다.
3. 「건축법」 제2조제1항제11호나목에 따른 도로

사례 6 **토지이용계획확인서에 기재된 지정도로**   인천 경제자유구역청

지목	전 ❓		면적	96㎡
개별공시지가 (㎡당)	57,400원 (2020/01) 🔍연도별 보기			
지역지구등 지정여부	「국토의 계획 및 이용에 관한 법률」에 따른 지역·지구등	자연녹지지역,자연취락지구,중로3류(폭 12m~15m)(접합)		
	다른 법령 등에 따른 지역·지구등	가축사육제한구역(2019-12-27)〈가축분뇨의 관리 및 이용에 관한 법률〉		
「토지이용규제 기본법 시행령」 제9조제4항 각 호에 해당되는 사항		〈추가기재〉 건축법 제2조제1항제11호나목에 따른 도로(도로일부포함)		

2009.8.13. 토지이용규제법 시행규칙이 개정되어, 건축허가(신고) 때마다 만들어지는 건축법 (지정)도로는 토지이용계획확인서 및 부동산종합증명서, 토지이음사이트에서 쉽게 확인할 수 있다. 이런 도로는 사용승낙이 필요 없는 공로가 되는 것이다.

인천광역시경제자유구역청 공고 제2018-189호

도 로 지 정 공 고

「건축법」 제2조 제1항 제11호 나목 및 같은법 제45조 제1항의 규정에 의거 도로의 위치를 아래와 같이 지정·공고합니다.

또한 1999.5.9. 이후에는 도로 지정 후 공고하도록 되어 있으므로 지자체 홈페이지에서 공고문을 확인하면 된다. 만약 그 이전이거나 공고하지 않았다면 토지 지번을 확인하여 지자체에 건축법의 도로관리대장이 있는 건축법 지정도로인지 확인하면 된다.

지목	대 ❓			면적	410㎡
개별공시지가(㎡당)	1,150,000원 (2022/01)				

지역지구등 지정여부	「국토의 계획 및 이용에 관한 법률」에 따른 지역·지구등	도시지역, 제1종일반주거지역(논골1), 지구단위계획구역(논골1), 소로3류(폭8m미만)(국지도로)(접합)
	다른 법령 등에 따른 지역·지구등	가축사육제한구역〈가축분뇨의 관리 및 이용에 관한 법률〉, 제한보호구역(후방지역:500m)(8m 위탁구역)〈군사기지 및 군사시설 보호법〉, 배출시설설치제한지역〈물환경보전법〉, 성장관리권역〈수도권정비계획법〉, 공장설립승인지역〈수도법행령 제14조의3 1호)〈수도법〉
「토지이용규제 기본법 시행령」 제9조제4항 각 호에 해당되는 사항		

확인도면

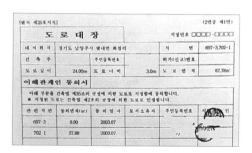

범례
□ 임업용사진
□ 공익용산지
□ 준보전산지
□ 도시지역
■ 제1종일반주거지역
■ 자연녹지지역
□ 지구단위계획구역
□ 성장관리권역
□ 하천구역

　개발제한구역에서 해제되면서, 제1종 일반주거지역에 지구단위계획구역으로 지정된 곳이다. 대지의 지목이 대垈이고 소로3류인 도시계획시설 (예정)도로에 저촉되어 있고 사실상 통행로가 있어 개축改築에 문제가 없어 보인다.

　다행히 현황도로가 건축법 도로로 지정되어 도로대장이 있으나, 행정구역이 변경 (면→읍)되어 옛날 주소로 도로대장이 있고, 2003년에 지정되어 토지이용계획확인서 등에 나타나지 않는다.

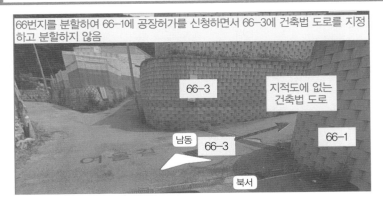

66번지를 분할하여 66-1에 공장허가를 신청하면서 66-3에 건축법 도로를 지정하고 분할하지 않음

66-3

지적도에 없는 건축법 도로

66-1

남동 66-3

북서

이곳은 계획관리지역이고 읍ᆫ지역인데, 제2종 근린생활시설인 제조장(건축물 바닥면적 500㎡ 미만의 소형공장)이 많이 위치한 곳으로, 2012년 건축허가를 받으면서 이 진입로 소유자의 사용승낙을 받아서 건축법 도로로 지정되었다.

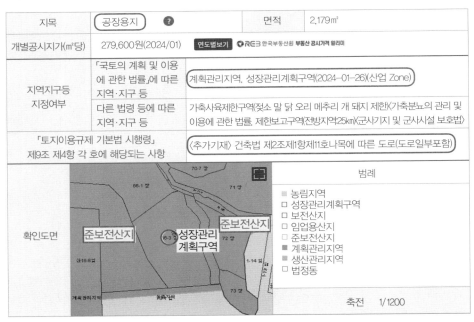

지목	공장용지 ❓		면적	2,179㎡
개별공시지가(㎡당)	279,600원(2024/01) **연도별보기**	○REB 한국부동산원 **부동산 공시가격 알리미**		
지역지구등 지정여부	「국토의 계획 및 이용에 관한 법률」에 따른 지역·지구 등	계획관리지역, 성장관리계획구역(2024-01-26)(산업 Zone)		
	다른 법령 등에 따른 지역·지구 등	가축사육제한구역(젖소 말 닭 오리 메추리 개 돼지 제한)(가축분뇨의 관리 및 이용에 관한 법률, 제한보호구역(전방지역25㎞)(군사기지 및 군사시설 보호법)		
「토지이용규제 기본법 시행령」 제9조 제4항 각 호에 해당되는 사항	〈추가기재〉 건축법 제2조제1항제11호나목에 따른 도로(도로일부포함)			

확인도면

70-7 임
66-1 전
71 답
준보전산지
성장관리 계획구역
66-3 답
준보전산지
72 답
(산18-8임)
1-14 임
73 답
계획 관리지역

범례
■ 농림지역
□ 성장관리계획구역
□ 보전산지
□ 임업용산지
□ 준보전산지
■ 계획관리지역
■ 생산관리지역
□ 법정동

축전   1/1200

그러나 이 공장 진입로는 분할이 되지 않고 분할 전 필지(66-3)에 건축법 도로로 지정되었다. 그래서 얼핏 맹지로 보여서 대출이 어려웠지만 건축법 도로에 접한 것으로 판명되었다.

8. 건축법 지정도로의 폐지

건축법 제45조(도로의 지정·폐지 또는 변경)
② 허가권자는 제1항에 따라 지정한 도로를 폐지하거나 변경하려면 그 도로에 대한 이해관계인의 동의를 받아야 한다. 그 도로에 편입된 토지의 소유자, 건축주 등이 허가권자에게 제1항에 따라 지정된 도로의 폐지나 변경을 신청하는 경우에도 또한 같다.

사례 9   건축법 도로의 폐지절차도 엄격하다   경기 용인

대법원 99두592
도로지정이 있게 되면 그 도로부지 소유자들은 건축법에 따른 토지사용상의 제한을 받게 되므로 도로지정은 도로의 구간·연장·폭 및 위치 등을 특정하여 명시적으로 행하여져야 하고, 계쟁 도로가 사유지로서 토지대장상 지목이 도로이고 도시계획확인도면의 대로부지와 연결된 동일 지번의 토지라고 하더라도 그 사실만으로는 시장·군수의 도로지정이 있었다고 볼 수 없고, 또한 행정관청이 건축허가 시 도로의 폭에 관하여 행정지도를 하였다고 하여 시장·군수의 도로지정이 있었던 것으로 볼 수도 없다.

건축법 도로가 되면 그 소유자는 토지이용에 제한을 받게 되므로(소유자의 배타적 사용·수익권이 제한됨), 허가권자는 건축법 제45조에 따라 건축법 도로를 지정하려면 그 소유자 등 이해관계인의 동의가 있어야 한다(건축법 제45조 1항).

대법원 2008두4008
건축허가권자가 건축법상의 도로의 위치를 지정·공고하고자 할 때에는 이로 인하여 그 도로부지 소유자들이 건축법에 따른 토지이용상의 제한을 받게 되기 때문에 그 소유자 등 이해관계인의 동의를 얻도록 되어 있으나, 도로 위치의 지정·공고가 건축법 제11조의 건축허가와는 그 처분의 근거 및 성질을 달리하는 별개의 처분이라는 점에서 건축허가권자가 건축허가와 관련하여 도로부지 소유자의 동의를 얻어 건축법상 도로의 위치를 지정·공고하였다면, 그 후 그 건축허가가 취소되더라도 건축법상 도로 위치의 지정·공고가 당연히 소급하여 효력을 상실하는 것은 아니다.

건축법 도로로 지정되면 그 도로는 타인이 건축허가에서 소유자의 동의 없이 건축

물 진입로로 사용할 수 있는 공로(일반 공중의 통행로)가 되고, 한번 지정된 건축법 도로는 소유자라도 임의로 폐지 또는 변경할 수 없다. 다만 건축법 도로가 폐지됨으로써 피해를 입는 사람이 없어야 하므로, 그 지정도로로 수혜를 받은 사람(그 건축법 도로에 접한 다른 토지소유자 등)의 동의가 있어야 폐지 또는 변경할 수 있다.

도로지정 변경 공고

수지구 공고 제2018-585호

용인시 수지구 고기동 395-1 외2필지 상에 건축(신축)신고사항 변경 신청서가 제출되어「건축법」제16조 규정에 의거 신고 수리하고 진입도로는 같은 법 제2조 제11호 나목 및 제45조 제1항, 제2항 규정에 의거 아래와 같이 변경 지정·공고합니다.

2018. 11. 16.

수지구청장

1. 당초 도로 지정·공고 내역[도로공고번호 2017-551호/지정번호 2017-65호]
   (생략)
2. 금회 변경 도로 지정·공고 내역
   가. 도로길이합계 : 77.2m
   나. 도로너비합계 : 6.5m
   다. 도로면적합계 : 495.0㎡
   라. 지적 및 토지조서

(단위 : ㎡)

구분	지 번	지목	동의면적	비 고
1	고기동 237-7	답	147	
2	고기동 395-3	답	171	
3	고기동 395-2	답	166	
4	고기동 396-2	전	11	
계			495	

3. 공고기간 : 30일
4. 기타관계도서는 용인시 수지구 건축허가과에 비치·보관. 끝.

대법원 판례
법리와
사유도로 분쟁

건축법 도로가 되지 못한 비법정 현황도로를 이용한 건축허가(신고)에서 허가신청자는 소유자의 배타적 사용·수익권이 제한될 수 있다는 대법원 전원합의체 판례(2016다264556) 법리에 맞는 공로라는 것을 입증하여(대법원 2017두48956), 허가권자가 공법 및 민법에 따른 재량적 판단으로 현황도로소유자의 사용승낙 없이 건축허가를 할 수 있도록 하고, 지자체는 통행권 분쟁을 조기 해결할 수 있도록 비법정도로 관리청-소유자-주민들이 모두 만족할 수 있는 공로公路 판단기준을 만들어야 할 것이다.

1. 배타적 사용·수익권 판례 법리 (2016다264556)

[도시] 건축물 건축 시 사설도로를 진입도로로 이용하려는 경우 토지사용승낙 여부

개인이 소유 및 관리하는 도로를 이용하여 건축행위허가를 받고자 하는 경우 사용승낙이 필요한지

국민신문고 |2016.04.28 11:22|

답 변

「국토의 계획 및 이용에 관한 법률」(이하 국토계획법) 제58조제1항제5호에 따르면 허가권자는 해당 개발행위에 따른 기반시설의 설치나 그에 필요한 용지의 확보계획이 적절한 경우에 개발행위허가를 하여야 하며, 같은 법 시행령 별표 1의2 제2호가목(2)에서는 도로가 설치되지 아니한 지역에 대하여는 건축물의 건축을 허가하지 아니하도록(단, 무질서한 개발을 초래하지 아니하는 범위 안에서 도시·군계획조례가 정하는 경우는 예외) 규정하고 있습니다.

이와 관련하여 이미 도로가 설치되어 있는 경우에도 그 도로의 사용이 제한된다면 개발행위허가기준에 적합한 것으로는 볼 수 없는 바, 사인이 소유·관리하는 현황도로를 진입도로로 사용하여 건축물을 건축하려는 경우라면 그 도로소유자의 사용 동의를 받는 등의 방법을 통해 그 도로를 사용할 수 있는 권리를 확보하여야 할 것이나(법제처 법령해석례 13-0427 참조), 토지소유자가 사인인 경우에도 일반의 통행을 목적으로 행정기관이 토지소유자의 동의 등을 받아 적법하게 포장한 도로이거나 오랫동안 불특정 다수인이 사용하여 오던 관습상 도로에 해당하는 경우라면 별도로 토지소유자의 동의는 필요하지 않을 것으로 판단되며, 이에 대해서는 도로의 이용현황 및 개설경위, 현지여건, 관련법령 등을 종합적으로 고려하여 허가권자가 판단할 사항임을 알려드립니다.

관련법령 : 국토의 계획 및 이용에 관한 법률 제58조 (개발행위허가의 기준 등)
작성부서 : 국토교통부 국토도시실 도시정책관 도시정책과, 044-201-371
추가 문의처 : 국토교통부 민원콜센터 1599-0001

국토교통부는 행정기관이 소유자의 동의를 받아 포장하였거나 오랫동안 불특정 다수인이 사용해온 관습도로인 경우에는 사용승낙이 필요 없다고 해석하면서 허가권자에게 종합적으로 판단하라고 하였지만, 지자체는 소유자의 배타적 사용·수익권 제한을 포장된 경우만 적용하고 있어 오히려 혼란(분쟁)을 초래하고 있다.

국토부는 현황도로의 소유자가 배타적 사용·수익권을 주장하면 사용승낙이 필요하고 관습도로는 사용승낙이 필요 없다는 애매한 해석을 할 것이 아니라, 개발행위허가 등으로 도로가 개설될 때에 허가권자가 부동산 공법에 근거한 재량권으로 배

타적 사용·수익권을 제한(공익 및 이해관계인 보호, 기부채납, 건축법 도로 지정 등)할 수 있고, 민법 및 대법원 전원합의체 판례 법리에 소유자의 배타적 사용·수익권이 제한되었다고 판단할 수 있는 근거(업무지침)를 만들어 지자체에 제공하여야 할 것이다.

또한 국토부-행안부-농림부-산림청-환경부 등 중앙행정부는 서로 협의하여 허가를 받아 합법적으로 개설된 도로는 이미 공공시설이 된 것으로 보아 공로公路라고 법을 개정하면, 국민의 고통(통행권 분쟁)이 대부분 해소될 것이다.

사례 10 · 1970년경 새마을사업으로 우수관 매설한 사례 · 경기 용인시

2019.1.24. 선고, 대법원 전원합의체 판결 2016다264556 판례 살펴보기 🔍

토지소유자인 원고가 그 토지에 매설된 우수관의 관리 주체인 피고(지방자치단체)를 상대로 우수관 철거와 함께 그 부분 토지사용에 따른 차임 상당의 부당이득반환을 구하는 사안에서, 우수관 설치 당시 원고의 아버지가 자신이 소유하던 토지와 그 지상 단독주택의 편익을 위하여 자발적으로 우수관을 설치하도록 한 것으로 볼 수 있고, 독점적이고 배타적인 사용·수익권의 행사를 제한하는 것을 정당화할 정도로 분명하고 확실한 공공의 이익 또한 인정된다고 보아, 원심판결에 대한 상고를 기각한 사례

주민들이 공동으로 사용하는 우수관(당시 '합류식하수관로'이므로 오수와 우수가 섞여 있음)을 설치하고 그 후 토지소유자가 주택의 진입로로 포장하여 현황도로로 사용된 것인데, 그 상속인이 주택이 멸실된 후에야 지하에 매설된 우수관 철거 및 부당이득반환 청구를 한 사안에서 대법원은 원 소유자가 자발적으로 우수관을 설치하였다고 볼 수 있고 배타적 사용·수익권을 제한할 공공의 이익이 인정된다고 판결하였다.

대법원은 소유권의 핵심적 권능에 속하는 사용·수익 권능의 대세적·영구적인 포기는 물권법정주의에 반하여 허용될 수 없으나(대법원 2009다228), 소유자의 소유권 보장과 공공의 이익을 비교·형량하여 배타적 사용·수익권의 포기로 판단할 수 있다면, 타인(사인+국가+지자체)이 점유·사용하고 있더라도 소유자에게 새로운 손해가 발생한다고 볼 수 없어 부당이득반환을 청구하거나 토지의 인도 등을 구할 수 없다고 하였다.

이때 판단기준은 다음 여러 사정을 종합적으로 고찰하여야 한다. (소유자 스스로 도로, 수도시설의 매설부지 등 일반 공중의 용도로 제공한 경우) ①소유한 경위와 보유기간 ②공공의 사용에 제공한 경위와 그 규모 ③제공에 따른 소유자의 이익·편익의 유무 ④해당 토지의 위치나 형태 ⑤인근의 다른 토지들과의 관계 ⑥주위 환경 등

그리고 상속인은 피상속인의 권리와 의무를 포괄적으로 승계하므로 배타적 사용·수익권이 제한되고(민법 제1005조), 매매·경매 등으로 취득한 특별승계인도 특별한 사정이 없는 한 제한된다는(대법원 94다20013) 법리法理가 확립되었다. 다만 사정변경 원칙이 적용되면(2012다54133) 제한된 권리가 원상회복된다.

또한 이런 토지는 도로 이외의 하수도 등 다른 용도로 제공한 경우에도 적용되고(대법원 2015다238185), 지하 부분의 사용·수익권의 행사도 제한된다(2009다25890)고 판결(유권해석)하였다.

정리 건축허가(신고)에서 허가신청자는 그 대지 내로 자동차 통행이 가능한 진입로를 확보하여야 하고, 허가권자는 그 진입로를 건축법 도로로 지정할 의무가 있다. 이때 그 진입로가 신설될 경우에는 건축법 및 개발행위허가 절차에 따라 진행하면 되나, 그 진입로가 이미 자동차 통행이 가능한 현황도로라면 그 현황도로가 건축법 및 국토계획법 기준에 맞고 그 소유자로부터 통행권원이 있는지 확인해야 할 것이다.

토지의 소유권은 배타적사용·수익권능이 있으므로(민법 제211조), 타인(국가·지자체·주민)이 그 현황도로를 도로 등으로 점용·사용하려면 그 소유자의 동의가 있어야 하는 것이 물권법정주의에 맞다. 그러나 이미 배타적 사용·수익권능이 제한된 토지는 토지인도 및 부당이득반환 대상이 되지 않는다(대법원 전원합의체 2016다264556).

그러므로 타인 소유의 현황도로는 그 소유자의 배타적 권능이 제한되는지에 따라, 허가권자 또는 허가신청자에게 소유자의 사용승낙이 필요할 것인지가 달라질 것이다.

2. 배타적 사용·수익권의 제한은 지하에도 미친다

[국토계획법 질의회신 사례집 2006.12, 제293쪽]
[질의요지]
⑴ 폭 약 6미터의 막다른 도로(사유지로서 길이 약44미터)에 접하여 주택 및 공동주택이 이미 건축되어 있으나 건축법상 도로대장에 등재되어 있지 아니한 경우 동 도로에 접하고 있는 다른 대지에 건축물의 건축이 가능한지?
⑵ 위 도로를 건축법상 도로로 볼 수 있다면 동 도로에 하수관을 매설할 경우 이해관계인의 동의를 받아야 하는지?
[회신내용]
⑴ 질의의 도로가 건축법령의 규정에 의한 도로관리대장에 등재되어 있지 아니한 구체적인 내용은 알 수 없으나, 건축법 제2조제11호나목의 규정에 의하여 건축허가 또는 신고 시 허가권자가 그 위치를 지정·공고한 도로도 건축법상 도로로 규정하고 있으므로 허가권자가 이미 동 도로에 의하여 주택 및 공동주택을 적법하게 건축허가 하였다면 건축법령에 의한 도로관리대장에 등재되어 있지 아니하다 하더라도 사실상 도로의 지정행위가 있었던 것으로 보는 것이 타당할 것이며
⑵ 동 도로에 하수관 등을 매설하는 경우 이해관계인의 동의여부는 민법 등에 의하여야 할 것으로 사료됩니다. (도시정책팀-2673, '04.05.20.)

국토교통부는 적법하게 건축허가 하였는데 도로관리대장이 없는 경우 도로의 지정행위가 있었던 것으로 볼 수 있다고 하면서, 그 지하에 하수관 등을 매설하는 경우에 이해관계인의 동의여부는 민법 등에 따라 따라야 한다고 유권해석하고 있다.

그렇다면 대법원 전원합의체 판례 법리와 그 이전의 수많은 판례 법리에 따라 배타적 사용·수익권의 제한된 경우를 예시例示한 지침 등을 지자체에 제공하여야 한다. 즉 국가는 현황도로소유자의 재산권 보장도 중요하고, 주민들의 통행권도 보호해야 하므로 민법사안은 사적자치 영역이라면서 국민 및 지자체에 떠밀어서는 안 된다.

대법원 2009. 7. 23. 선고 2009다25890 판결 [부당이득금] | 판례 살펴보기 🔍
토지의 소유자가 그 토지에 대한 독점적이고 배타적인 사용수익권을 포기한 것으로 의사해석을 할 경우에 특별한 사정이 없는 한 그 지하 부분에 대한 독점적이고 배타적인 사용수익권도 포기한 것으로 해석함이 상당하다.

건축물이 있는 대지를 경락받았는데 2차선 도로에서 이 건물로 연결되는 마을길은 35m 이상의 막다른 도로로서 너비는 6m의 포장鋪裝된 현황도로이고 지목이 임야林野이다. 이 도로는 건축법 도로로 지정·공고된 것인데, 시청과 국민신문고에 질의했더니 추후 신축 시 또는 지하에 관로 등을 매설하려면 동의가 필요하다고 한다.

판례 살펴보기 🔍

대법원 2015다211685
토지소유자의 독점적·배타적 사용·수익권 행사 제한의 법리는 토지가 도로, 수도시설의 매설 부지 등 일반 공중을 위한 용도로 제공된 경우에 적용되는 것이어서, 토지가 건물의 부지 등 지상 건물의 소유자들만을 위한 용도로 제공된 경우에는 적용되지 않는다.

대법원 2015다238185, 2016다264556
토지 소유자의 독점적·배타적인 사용·수익권의 행사가 제한되는 것으로 해석되는 경우 특별한 사정이 없는 한 토지 소유자가 그 소유의 토지를 도로 이외의 다른 용도로 제공한 경우에도 적용된다.

허가청은 경매로 소유권이 변경되면 더 소극적일 수밖에 없다. 그러나 2004년 허가권자가 이 진입로 소유자의 사용승낙을 받아서 건축법 도로로 지정·공고하고 도로관리대장에 등재하였다면 (당시 사용승낙서 및 도로대장에 지상만 사용동의한다는 단서가 없다면) 이 현황도로는 건축허가에서 필수적인 건축법 도로지정과 상·하수도, 가스 등의 관로를 지하에 매설하는 것에 동의한 것으로 보아야 한다.

대법원 2015다247325   판례 살펴보기 🔍

수도 등 시설권은 법정의 요건을 갖추면 당연히 인정되는 것이고, 시설권에 근거하여 수도 등 시설공사를 시행하기 위해 따로 수도 등이 통과하는 토지소유자의 동의나 승낙을 받아야 하는 것이 아니다.

그러므로 대법원 판례 법리에 따라 지상을 배타적 사용수익권이 제한된 것으로 볼 수 있다면, 군이 시설권 확인소송(대법원 2015다247325)을 하지 않고 지하도 사용승낙 없이 허가할 수 있어야 한다.

그리고 건축법 지정도로의 지목이 임야이거나 일부 구간이 미지정되었다고 하여도 그것은 행정청이 관련 법률에 따라 해결할 문제이지 사용승낙과는 무관한 것이다.

정리 대법원은 현황도로소유자의 배타적 사용·수익권의 포기 또는 제한에 대해서 허가권자가 종합적인 판단을 하여야 한다면서(대법원 95다36268 등, 국토부 도시정책과-1817, 2015.03.05.), 토지를 분할하여 이익을 얻기 위하여 분양하면서 개설한 도로인 경우(대법원 91다11889 등), 도로·수도매설용 등 일반 공중을 위하여 사용승낙한 경우(대법원 2015다238185, 전원합의체 2016다264556) 등에 대해서는 배타적 사용·수익권의 제한을 원칙적으로 인정하고 있다.

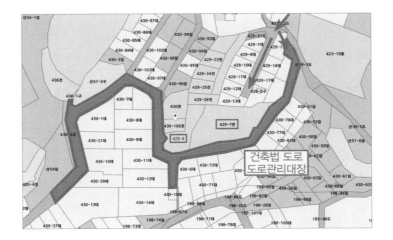

10여 년 전 주택단지를 개설·분양하면서 만들어진 건축법 도로인데, 소유자가 여러 차례 바뀌면서 내 토지의 건축신고에서 우수관 설치에 사용승낙이 필요하다고 한다.

이전 허가에서 이 현황도로가 건축법 도로로 지정되었다가 그 이후 허가가 취소되었어도 제3자는 이미 지정·공고한 도로를 이용하여 사용승낙 없이 건축신고를 할 수 있다(건축행정 길라잡이 331쪽, 대법원 2008두4008). 그런데 건축법 지정도로이고 대법원 판례 법리에 따라 소유자의 배타적 사용·수익권이 제한된 것인데도 개발행위 및 하수도과에서는 지하 관로 매설에 사용승낙이 필요하다는 의견을 내는 경우가 있다.

그러나 택지를 조성·분양하면서 개설한 도로는 다른 특단의 사정이 없는 한 수분양자 및 그 택지를 내왕하는 모든 사람에게 통행권을 부여한 것이고, 그 후 지자체가 그 도로를 확·포장하였어도 소유자에게 손실이 생겼다고 볼 수 없으며(대법원 85다카421). 분할·매각하면서 개설한 도로는 지하의 권능도 제한되므로(대법원 2009다25890), 지자체가 이미 지하에 우수관로 등을 매설하였다면 지금 사용승낙을 요구하면 안 된다(대법원 2016다264556).

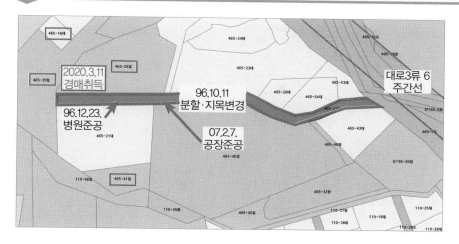

토지 5필지를 경매로 취득하여 야영장 허가를 신청하였는데, 그 진입로의 너비는 6m이지만 사유라서 그 도로 이용 및 폐수관로 설치에 사용승낙이 필요하다고 한다.

이 현황도로가 개설된 경위(시기·목적 등)를 부동산종합증명서로 추정해보면, 원래 임야이었던 토지를 병원 건축허가 및 개발행위허가에서 그 진입로 확보하기 위하여 1996.10.11. 분할하여 (공사한 후에) 지목을 도로로 변경하였다.

그런데 이곳이 비도시·면지역이라서 1996년 병원 및 공장 건축허가에서 허가청이 건축법 도로로 지정하지 못하였지만, 개발행위허가에서 기반시설로 인정한 곳이다.

또한 이 도로에 접한 모든 토지는 원래 한 사람 소유이었는데, 인근 토지를 분할·매각할 때에 개설된 내부도로이므로, 대법원 판례 법리(97다52844)에 의하여 배타적 사용·수익권이 포기·제한된 토지이므로 허가청은 사용승낙을 요구하지 않아야 한다.

그리고 대법원 전원합의체 판례 법리에 따라 그 지하의 배타적 사용·수익권도 제한된 곳으로 (병원 및 공장의 폐수로가 매설되어 있어) 사용승낙을 요구하면 안 된다.

용인시 건축조례 제30조(도로의 지정) 법 제45조제1항제2호에 따라 주민이 오랫동안 통행로로 이용하고 있는 사실상의 통로로서 다음 각호의 어느 하나에 해당하는 경우에는 허가권자가 이해관계인의 동의를 얻지 아니하고 위원회의 심의를 거쳐 도로로 지정할 수 있다.
1. 복개된 하천, 제방, 공원 내 도로, 도랑, 철도부지, 그 밖의 국유지
2. 주민이 사용하고 있는 통로를 이용하여 신축허가(신고)가 된 경우

건축신고에서 그 진입로는 지목이 도로인데 비포장이다. 지하에 이웃 상·하수관로가 매설되어 있는데, 허가청은 현황도로소유자의 사용승낙이 필요하다고 한다.

부동산종합증명서로 이 토지와 주변 토지 및 건축물의 연혁을 살펴보면, 2002년 개발업자가 종중 소유의 임야를 매입하여 분할·매각하면서 이 대지는 지목을 대로 변경하고(당시에는 건축 없이 지목변경 가능했음), 이 현황도로는 여러 필지의 내부도로로 제공하기 위하여 지목을 도로로 변경하고, 소유권은 원 소유자인 종중으로 두었다.

당시에는 이곳이 비도시·면지역이었으므로 건축법 도로로 지정하지 못했으나, 개발행위허가에서 공로公路 조건부로 허가하면서 배타적 사용·수익권 포기각서를 받았을 수 있고(정보공개 신청), 원 소유자가 택지를 분할·매각하면서 제공한 유일한 통행로는 배타적 사용·수익권이 포기되므로(대법원 2009다8802), 이런 현황도로를 이용하여 건축신고를 수리하여도 허가권자에게 부당이득반환 청구는 인용되지 않을 것이다.

이제 이곳이 자연녹지이므로 지자체 건축조례 제30조 2호의 '주민이 사용하고 있는 통로'이므로 소유자의 사용승낙 없이 조례도로로 지정하고 신고를 수리할 수 있다.

3. 지방자치단체 등이 포장한 현황도로

사례 15 군郡에서 포장한 마을길은 공로公路임 　　　　전남 장성군

　군에서 시멘트 포장한 사유인 마을안길에 접한 임야에 단독주택을 지으려고 하니, 마을길 중 사유인 곳은 소유자의 동의가 필요하다고 한다.

　비도시·면지역은 건축법 제44~46조가 적용되지 않아 건축법 도로의 지정이 필요 없지만 긴급 차량의 통행로는 있어야 하고, 그 통행로는 개발행위허가 및 산지전용 허가에서 기반시설로 만들어져야 한다. 이때 기존의 마을길이 사유私有이면 모두 그 현황도로소유자의 사용승낙이 필요하다는 해석은 다음과 같이 잘못된 것이다.

　(1) 비도시·면지역의 농촌마을은 대부분 마을안길 및 농로가 4m가 되지 않아서, 건축법 및 개발행위허가기준인 너비 4m를 적용하면 신축할 수 없는 마을이 굉장히 많아서, 개발행위허가운영지침 및 지자체 도시계획조례에서 예외를 두고 있다. 즉 1천㎡ 미만의 단독주택과 1종 근생 그리고 2천㎡ 미만의 농업용 시설은 마을안길 및 농로로 건축목적의 개발행위허가를 할 수 있다는 것이다.

그런데 국토계획법 및 개발행위허가운영지침, 지자체 조례에 주민들이 오랫동안 사용해온 마을안길이 사유私有이면 사용승낙을 받아야 한다는 규정도 없고(국토계획법 시행규칙 제9조의 토지소유권 또는 이용권 확보와는 전혀 다름), 더군다나 국토부도 군 또는 면에서 포장한 도로이면 건축허가 및 개발행위허가에서 공로公路로 해석하고 있다.

또한 자연취락지구이므로 그 마을길은 소유자의 배타적 사용·수익권이 제한된 곳으로 해석하거나, 지자체가 이용권을 확보하여 주민의 불편을 해소해야 한다.

그리고 도로로 개설·포장된 후 소유자가 바뀌었다고 하여도 다시 사용승낙을 받을 필요가 없는 공로公路가 되는 것이다(대법원 2016다264556).

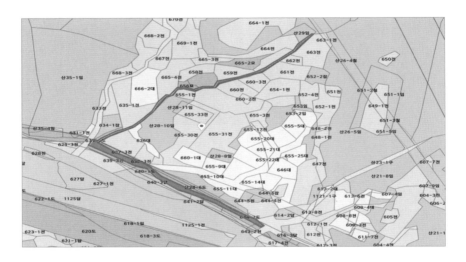

(2) 사유인 현황도로소유자가 민법 제211조의 배타적 사용·수익권이 있다고 주장하면서 간혹 마을길을 막거나 훼손하는 경우가 있고 또는 시·군청에 민원을 제기하거나 '부당이득반환청구' 소송을 하는 경우가 있어, 허가권자는 슬그머니 지금 건축허가를 신청하는 주민에게 사용승낙을 받아서 공로公路로 만들려고 행정지도하는 경우가 있는데 이것은 행정기본법의 법치행정 및 비례평등의 원칙 등에 위배되어 재량권 일탈·남용이 될 수 있다.

또한 공로(일반공중의 통행로)임을 알고 매수한 경우 지자체에 토지인도 청구는 권리남용(민법 제2조), 불법행위(민법제750조), 형법 제185조의 일반교통방해죄에 해당될 수 있고(대법원 2021다242154), 물건을 쌓아놓는 등 통행을 방해하면 도로교통방해죄가 성립될 수 있으므로, 지자체는 배타적 사용·수익권을 인정하거나 사적자치 영역이라는 핑계로 방관해서는 안 된다.

또한 허가권자가 전前 소유자의 사용승낙을 받아서 군郡 예산으로 포장한 것이면, 대법원 판례 법리에 따라 부당이득반환청구 소송에서 배타적 사용·수익권의 주장이 인용되지 않을 것이므로 지자체는 비법정 현황도로를 책임감 있게 관리해야 한다.

> **산지전용 시 기존도로를 이용할 필요가 없는 시설 및 기준 (산림청 고시)**
> "현황도로"란 다음 각 목의 어느 하나에 해당하는 도로를 말한다. 다만, 임도를 제외한다.
> 　가. 현황도로로 이미 다른 인허가가 난 경우
> 　나. 이미 2개 이상의 주택의 진출입로로 사용하고 있는 도로
> 　다. 지자체에서 공공목적으로 포장한 도로
> 　라. 차량진출입이 가능한 기존 마을안길, 농로

(3) 이곳은 계획관리지역이고 준보전산지이므로 단독주택 허가를 받을 때에 그 진입로를 마을안길(현황도로)로 볼 수 있다. 산지관리법 시행령 [별표4] 및 산림청 고시에 보전산지는 현황도로로 허가될 수 없다고 하였지만, 이곳은 자연취락지구이므로 설사 보전산지라고 하여도 산지관리법의 기준에 적합하다고 해석될 수 있다.

또한 허가신청자가 장뇌삼을 경작한 전업농이므로, 농업인 주택의 경우 산지전용 부담금도 면제되고 보전산지에서도 건축물 진입로(4m 너비로 50m 이내)로 임야를 전용轉用할 수 있으므로, 내 보전산지 내의 진입로 개설에 문제가 없다.

정리 녹지지역 및 비도시지역 등에 조용하고 경치 좋은 임야 또는 농지를 구입하여 전원주택을 지으려고 할 때에 그 진입로 때문에 고통을 받는 경우가 많은데, 일부 지자체는 주민들 간의 분쟁을 방관하고 있어 안타깝다.

이런 마을안길을 주민들이 자유롭게 이용하지 못하면, 전 국토의 균형발전 및 수도권 편중 현상을 해소하기 어렵고, 지방의 지자체는 인구를 늘릴 수 있는 기회를 스스로 잃어버리는 꼴이 되므로, 이런 현황도로 분쟁을 선제적으로 해결해야 할 것이다.

도시계획시설 도로에서 건축법 지정도로를 지나서 지자체가 아스콘 포장한 지목이 대(垈)인 도로에 접했는데, 그 도로의 지목이 대이므로 사용승낙이 필요하다고 한다.

이 현황도로의 배타적 사용·수익권의 제한 여부를 판단하기 위하여 1996년, 2006년, 2021년 항공사진과 각종 공부(公簿)를 보니, (2012년 산림관리사로 지정된 곳까지) 1996년 이전부터 농로(農路)가 있었고, 2013년 지목이 대인 현황도로의 원 소유자와 이웃 주민이 합의하여 현황도로를 개설한 것을 지자체가 포장한 곳인데, 소유자가 변경되면서 주민들의 통행권이 없어졌다고 생각하는 현 소유자가 이 도로 일부를 막고 있다. 이런 곳은 지자체가 관리하는 비법정 도로이므로 직접 해결에 나서야 한다.

즉 지자체는 이 현황도로를 포장할 당시 원 소유자의 기공승낙서 등 배타적 사용·수익권을 포기한 문서를 찾아서 대법원 판례 법리에 따라 주민들의 통행권 분쟁 해결에 적극 나서야 한다. 또한 이 도로는 자연녹지지역이므로 배타적 사용·수익권이 제한되었다고 판단되면, 건축법 '조례도로'로 지정하면서 건축신고를 수리하면 될 것이다.

비도시지역에 지자체가 포장한 사실상 통로

충남 공주시

지적도에 없지만 타인의 대지(지목 대)에 1935년 개설된 통로인데, 그 통행로를 2021년 다른 곳으로 개설하여 폐쇄할 수 있다. 그런데 이웃 농지 소유자는 지자체가 포장해준 마을길 또는 (관습)농로이므로 소유자라도 통행을 방해하면 안 된다고 한다.

내 대지와 이웃 농지, 앞집의 부동산종합증명서와 토지이음사이트의 위성사진으로 이 사실상 도로의 통행권에 대해서 살펴보니, 아마 앞집이 1935년 신축할 때에 본인의 토지에 통행로를 만들었으나 당시 측량 오차로 인하여 내 대지에 개설된 것 같다.

내 대지와 주택은 2021년 구입하였는데, 건축물대장이 없고 (주택이 낡은 것으로 보아) 2006.5.8.까지 비도시지역에 존재한 사후신고건축물인 것 같다.

앞집은 바로 옆에 2021년 건축물을 신축하여 통행을 그 신축 대지로 하고 있고, 뒤쪽에 경지정리된 농로로 자동차 통행이 가능하므로, 내 대지 위의 사실상 통로는 지자체가 포장한 것이라도 원 소유자가 동의하지 않았으므로 폐도할 수 있다.

즉 앞집의 통행권은 주위토지통행권 수준이었는데 다른 곳에 통로가 생겼으므로 통행권이 없어지고(대법원 97다47118), 이웃 농지도 내 대지 위의 사실상 통로가 유일한 통행로가 아니므로 내 사용승낙 없이 사용할 수 없다(대법원 2003다18661).

사례 18 자연녹지에 1900년 건축물의 진입로가 없어짐   대전 유성구

1950년대 신축해서 2008년 개축한 건축물의 진입로가 지적도에는 없다. 1990년 경 지자체가 산에서 내려오는 물을 처리하기 위해 대형 관로를 지하에 매설하고 그 위를 포장하였는데 소유자가 바뀌면서 보행 공간만 남겨두고 통행로를 막았다.

항공사진과 공부(公簿)로 이 토지와 주변 토지 및 건축물 연혁을 살펴보면, 이 길은 지적도에 없는 현황도로라도 지난 100여 년 동안 마을길과 등산로로 사용해온 일반 공중의 통행로이므로 소유자가 바뀌었다고 하여도 무단 폐쇄한 것은 신의칙 및 권리남용이 될 수 있고, '일반교통방해죄'가 성립될 가능성이 있다(대법원 2021다242154).

더군다나 지자체는 예산을 들여 확보한 기반시설(우수관로, 도로 등)을 제대로 유지·관리하지 않고 '사적자치 영역'이라는 이유로 방관하는 것은 잘못이다.

그러므로 지자체가 지하에 관로를 매설하고 도로로 포장할 때에 원 소유자의 동의서(기공승낙서 등)를 찾고 주민증언 등 대법원 판례 법리에 따라 배타적 사용·수익권이 제한된 근거를 찾는다면, 100여 년 사용해온 공로를 찾을 수 있을 것이다.

30여 채의 전원주택단지가 조성된 입구에 개설된 현황도로가 있다. 이 도로의 소유권은 원 소유자로부터 제3자에게 이전되었는데, 현 도로소유자는 이 주택단지를 공매로 취득한 새로운 사업자에게 유치권 등을 핑계로 통행을 막고 있다.

이 현황도로는 주택법의 대지조성사업 승인을 받은 진입로이다. 부동산종합증명서의 토지 연혁을 보면 이 사업부지 내의 모든 토지는 원래 한 사람 소유이었으나 이 현황도로 필지의 소유권만 제3자에게 양도되었다.

그래도 이 진입도로는 수분양자 및 내왕하는 모든 사람이 자유롭게 이용할 수 있는 배타적 사용·수익권이 제한된 일반 공중의 통행로이다(대법원 2009다8802).

현재 토목공사가 완료되어 포장은 되었으나, 개발행위허가 준공승인이 되지 않았다면, 산지관리법에 의하여 소유자의 사용동의가 있어야, 타인이 건축법 도로로 사용할 수 있을 것이다(산지관리법 시행령 [별표4] 1. 마. 10). 다)·라)).

또한 시공사가 유치권을 주장하면서 점유하고 있으므로, 유치권이 해결되지 않으면 통행방해금지 소송(가처분)이 인용되기 어려울 수 있다.

5. 현황도로소유자가 통행을 방해한 사례

사례 20 전원주택단지의 주택 한 채를 경매로 취득　　인천 강화군

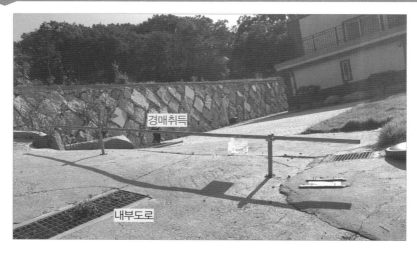

경매취득

내부도로

　단지 내 대지를 경매로 취득하였는데, 분양업자가 도로와 상하수도를 사용하려면 적정한 비용을 지불하고 도로의 지분을 매수하라고 하면서 출입로를 막고 있다.

　분양업자가 택지를 분양하면서 택지와 공로 사이의 통행로를 제공한 경우 분양업자는 수분양자 및 주택지 내 모든 거주자에게 무상통행권을 부여한 것으로 보아 그들의 통행을 인용할 의무를 부담한다(대법원 85다카421, 73다401, 74다399).

　단지 내 수분양자들은 이 내부도로를 각기 지분으로 소유하고 있는데, 분양업자는 이 도로를 사용하려면 지분을 매수하라고 하면서 통행을 방해하고 있다. 이런 경우에는 통행방해금지 민사소송 또는 '일반교통방해죄'에 해당될 수 있다.

　또한 이미 상하수도 관로가 연결되어 주택이 준공되었으므로 이 상·하수도관로를 막고 비용을 청구하는 것은 불법이다.

　다만 추후 취득한 부동산의 가치를 정상적으로 평가받으려면, 분쟁보다는 내부도로의 지분을 주변 대지가격의 1/3로 취득을 고려해볼 필요는 있을 것이다.

보전관리지역의 대지의 진입로가 사유

경기 평택시

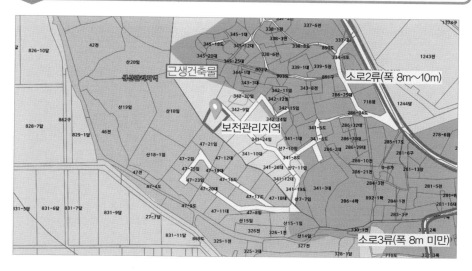

개발업자가 택지 및 제1종 근린생활시설 건축물을 지어서 분양하던 중 대지와 건축물이 경매되었다. 대지의 지목은 대垈이고 건축물대장도 있다. 그 진입로가 6m 너비로 포장이 되어 있지만 막다른 도로이고 사유이면서 지목이 임야이어서 걱정이다.

건축물대장은 건축신고 및 개발행위허가를 받아 허가서대로 준공한 후에 작성되는 것이므로, 진입로가 사유私有라도 배타적 사용·수익권이 제한된 것이고 그 지하에 상·하수도 관로 등이 매설되지 않으면 근생 건축물 준공이 되지 않았을 것이며, 그 현황도로의 지목이 도로가 아니고 임야인 것은 중요하지 않다.

당시 허가청은 개발행위허가에서 기반시설(국토계획법 제58조 1항 5호)을 확보하라고 하면서 비도시·면지역이라서 건축법 도로로 지정하지 못했지만(소유자가 원하면 건축법 도로로 지정할 수 있음), 개발행위허가에서 공로公路로의 사용을 조건부로 허가하였을 수 있고, 대법원 전원합의체(2016다264556) 판례 법리에 따라 (현황도로소유자의 소유권 보장보다 공공의 이익을 위하여) 이미 배타적 사용·수익권이 제한되었다고 판단할 수 있는 곳이므로 사유도로라도 걱정하지 않아도 될 것이다.

비도시·면지역에서 두 필지의 소유자가 2000년 한 필지에 주택을 신축하면서 다른 필지에 진입로를 개설하였다. 2014년 경매로 그 주택(대지)을 취득하였는데, 2016년 다른 필지에 있던 현황도로의 소유자가 바뀌면서 그 진입로를 대폭 줄였다.

'통행방해금지 가처분'이 인용된 이유는, 2000년 신축되면서 그 진입로를 3.5m로 이용하여 왔고 주거생활에 기본적으로 요구되는 차량 진입을 허용할 필요가 있으며, 2016년 그 현황도로를 경매로 취득한 사람은 타인이 이 통로를 차량 진입로로 이용하고 있다는 것을 알고 취득한 것이고, 또한 현황도로가 그 토지의 가장자리에 위치하여 소유자의 토지이용을 크게 제한한다고 보기 어려워, 소유자가 너비 50㎝만 남기고 막은 것은 '주위토지통행권'을 침해하였다고 판단하여 방해물의 제거를 명한 것이다.

대법원 2016다264556

판례 살펴보기 🔍

원 소유자의 독점적·배타적인 사용·수익권의 행사가 제한되는 토지의 소유권을 경매, 매매, 대물변제 등에 의하여 특정승계한 자는, 특별한 사정이 없는 한 그와 같은 사용·수익의 제한이라는 부담이 있다는 사정을 용인하거나 적어도 그러한 사정이 있음을 알고서 독점적·배타적인 사용·수익권이 제한된 토지를 특정승계한 자는 배타적 사용·수익권을 행사할 수 없다. 다만 판례는 case by case이므로, 소유자의 배타적 사용·수익권 포기 또는 제한된 (비법정) 현황도로에 해당되는지 비교·분석해볼 필요가 있다.

대법원 전원합의체 판결(2016다264556)에서 배타적 사용·수익권의 제한은 채권적일 뿐 물권적(대세적·영구적) 제한은 「물권법정주의」에 어긋난다면서도(대법원 2009다228), 택지를 분양하면서 만든 도로는 배타적 사용·수익권이 제한되었다고 하였다(85다카421).

또한 건축 및 개발행위허가에서 도로의 기부채납 요구는 적법하다는 판결(대법원 2003두9367)과 2016년 취득한 현황도로소유자가 본인의 잡종지를 현재처럼 사용하기 위해 개발행위허가를 받을 때에 그 내부(외곽)에 있는 현황도로는 공익 및 이해관계인의 보호를 위하여(개발행위허가운영지침 2-1-7 ①) 그 도로 부분을 대지에서 제척되거나 배타적 사용·수익권의 제한을 허가조건부로 하였을 것이다.

그러므로 2000년 주택 및 근생허가와 2016년 잡종지 허가 등에서 이 현황도로는 배타적 사용·수익권이 제한된 것으로 보아야 하고, 지금은 건축 및 개발행위허가에서 분할 및 지목변경을 요구하지만 당시에는 법령 미비로 지적분할 및 합병을 하지 않았던 것이다.

정리 그동안 이런 현황도로의 이용권을 민법의 주위토지통행권으로만 해석해왔는데, 2003년 이후 국토계획법 등에 의하여 강화된 각종 법령으로 적법하게 개설된 현황도로는 공공시설이고 공익시설이므로 앞으로 이런 공법公法으로 개설된 도로의 배타적 사용·수익권의 포기 또는 제한 법리에 대한 법률전문가의 많은 연구와 이를 기초로 국토부는 법률개정 및 업무지침의 제정으로 국민을 편안하게 해야 할 것이다.

6. 민법 제219조의 '주위토지통행권'

제219조(주위토지통행권周圍土地通行權)
① 어느 토지土地와 공로公路 사이에 그 토지의 용도用途에 필요한 통로가 없는 경우에 그 토지소유자는 주위周圍의 토지를 통행通行 또는 통로通路로 하지 아니하면 공로에 출입할 수 없거나 과다過多한 비용費用을 요하는 때에는 그 주위의 토지를 통행할 수 있고 필요한 경우에는 통로를 개설開設할 수 있다.(이하 생략)

(1) 민법 제219조의 '주위토지통행권'은 민법 제211조*의 토지소유자의 배타적 사용·수익권에 대한 제한을 두는 법정지역권으로, 민법 제215조부터 244조까지 30개의 법률 조문이 있는데 이런 규정을 상린관계**라고 한다. 건축허가의 접도의무 및 개발행위허가의 기반시설인 진입로 확보의무 등의 관련 조문은 민법 제219-220조의 주위토지통행권이고, 개발행위허가의 상하수도 확보의무 등의 관련 조문은 민법 제218조 등과 여러 용수用水와 배수排水 관련 조문이다. 이런 규정은 관습을 명문화한 규정도 있고, 관습이 민법보다 우선하는 것도 있다.

(2) 민법 제219조를 (맹지를 탈출하여야 하는) 맹지 소유자의 입장에서 하나씩 살펴보면, '어느 토지'란 허가기준에 미달된 맹지를 말하는 것이고, '공로公路'란 (소유자의 동의 없이 사용할 수 있는) 일반 공중의 통행로이며, 그 '토지의 용도'란 맹지인 토지의 지목地目 및 도시관리계획, 이용상황 등을 말하고, '통로通路'는 보행과 자동차 통행이 가능하여 곧바로 건축허가 및 개발행위허가기준에 맞는 도로는 아니다. 다만, 법원의 결정으로 그 토지의 용도에 맞는 건축허가기준의 진입로를 만들 수 있다.

그리고 '공로에 출입할 수 없는 경우'란 (여러 가지 사유로) 맹지가 된 상황을 말하

---

* 제211조(소유권의 내용) 소유자는 법률의 범위 내에서 그 소유물을 사용, 수익, 처분할 권리가 있다.
** 상린관계는 인접한 부동산 **소유자** 또는 용익권자 사이의 이용(利用)을 조절하기 위한 법률관계로 소유자에게 사용·수익의 권능을 일부 유보하여 서로 협력할 것을 요구하는 것으로서, 소유권을 제한 또는 확장하는 효과가 있다. 물권인 지역권(地役權)과 유사하지만 그 발생원인, 성질, 대상, 내용, 등기(登記), 시효(時效)의 적용 등에서 크게 다르다.

고, '비용이 과다하게 소요되는 경우'란 맹지인 토지를 공로까지 통행 또는 통로로 이용하기 위한 진입로를 개설·연결하는 데 비용이 많이 들어간다는 것이다. 이때 이런 상황 및 비용의 과다에 해당되는지는 case by case로 판사가 판단하는 것이다.

'주위의 토지를 통행할 수 있고'란 현재 통행이 가능한 현황도로 또는 공간이 있다면 그 소유자가 맹지 소유자의 통행을 막을 수 없다는 것이고, 만약 담장 등으로 막는다면 소송을 통하여 막지 못하게 할 수 있다는 것이다. 그러므로 개발행위허가 등으로 개설된 현황도로는 그 배타적 사용·수익권이 보장된 경우를 제외하고 (일반 공중의 통행로라면) 소유자도 그 통행을 막을 수 없게 된다.

그리고 '통로를 개설할 수 있다'란 맹지 소유자가 자기의 비용으로 통로를 만들면서 시멘트 포장도 가능하고(개발행위허가를 받아서 포장해야 하는 경우 제외), 그 지하도 이용권이 있다(대법원 2002다53469). 이 경우 20년이 지나면 '통행지역권'이 성립할 수 있다(대법원 94다42525).

(3) 주위토지통행권은 타인 토지의 배타적 사용·수익권의 일부를 내가 사용할 수 있는 권리로 (소송을 통해서) 확인받아 오는 것이지만, 판결문이 곧바로 건축법 도로가 되는 것은 아니다. 즉, 판결문에는 주위토지통행권으로 얻어지는 통로의 너비가 나올 수 있는데, 그 너비가 건축법 기준에 맞지 않으면 건축허가가 되지 않을 수 있다.

건축법 도로	너비/접도	막다른 도로 길이	도로너비(시행령 3조)
기본(통과도로)	4m/2m	10m 미만	2m/2m
지형적 곤란	3m/2m	10~35m 미만	3m/2m
건물연면적 2,000㎡ 이상	6m/4m	35m 이상	6m/2m(비도시, 읍·면 4m)

예를 들어 양보받은 통로의 길이가 (막다른 도로로서) 10m 미만이면 그 도로에 2m 이상이 도로에 접하면 건축허가기준에 적합하나, 10m 이상이면 3~6m 너비 (10~35m 미만은 너비가 3m, 35m 이상이면 6m(비도시·읍·면지역 4m))가 필요하다.

다만, 대지가 비도시·면^面지역이면, 건축법 제3조 2항에 의하여 건축허가에서 접도의무가 없으므로 판결문의 통로너비가 자동차 통행이 가능한 2~3m 이상이 되면 건축허가 조건에 맞는 통로가 되어서 건축허가가 가능한 것이다.

판례 살펴보기 🔍

대법원 2013다11669 – 【판결요지】
[1] 주위토지통행권은 법정의 요건을 충족하면 당연히 성립하고, 요건이 없어지게 되면 당연히 소멸한다.
　　따라서 포위된 토지가 사정변경에 의하여 공로에 접하게 되거나, 포위된 토지의 소유자가 주위의 토지를 취득함으로써 주위토지통행권을 인정할 필요성이 없어지게 된 경우에는 통행권은 소멸한다.

---

(4) 주위토지통행권은 법정요건을 갖추면 당연히 성립하는 권리이다. 법정요건이란 유일한 통행로이어야 하고 상대방의 피해가 최소화되는 등 case by case이므로 부동산 공법 전문변호사를 이용하는 것이 안전할 것이다.

반면 주위토지통행권은 성립요건이 없어지면 당연히 소멸된다. 즉 맹지인 대지 소유자가 주변 토지소유자로부터 양보받아 건축물 진입로로 사용해왔는데, 그 대지가 추후 본인이 개설한 도로, 도시계획시설인 도로 등으로 공로에 연결되어 맹지를 벗어나게 되면, 이웃에게 양보받았던 주위토지통행권은 (저절로) 없어지게 되는 것이다.

법 조항 살펴보기 ⚖

제219조(주위토지통행권^{周圍土地通行權})
① (생략) 그러나 이로 인한 손해^{損害}가 가장 적은 장소와 방법을 선택^{選擇}하여야 한다.
② 전항의 통행권자는 통행지 소유자의 손해를 배상^{賠償}하여야 한다.

---

(5) 그리고 토지소유자의 양보로 인한 손해에 대해서는 통로를 이용하거나 개설하는 자가 보상하여야 한다. 민법 제219조 1항 뒷부분에 의하면 '그러나 이로 인한 손해가 가장 적은 장소와 방법을 선택하여야 한다'에 해당되는지를 판단하는 사람도 판사이고, 손해배상액의 적정수준을 결정하는 사람도 판사이다.

판례 살펴보기 Q

대법원 2014. 12. 24. 선고 2013다11669 판결

[2] 주위토지통행권자가 통행지 소유자에게 보상해야 할 손해액은 주위토지통행권이 인정되는 당시의 현실적 이용 상태에 따른 통행지의 임료 상당액을 기준으로 하여, 구체적인 사안에서 사회통념에 따라 쌍방 토지의 토지소유권 취득 시기와 가격, 통행지에 부과되는 재산세, 본래 용도에의 사용 가능성, 통행지를 공동으로 이용하는 사람이 있는지를 비롯하여 통행 횟수·방법 등의 이용태양, 쌍방 토지의 지형적·위치적 형상과 이용관계, 부근의 환경, 상린지 이용자의 이해득실 기타 제반 사정을 고려하여 이를 감경할 수 있고,

(양보받은 통로를) 도로道路로 평가하여 임료를 결정하는 것은 부당하고, 그 토지의 현실적 이용상태에 따른 임료상당액을 기준으로 하여, 구체적 사안에 따라 소유권취득 시기 및 가격, 재산세, 본래 용도로 사용가능성, 통행자수·횟수·방법, 지형적·위치적 형상, 부근 환경, 이해득실 등으로 결정하여야 한다고 판결하고 있다.

판례 살펴보기 Q

대법원 91다19623 [판결요지]

민법 제219조 제2항 소정의 주위토지통행권자가 통행지 소유자에게 보상해야 할 손해의 수액을 정함에 있어 통행지 소유자가 이미 조성된 도로임을 알면서 시가보다 저렴한 가격으로 취득한 사실 및 사도로서의 이용상황을 함께 고려한 원심의 조치를 수긍한 사례

유의할 점은, 주위토지통행권자가 그 소유자가 보상해야 할 손해액 산정에 있어, 소유자가 통행지를 저렴한 가격으로 취득한 사실 및 사도로서의 이용상황을 알고 경매 등으로 취득하였다면 많은 임료를 요구하기 어렵다고 유권해석하고 있다.

주위토지통행권 확인 판결을 받았다고 하더라도 토지통행권은 부동산등기법 제2조에서 정하는 등기할 사항이 아니므로 등기할 수 없다(1996. 11. 27. 등기 3402–899 질의회답)[등기선례 제5–4호].

(6) 참고로 주위토지통행권 확인소송으로 얻은 통행권은 등기할 수 없다. 그러나 이런 권리도 (한시적이지만) 공부公簿 등에 등재 또는 일반인에게 공시되면 분쟁을 줄일 수 있을 것이다.

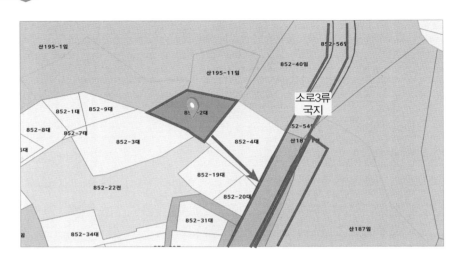

이 대지의 지목은 대垈이고 낡은 건축물이 있다. 그런데 지적도에는 진입로가 없어 맹지이다. 앞 대지 소유자와 협의가 안되어 부득이 주위토지통행권 소송을 하였고, 재판부로부터 너비 3m의 진입로를 확인받아 시멘트 포장까지 하였다.

그 후 이 판결문이 부여한 통행권을 근거로 건축물 진입로로 사용하겠다고 건축신고하였으나, 허가청은 건축법 제44조 및 제45조에 따라 건축법 제2조 1항 11호 나목의 도로를 지정하기 위해서는 소유자의 사용승낙이 필요하다는 이유로 반려하였다.

건축허가에서 허가권자가 건축신고 신청자에게 건축물 진입로를 확보하라고 규정한 입법취지는 '그 건축물 이용자의 편의와 긴급 시 피난 차량의 통행로 확보'에 있다 (대법원 91누8319, 국토부 건축행정길라잡이 제323쪽).

그런데 건축법 제44조에 접도의무가 있고, 그 단서에 예외가 있으므로 이 단서에 해당된 현황도로가 현행법 구조·너비 기준에 맞다면 기속재량행위*로 보아야 한다.

즉 얼핏 '해당 건축물의 출입에 지장이 있는지 또는 없는지'에 대한 판단이 재량권

---

* 상위 계획에 부합하지 않거나 환경이나 경관 측면에서 문제가 있어도, 법규에 위반되지 않으면 행정기관에서 허가해야 하는 행위.

처럼 해석될 수 있으나, 그 진입로의 통행권원을 법원이 민법 제219조의 법정지역권인 '주위토지통행권'으로 인정하였다면 행정청은 당연히 지장이 없다고 해석해야 한다.

즉 허가청은 허가신청자가 그 통로를 이용할 수 있는 권원이 있다면 건축법을 행정편의주의적 발상으로 해석하여 사용승낙을 받아 건축법 도로의 지정만을 고집할 것이 아니라 국민을 위하여 건축법 제44조 단서를 적용하는 적극행정을 하여야 할 것이다.

더군다나 이 대지는 낡은 건축물이 있다. 이 건축물은 당시 법령에 맞게 합법적으로 지어졌지만, 현행법 기준에 맞지 않는 맹지이다. 그렇더라도 통행권이 있으므로 국민의 편에 서서 적극행정을 한다면 개축신고의 수리에 전혀 문제가 없을 것이다.

사인이 소유·관리하는 진입로로 건축하려는 경우에는 소유자의 사용동의를 받아 권리를 확보해야 할 것이나, 법원의 판결에 따라 그 권리를 확인한 경우라면 별도로 도로소유자의 사용동의를 받을 필요는 없을 것이며, 민법 등에 따라 허가권자가 판단할 사항이다 〈국토부 도시정책과-1817, 2015.03.05.〉.

국토부는 이런 소극행정이 전국적으로 만연되어 국민의 불만이 팽배한데도, 일선 허가청을 편안하게 해줄 업무지침을 만들려고 하지 않고 있어 정말 안타깝다.

7. '주위토지통행권'의 한계

주위토지통행권은 부동산 이용을 조절하기 위한 상린관계로 민법 제219-220조의 '법정지역권'이나, 몇 가지 한계가 있어 허가청이 적극행정을 하지 못하고 있다.

인정	91다32251	일반주거지역은 통행로 필요도와 소유자 손해를 비교교량하여 결정
	96다10171	일반주거지역은 건축허가 요건 충족을 위하여 노폭 2m를 인정
부정	90다12007	피해가 최소화되어야 하므로 일상생활에 필요한 1.5m만 허용된다
	91다9961	배타적 사용·수익권의 제한은 일상생활에 필요한 1.5m만 허용된다
일부	96다33433	일상생활에 필요한 2m 허용되나 노후 증·개축을 위한 6m 안 된다
	2005다70144	자동차 통행도 허용할 수 있지만, 꼭 필요한 경우만이어야 한다
	2014다236304	현재 용법 외에 장차 이용상황까지 대비한 통행로를 정할 수 없다

(1) 양보받을 면적 및 너비는 대법원 판례가 갈리고 있다. 일부 판례는 맹지인 토지의 활용성을 높이기 위하여 주거지역이라면 주택을 지을 수 있을 만큼 양보해야 한다고 하고, 일부 판례는 상대방의 피해가 최소화되어야 하기 때문에 맹지 소유자의 토지 활용성과 상관없이 1.5m 보행 정도만 인정해야 한다고 판결하고 있다.

그러나 90년대 이후 자동차 통행이 많아지고 산업화·도시화로 주택 부족 현상이 심각해졌기 때문에, 양보하는 토지소유자의 토지활용도를 저해하지 않는 범위 내에서 (합당한 보상을 하더라도) 건축허가를 받을 수 있을 만큼 허용되어야 할 것이다.

판례 살펴보기 🔍

대법원 2003다18661

민법 제219조에 규정된 주위토지통행권은 공로와의 사이에 그 용도에 필요한 통로가 없는 토지의 이용이라는 공익목적을 위하여 피통행지 소유자의 손해를 무릅쓰고 특별히 인정되는 것이므로, 그 통행로의 폭이나 위치 등을 정함에 있어서는 피통행지의 소유자에게 가장 손해가 적게 되는 방법이 고려되어야 할 것이고, 어느 정도를 필요한 범위로 볼 것인가는 구체적인 사안에서 사회통념에 따라 쌍방 토지의 지형적·위치적 형상 및 이용관계, 부근의 지리상황, 상린지 이용자의 이해득실 기타 제반 사정을 기초로 판단하여야 한다.

(2) 건축법 도로의 지정이 가능한 너비까지 인정되어야 추후 분쟁이 없을 것이다. 왜냐하면 주위토지통행권은 지역권地役權과 달리 다른 곳에 통행로가 있거나 공로公路가 새롭게 개설될 때까지만 한시적으로 존재하는 통행로이므로(대법원 97다47118), 통행로가 건축물의 진입로가 되는 경우에는 그 통행권의 범위를 단순하게 맹지 소유자와 이웃 소유자의 상린관계로만 볼 것이 아니라, 건축법이 강화되면서 노후된 건축물이 진입로 기준에 미달되어 개축조차 안되는 등 소극행정으로 방치된 대지가 의외로 많기 때문에 맹지 소유자의 권리도 보호(공익)되어야 한다.

대법원 2005다30993
판례 살펴보기 Q

건축 관련 법령에 정한 도로 폭에 관한 규정만으로 당연히 피포위지 소유자에게 반사적 이익으로서 건축 관련 법령에 정하는 도로의 폭이나 면적 등과 일치하는 주위토지통행권이 생기지는 아니하고, 다만 법령의 규제내용도 참작사유로 삼아 피포위지 소유자의 건축물 건축을 위한 통행로의 필요도와 그 주위토지소유자가 입게 되는 손해의 정도를 비교형량하여 주위토지통행권의 적정한 범위를 결정하여야 한다.

(3) 법원은 지자체가 '국토의 효율적 이용'을 달성할 수 있도록 판단하여야 한다. 주위토지통행권은 건축허가라는 미래의 토지용도까지 참작할 수 없다고 하지만(대법원 2005다30993). 이제 법원은 상대방의 피해 최소화에 대한 해석을 기존의 방식이 아닌 토지소유자의 피해까지 비교교량하는 것이 좋을 것이다.

왜냐하면 (이웃 토지주가 협의에 응하지 않으면) 2m 미만으로는 맹지가 되어 엄청난 손실이 생길 수도 있는 경우가 많은데, 판례가 상대방 피해의 최소화가 먼저라면 상린관계에 의한 통행로 개설이 위축되고 이웃 간의 소모적인 분쟁 및 소송을 조장하는 결과만 초래하여 지방 및 농촌의 지역균형발전을 저해하는 결과가 되기 때문이다.

(4) 주위토지통행권으로 손해를 입는 소유자에 대한 보상금액도 확인 소송과 동시에 진행하는 것이 좋을 것 같다. 왜냐하면 이웃 토지에 손해가 최소화되려면 합당한 보상을 하고 양보받는 것이 서로에게 도움이 되는 것인데, 허가청이 '사적자치'라는 이유로 방치하면, 수용권 또는 매도청구권이 없는 일반인은 맹지인 토지의 활용이 사실상 불가능하여 결국 '국토의 효율적 이용'을 막는 결과가 되는 것이기 때문이다.

맹지인 대지의 주택은 왼쪽의 도로(공유지분 소유)를 통하여 출입하여야 하고 오른쪽에 공로와 연결될 수 있는 본인 소유의 임야와 농지가 있으나, 이곳은 개발제한구역이므로 개발제한구역법 및 산지관리법의 제한규정에 따라 도로개설허가가 되지 않을 수도 있고 또한 경사도 등으로 도로개설에 과다한 비용이 들어갈 수 있다.

그런데 이웃의 진입로 소유자가 본인 도로를 사용승낙할 때에 일정 기간이 지나면 맹지주택 소유자가 오른쪽의 본인 토지로 도로개설을 조건으로 사용승낙을 한 것이므로 지금 통행을 막겠다는 것이다.

그러나 주위토지통행권은 민법 제219조의 기준에 해당되면(앞의 대법원 판례 법리 참조) 당초 당사자끼리 약정과 별도로 인정될 수도 있는 것이다.

주위토지통행권은 이웃끼리 서로 양보하면서 잘 지내라는 취지로 민법에서 인정해 주는 상린관계 규정의 하나이므로, 맹지 소유자는 권리를 포기할 필요도 없고 포위자(맹지로 만드는 이웃 필지)도 무조건 양보해야 하는 것은 아니므로, 서로의 권리 및 약점을 확인하여 소송보다 조금씩 양보하여 부동산 가치를 높이는 것이 좋을 것이다.

8. 민법 제220조의 '무상통행권'

제220조(분할, 일부양도와 주위통행권)
① 분할分割로 인하여 공로에 통하지 못하는 토지가 있는 때에는 그 토지소유자는 공로에 출입하기 위하여 다른 분할자의 토지를 통행할 수 있다. 이 경우에는 보상補償의 의무가 없다.
② 전항의 규정은 토지소유자가 그 토지의 일부를 양도讓渡한 경우에 준용한다.

민법 제220조에 의하면 원래 한 필지 또는 일단의 토지가 분할되면서 어느 한 필지가 맹지가 되었다면 맹지 아닌 토지는 맹지 토지를 위해서 진입로를 양보할 의무가 있고, 이때 맹지 소유자는 양보해준 소유자에게 보상할 필요가 없다는 민법 조문이다. 또한 토지의 일부를 양도한 경우에도 같다.

대법원 84다카921
분할 또는 토지의 일부 양도로 인하여 공로에 통하지 못하는 토지가 생긴 경우에 그 포위된 토지를 위한 통행권은 분할 또는 일부 양도 전의 종전토지에만 있고, 그 경우 통행에 대한 보상의 의무가 없다고 하는 민법 제220조의 규정은 직접 분할자 또는 일부 양도의 당사자 사이에만 적용되고, 포위된 토지 또는 피통행지의 특정승계인에게는 적용되지 않으며, 특정승계인의 경우에는 위요지통행권에 관한 민법 제219조의 일반원칙에 돌아가 통행권의 유무를 가려야 한다.

그런데 무상통행권은 분할 또는 일부 당사자 사이에서만 적용되고, 특정승계인에게는 적용되지 않는다(대법원 90다카10091, 2009다38247 등). 이때 맹지 소유자는 민법 제219조의 유상통행권으로 해결하면 된다(대법원 84다카921).

대법원 2009다8802
토지소유자가 일단의 택지를 조성·분양하면서 개설한 도로는 다른 특단의 사정이 없는 한 그 토지의 매수인을 비롯하여 그 택지를 내왕하는 모든 사람에 대하여 그 도로를 통행할 수 있는 권한을 부여한 것이라고 볼 것이어서, 토지소유자는 그 토지에 대한 독점적이고 배타적인 사용·수익권을 행사할 수 없다.

그리고 전원주택 단지를 분양하면서 분양업자 또는 토지주가 조성한 도로는 보상의무 없이 또는 사용승낙 없이 누구나 사용할 수 있다(대법원 2009다8802).

9. 형법의 '일반교통방해'와 '업무방해'

형법 제185조(일반교통방해)
육로, 수로 또는 교량을 손괴 또는 불통하게 하거나 기타 방법으로 교통을 방해한 자는 10년 이하의 징역 또는 1천500만원 이하의 벌금에 처한다.

일반 공중의 통행로인 현황도로를 막거나 훼손하면 민법의 불법행위가 되고, 형법의 일반교통방해죄 및 업무방해죄가 될 수 있으며(대법원 2021다242154), 도로교통법 위반이 될 수 있다. 또한 건축법 지정도로를 막거나 훼손하면 건축법 제47조 및 제108조에 의하여 처벌되는 등 법정도로를 막거나 훼손하면 형사처벌이 될 수 있다.

현황도로가 일반 공중의 통행에 제공되면 형법 제185조의 육로陸路에 해당될 수 있는데(대법원 87도393), 이때는 그 소유자, 관리자, 노면폭, 통행인의 다소를 불문하고 일반교통방해죄가 성립할 수 있다(대법원 88도2264).

그러므로 도시지역의 골목길은 물론 비도시지역의 농로, 임도 등을 본인이 개설하여 일반 공중의 통행로로 제공하였다면 육로에 해당될 수 있으므로, 이런 상황에 부딪치면 이 현황도로가 어떤 경위로 개설되어 일반 공중의 통행로가 되었는지 정확히 확인하여, 만약 육로라면 함부로 막거나 훼손하면 안 되는 것이다.

대법원 2016도12563
형법 제185조의 일반교통방해죄는 일반 공중의 교통안전을 보호하는 범죄로서 육로 등을 손괴하거나 장애물로 막는 등의 방법으로 교통을 방해하여 통행을 불가능하게 하거나 현저하게 곤란하게 하는 일체의 행위를 처벌하는 것을 목적으로 한다. 여기에서 '육로'란 일반 공중의 왕래에 제공된 장소, 즉 특정인에 한하지 않고 불특정 다수인 또는 차마가 자유롭게 통행할 수 있는 공공성을 지닌 장소를 말한다.

(1) 육로陸路로 인정되어 '일반교통방해죄'에 해당된 사례

①(79도1761) 무단출입하는 불법통행이거나 통행인이 소수라도 막을 수 없다.

②(88도18) 적법한 건축허가를 받아 흙을 쌓고 철책을 세워 도로를 막으면 안 된다.

③(88도2264) 소유자, 관리자, 노면폭, 통행인 수가 아닌 일반 공중의 통행로 여부임.

④(91도2550) 담장 설치는 건축신고 대상이 아니라는 판결 및 공무원 말을 믿은 경우

⑤(94도2112) 오랫동안 통행해온 2m 골목길을 담장으로 너비 50~75㎝로 줄인 사례

⑥(95도1475) 농로를 마을협의로 자동차 통행이 가능토록 확장했고, 끝에 주택이 있다

⑦(99도1651) 폭 20m 도로가 개설되었어도 2차선 구도로는 일반 공중의 통행로이다.

⑧(2001도6903) 불특정 다수의 통행로의 일부를 승계한 자는 도로를 막을 수 없다.

⑨(2005도1697) 마을주민, 등산객, 성묘객 등이 통행로로 이용해온 곳은 육로이다.

⑩(2006도8750) 사실상 2가구가 이용해온 통행로라도 다른 통로가 없으면 육로이다.

⑪(2006도9418) 주민들이 농경지나 임야로 이용해온 일반 공중의 통행로는 육로이다.

(2) 육로陸路가 아니므로 '일반교통방해죄'에 해당되지 않은 사례

①(83도2617) 골목길을 막아도 대체도로 있다면 일반 공중의 통행로가 아니다.

②(88도262) 철조망 설치 등으로 통행을 제한해도 공공성이 없으면 육로 아니다.

③(99도401) 대체도로가 있고, 담장을 재설치한 곳은 공공성을 지닌 장소가 아니다.

④(2005도7573) 목장 내 임도를 개설하고, 일반 통행을 제한하면서, 일부 묵인한 경우

⑤(2009도13376) 허가받은 도로를 개설하지 않았고, 확인소송도 기각되었다면 아니다.

⑥(2016도12563) 공로와 연결되는 포장된 다른 도로가 있는데, 일시적 이용은 아니다.

형법 제314조(업무방해)
허위 사실을 유포하거나 위계僞計 또는 위력으로써 사람의 업무를 방해하는 범죄는 5년 이하의 징역 또는 1천500만원 이하의 벌금에 처한다.

(3) '업무방해죄'에 해당되지 않은 사례

①(2005도5432) 임야 작업로 개설 전에 기존도로를 이용하였다면 방해 고의가 없다.

②(2006도9028) 조경수 운반로 폐쇄하고 대체도로를 개설하였다면 업무방해 아님.

③(2008도10560) 집 앞 차량통행로를 막아도, 대체도로가 있다면 업무방해는 아니다.

(4) 업무방해죄에 해당되는 사례

①(2007도7717) 인근 상가의 통행로를 관리자가 막으면 업무방해죄까지 해당된다.

이 현황도로는 수십 년 전부터 마을길로 사용되고 있는데, 이 길을 (사용승낙 없이) 진입로로 하여 건축허가를 받은 공장, 창고, 주택 등이 60여 채가 된다.

최근 소유자가 12㎡의 현황도로를 막아서 대형차가 출입하지 못하고 멀리 돌아다니고 있다. 이에 이 길을 사용해온 주민들은 '통행방해금지 가처분'을 신청하였는데 기각되었다. 그 이유는 멀리 다른 통로가 있어 유일한 통행로가 아니기 때문이다.

다만, '일반교통방해죄'는 해당되었다. 오랫동안 일반 공중의 통행로로 제공된 곳이므로, 그 현황도로소유자가 사용승낙을 하지 않았다거나, 지목이 전田이므로 불법 전용된 통로라는 것은 일반교통방해죄를 가리는 데 영향을 주지 않았던 것이다.

사례 26 '일반교통방해'가 된 사례   경기 연천군

무허가건물에 거주하는 A는 B소유인 현황도로를 통과해야 하고, B는 본인의 임야로 진입하려면 A소유의 현황도로를 통과해야 한다. 그런데 A가 B소유 임야의 진입로를 자동차 통행이 불가능하도록 좁혔다. 그 후 B도 A의 통행을 펜스로 막았다.

그래서 A는 B를 '일반교통방해죄'로 관할 경찰서에 고발하였다. 조사결과 이 현황도로는 세 곳에 있는 건물의 출입로이므로 육로陸路에 해당된다고 판단하였다.

원래 자동차 통행이 가능했던 일반 공중의 통행로(건물 3채의 통행로)는 그 소유자라도 다른 통행로가 없다면 펜스를 쳐서 자동차 통행을 막을 수 없기 때문이다.

건축법 예외와 진입로 분쟁

건축법 도로가 되지 못한 비법정 현황도로를 이용한 건축허가(신고)에서 허가신청자는 건축법 등 허가 관련 법령의 예외를 이용할 수 있고, 또한 소유자의 배타적 사용·수익권이 제한될 수 있다는 대법원 전원합의체 판례(2016다264556) 법리에 맞는 현황도로라는 것을 입증하여(87누861), 허가권자가 공법公法 및 민법民法에 따른 재량적 판단으로 현황도로소유자의 사용승낙 없이 건축허가를 할 수 있도록 하여야 할 것이다.

1. 해당 건축물의 출입에 지장이 없다고 인정되는 경우

건축법 제44조(대지와 도로의 관계)
① 건축물의 대지는 2미터 이상이 도로(자동차만의 통행에 사용되는 도로는 제외한다)에 접하여야 한다. 다만, 다음 각 호의 어느 하나에 해당하면 그러하지 아니하다.
1. 해당 건축물의 출입에 지장이 없다고 인정되는 경우

건축법에서 대지는 4m 이상의 건축법 도로에 2m 이상이 접하여 그 건축물 이용자의 편리함은 물론 건축물 이용자의 긴급 시 피난 통로가 있어야 하기 때문에, 만약 그런 통로가 없다면 건축허가를 해서는 안 된다(대법원 98두18299).

그러나 건축법의 대지가 반드시 건축법 도로에 연결되거나 또는 건축법 도로로 지정해야만 하는 것이 아니라, 이미 만들어진 현황도로를 통하여 건축법 도로와 연결될 수 있다면 그 현황도로로도 건축허가가 가능하다는 예외도 있다(건축법 제44조).

그런데 일부 지자체는 이 예외가 있다는 것을 국민에게 안내조차 하지 않고 있다.

이 건축법 제44조 1항 단서 1호의 '해당 건축물의 출입에 지장이 없다고 인정되는 경우'에 해당되는지에 대해서는 판단이 쉽지 않아, (법원은) 허가권자가 그 허가 신청 대지 및 건축물의 종류, 규모, 대지가 접하고 있는 시설물의 종류 등 구체적인 사정을 고려하여 개별적으로 판단하여야 한다고 하였다.

대법원 98두18299, 2003두6382, 2017두50843
건축법에서 위와 같은 건축물 대지의 접도의무를 규정한 취지는 건축물의 이용자로 하여금 교통상·피난상·방화상·위생상 안전한 상태를 유지·보존케 하기 위하여 건축물의 대지와 도로와의 관계를 특별히 규제하여 도로에 접하지 아니하는 토지에는 건축물을 건축하는 행위를 허용하지 않으려는 데에 있다 할 것이므로, 건축법 제44조 1항 단서 '해당 건축물의 출입에 지장이 없다고 인정되는 경우'에 해당하는지를 판단함에 있어서는, 건축물 대지의 접도의무를 규정하고 있는 취지를 고려하여 건축허가 대상 건축물의 종류와 규모, 대지가 접하고 있는 시설물의 종류 등 구체적인 사정을 고려하여 개별적으로 판단하여야 할 것이다.

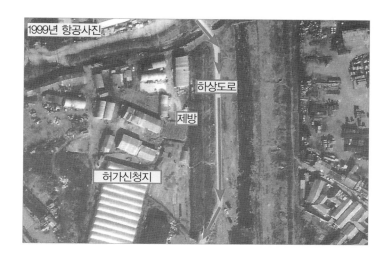

1998년 너비 4~5m의 하천 제방도로를 이용하여 장례식장 허가를 신청하였는데, 허가청은 하상도로 및 제방도로는 건축법 도로가 아니라는 이유로 불허하였다. 그러나 고등법원 및 대법원은 건축허가신청자가 하상도로 및 제방도로를 이용하여 간선도로(도시계획시설 도로)까지 진입로를 확보한 것은 건축법 제44조 접도의무 예외인 "해당 건축물의 출입에 지장이 없다고 인정되는 경우"라고 판결하였다(대법원 98두18299).

이 하상도로는 국·공유인 시멘트 포장도로로서 원래 지자체가 운영하는 재활용품 창고의 진입로로 만들어진 것으로 건축법 기준에 맞는 너비와 구조를 가지고 있었다.
그래서 주민들은 이 길을 이용하여 대형 운전면허 시험장 옆의 제방도로를 통하여 건축법 도로의 하나인 도시계획시설 도로까지 연결되는 자동차 통행로로 사용했다.

위 사진은 1998년 건축허가를 신청할 당시 항공사진(1995년 촬영)으로, 하천의 좌우를 살펴보면 당시 '하천정비'가 제대로 이루어지지 않은 것을 알 수 있다.
법원은 이 하상도로가 장마 시에 일시적으로 잠겨도, 이 도로를 이용한 건축허가는 "해당 건축물의 출입에 지장이 없다고 인정되는 경우"에 해당한다고 판단하였다.

이 사진은 장례식장 건축허가 후에 건축물을 짓고 아스콘 포장이 완료된 2011년 도로 상태인데, 왼쪽으로 하천이 정비되어 가면서 기존의 하상도로는 없어지고 제대로 된 제방도로가 만들어져서 지금까지 이 상태로 유지되고 있다.

대부분의 지자체는 건축법 도로의 지정 없이 건축허가할 수 없다고 주장하고 있어, 이런 경우를 포함하여 노후된 주거지역, 또는 상업지역으로서 도시재생이 필요한 지역이나 (행정구역이 도시지역으로 상향된 곳으로) 도시 외곽의 자연녹지 등에 건축물을 다시 지으려면 한 번쯤 만나게 되는 것이 이 건축물 대지의 접도의무이다.

물론 허가청인 지자체도 전문성이 부족하면 소극행정을 할 수밖에 없을 것이다. 그러나 허가청이 건축법 제44조에서 허용된 '접도의무 예외'를 적용하지 않는 것은 '국토의 효율적 이용을 달성'한다는 명분으로 국민의 사유재산권을 제한하는, 국가기관으로서 해서는 안 되는 무책임한 행정행위이다.

정리 국민은 불허되면 불허가처분 취소소송을 할 수밖에 없는데, 법원은 이렇게 명확한 판례가 있는 경우를 제외하고, 대부분의 판결에서 허가권자의 공익판단의 여지, 즉 재량권을 존중하고 있어(대법원 2004두6181) 피해를 입는 국민이 의외로 많다.

이제 국토부는 건축물의 접도의무로 고통받은 많은 국민, 특히 서민의 고통을 해결하는 데 적극 나서야 할 것이다.

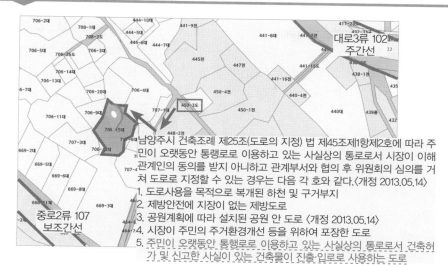

남양주시 건축조례 제25조(도로의 지정) 법 제45조제1항제2호에 따라 주민이 오랫동안 통랭로로 이용하고 있는 사실상의 통로로서 시장이 이해관계인의 동의를 받지 아니하고 관계부서와 협의 후 위원회의 심의를 거쳐 도로로 지정할 수 있는 경우는 다음 각 호와 같다.〈개정 2013.05.14〉
1. 도로사용을 목적으로 복개된 하천 및 구거부지
2. 제방안전에 지장이 없는 제방도로
3. 공원계획에 따라 설치된 공원 안 도로 〈개정 2013.05.14〉
4. 시장이 주민의 주거환경개선 등을 위하여 포장한 도로
5. 주민이 오랫동안 통행로로 이용하고 있는 사실상의 통로로서 건축허가 및 신고한 사실이 있는 건축물이 진출·입로로 사용하는 도로

남양주시는 이 마을의 많은 주택이 모두 지적도의 맹지인데도 선제적으로 해결책을 찾으려고 하지 않고, 개축신고 신청자에게 대로에서부터 여러 대지를 걸쳐 마을 안에 존재하는 모든 사실상 (현황)도로의 소유자로부터 사용승낙을 받아오라고 한다.

맹지인 대지가 발생한 이유는 1965년 한 필지의 토지(지목 대)를 실제 현황대로 내부도로를 분할하지 않고 지적도의 맹지상태로 분할해준 것인데, 택지를 분할하면서 스스로 제공한 골목길은 시가 지목변경, 집수정설치, 포장하였어도 점유관리자로서 책임이 없으므로 소유자로부터 부당이득반환 대상이 될 수 없다(대법원 79다1422).

또한 이곳은 남양주시 건축조례에 의한 '조례도로' 지정기준에 맞아 이 마을길을 조례도로로 지정할 수 있고, 50여 년 동안 마을길로 사용해온 도로이므로 '해당 건축물의 출입에 지장이 없는 경우'에 해당된다고 해석하는 적극행정을 하여야 할 것이다.

정리 공도로부터 이 대지로 연결되는 통로는 너비 4m 이상의 현황도로이므로 건축법 기준에 맞고, 이 도로 부분의 분할이 주민의 재산가치를 높이는 것이며, 지자체도 대법원 전원합의체 판례 법리에 따라 추후 토지인도 및 부당이득반환 소송에 대응할 수 있으므로, 마을길 확보가 마을발전이라는 자세로 적극 나서야 할 것이다.

2. 건축물 주변에 공지^{空地}가 있는 경우

법 조항 살펴보기

건축법 제44조(대지와 도로의 관계)
① 건축물의 대지는 2미터 이상이 도로(자동차만의 통행에 사용되는 도로는 제외한다)에 접
하여야 한다. 다만, 다음 각 호의 어느 하나에 해당하면 그러하지 아니하다.
2. 건축물의 주변에 대통령령으로 정하는 공지^{空地}가 있는 경우

　　건축법 제44조에 대지^{空地}는 (건축법) 도로에 2m 이상이 접하지 않으면 건축허가를
할 수 없다고 규정하면서, 다만 건축법 제44조 1항 2호에 따라 건축물 주변에 공지
가 있는 경우에는 예외적으로 허가해줄 수도 있다고 규정되어 있다.

　　여기서 공지^{空地}란 광장, 공원, 유원지 등 건축이 (영구히) 금지되고 공중의 통행에
지장이 없는 공지를 말한다(건축법 시행령 제28조 1항).

　　허가권자는 대지에 지어질 건축물 이용자의 편의 및 국민의 안전을 보호하기 위하
여 긴급 차량 통행로 또는 접근로 확보여부를 건축법 기준에 맞게 처리해야 하나, 다
만 부득이한 사유가 있으면 제한적으로 예외 적용을 검토해야 하는 것이다.

　　즉 이런 접도의무 예외규정은 허가권자가 건축허가(신고) 때마다 그 해당 여부를
반드시 검토해야 할 의무조항이지, 허가권자가 검토조차 하지 않고 건축법 도로지정
을 위하여 건축법 제45조에 따른 절차를 고집해서는 안 되는 것이다.

　　예를 들어, 국가 및 지자체가 국토의 효율적 이용을 달성하기 위하여 도시관리계획
을 수립하여 도시계획시설사업 등 공익사업을 하면서 사유지를 수용하다 보면 부득
이 맹지가 발생될 수밖에 없을 때에는 이런 예외조항을 적극 활용하여야 할 것이다.

　　어떤 지자체의 건축허가 담당자가 도시계획시설 결정은 다른 부서의 일이고 본인
은 이런 예외조항으로 허가할 수 없다고 고집할 경우, 국민이 지자체를 상대로 헌법
제23조 3항에 의한 정당한 보상을 요구하게 되면, 엄청난 행정력이 낭비될 것이다.

1976년부터 지목이 '대垈'인 대지에 건축물이 있었는데, 도로법 도로의 개설 및 도시계획시설 도로가 개설되면서 '완충녹지'가 지정되어 2011년 건축물을 신축(증·개축)할 때에 맹지가 된 것이다. 그래서 자동차 통행로는 없어도 광장廣場을 통하여 보행이 가능한 신고 대상 건축물로 허가된 것이다. 당시에는 굉장히 모범적인 행정이다.

그러나 지금 이 대지에 증·개축 허가가 되지 않는다면 지자체는 다음과 같은 이유로 잘못된 행정을 한 것이고(도시과와 건축과가 서로 떠밀고 있는), 그런 이유로 대지 소유자로부터 손해 배상 또는 손실 보상 소송을 당할 수 있을 것이다.

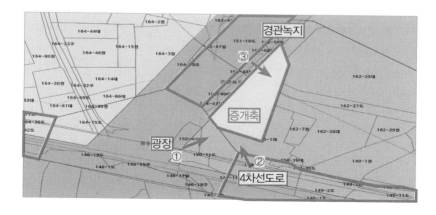

(1) 이곳은 헌법 제23조 3항의 정당한 보상을 하지 않은 잘못된 (완충)녹지 결정이었다. 이 대지는 도시관리계획이 결정되면서(한 면은 경관녹지, 다른 면은 4차선 도로), 4차선 도로의 교차지점에 위치하였으나 출입구가 전혀 없는 맹지가 된 것이다.

이 대지에는 도로 개설 전부터 근생 건축물이 있었고 제2종 일반주거지역이다. 현재 건폐율이 10%인 건물면적 99㎡의 신고 건축물이 있는데, 소유자가 이 근생 건축물을 증·개축하려는데 건축과는 진입로가 없다는 이유로 건축허가를 해주지 않는다.

(2) 기존의 4차선 도로점용허가를 공동으로 사용할 수 있도록 행정지도하여야 한다. 이 근생 대지의 오른쪽에는 도시계획시설 대로가 개설되면서 그 도로의 점용허가를 받아서 건축된 상가 건물이 있다.

그래서 그 진입통로를 같이 이용하면 이 대지는 건축법의 접도의무를 다할 수 있다. 그런데 선행 도로점용자는 자기 집 앞에 차량 통행이 많아지면 영업에 지장이 있다는 이유로 동의하지 않고 있다. 그렇다고 하여 이 공공公共시설인 도로구역을 혼자만 사용할 수 없는 것이다.

도로법에도 공동 사용하여야 한다는 규정도 있지만, 선행 '도로점용허가서'에도 공동이용 조건이 붙어 있었다. 이런 정보를 공개 요청하여 자기 권리를 찾아야 한다.

(3) 도로 및 완충녹지가 결정되기 전부터 있었던 통행로로 건축허가를 하여야 한다. 그러나 건축과에서는 도시과가 잘못했지만 그렇다고 건축허가를 할 수 없다고 하고, 도시과에서는 다음 도시관리계획 변경 시에 진입로 부분을 검토하겠다는 것이다.

그런데 지자체는 도시계획시설 도로를 만들면서 도시계획시설인 광장廣場을 개설하였는데, 그때 대지의 왼쪽 일부를 수용하였고, 반대쪽 대垈의 일부는 (수용·보상도 없이) 완충녹지로 지정하면서 사실상 맹지가 된 것이다.

그렇다면 허가청의 잘못으로 맹지가 된 것이므로, 선행 도로점용허가를 공동으로 사용하도록 행정지도하거나, 추후 도시관리계획 변경에서 통행로를 확실히 만들어 줄 것이므로, 지금 사실상 통행로로 '해당 건축물의 출입에 지장이 없다고 인정'하여 건축허가를 하면 될 것이다.

정리 지자체의 도시계획과와 건축과, 공원녹지과가 서로 떠밀고 있어 연약한 국민이 피해를 보고 있으므로, 국토부는 업무지침을 제정하는 '적극행정'을 통하여 국민의 불편을 최소화하면서 행정력이 낭비되지 않도록 해야 할 것이다.

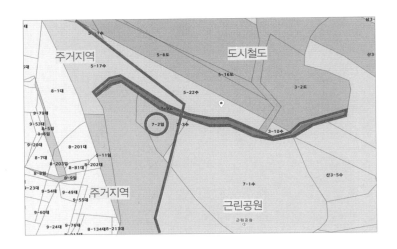

어떤 토지에 건축허가 가능 여부를 확인하려면, 먼저 '토지이용계획확인서'를 통하여 ①용도지역별 행위제한 등을 확인하고, ②진입로를 확인하여야 한다.

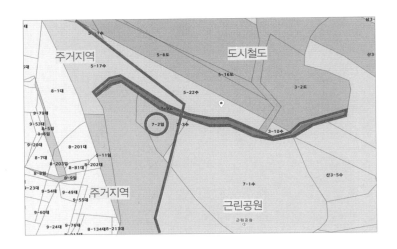

(1) 이 토지의 용도지역은 도시지역 중 1종일반주거지역이다.

이 토지는 공원구역은 아니고 도시계획예정도로에 포함되지 않았다. 다만 국토계획법이 아닌 다른 법령에 의한 지역·지구 등의 행위제한이 있는데, 교육환경 제한은 관할교육청에 확인하고, (비오톱 등 자연환경 제한은 중요하나) 소형 토지이므로 환경 관련법에 따른 별도의 제한은 없고 개발행위허가에서 검토할 것이다. 그리고 연접한 도시계획시설인 공원, 도로, 철도, 수도 등에 의한 제한이 있는지 확인해보아야 한다.

(2) 건축법 제2조 1항 11호의 '(건축법) 도로'에 접도하였는지 확인해야 한다.

이 토지는 건축법 제2조1항11호의 건축법 도로가 아닌 약 2m 너비의 공유(소유)인 지적도의 도로(지목 도로)에 접해 있으나, 현재 도로가 아닌 사실상 임야 상태이므로, 이 도로를 건축법 도로로 인정할 것인지에 대한 판단을 받아볼 필요가 있다.

이 지적도의 도로는 1975년 이전에 존재하였는데, 도시계획시설 도로 및 도시철도가 개설되면서 기존도로가 끊어졌다. 이때 기존도로를 이용해온 주민의 권리도 보호되어야 하므로, 이 지적도의 도로를 건축허가의 진입로로 주장할 수 있을 것이다.

그러나 이 지적도의 도로에 접하여 내 대지에 건축(후퇴)선만 적용하여 건축신고가 될 수 없고, 형질변경 목적의 개발행위허가에서 기반시설인 진입로로 부적합하다고 할 수 있으며, 주차장법의 부설주차장이 필요 없는 50㎡ 이하의 건축물의 허가는 가능할 수 있으나, 인근에 부설주차장의 소유권을 확보하면 가능할 수도 있으므로 지자체 주차장 조례를 확인해볼 필요가 있다(건축사에게 확인하면 된다).

지목: 수도용지
제1종 일반주거지역

(3) 대지의 개발행위허가기준을 확인해야 한다.

이곳의 지목은 수도용지이지만 개발행위허가 대상이므로 그 기준에 적합해야 한다. 그리고 국토계획법 제58조3항에 의한 시가화용도인 주거지역으로서 개발을 유도하는 지역이므로, 유보용도 또는 보전용도보다 허가기준이 훨씬 완화된다.

그렇다고 하여도 개발행위허가는 허가권자의 재량권이 크므로(대법원 2004두6181), 도시계획조례가 정한 표고, 경사도, 임상, 인근 도로의 높이, 물의 배수 등의 기준에 적합하여야 하는데, 서울시 조례에 의하면 평균입목축적의 30% 미만, 평균경사도가 18도 미만이어야 하고, 공원 및 개발제한구역과 인접한 지역인 경우 주변 경관 손상을 이유로 불허될 수 있고, 임목을 불법으로 훼손된 경우에는 불허한다는 지자체 조례규정이 있으므로 토목측량사무실의 도움을 받아야 한다.

그리고 (건축법) 도로 등이 미설치된 지역은 지자체 도시계획조례가 정한 개발행위 허가의 진입로 기준이 적용되는 것이고, 기타 생태면적률 등 예기치 못한 제한이 있을 것이므로, 건축사무실이 아니라 반드시 토목사무실의 도움을 받아야 한다.

(4) 연접한 공원구역 조성사업을 확인하여야 한다.

공원 내의 도로는 오래 전에 숲이 되었고 지적도에만 도로가 남아 있다. 다행히 그 지적도의 도로 인근에 공원조성 사업이 진행되고 있으므로 그 사업계획에서 기존의 지적도의 도로와 공원 진입로와의 관계를 확인할 필요가 있다. 왜냐하면 공원사업 시행자는 기존도로의 이용자를 보호할 의무가 있기 때문이다.

정리 용도지역이 주거지역이라도, 형질변경이 완료되지 않은 곳은 개발행위허가에서 기반시설인 진입로, 평균경사도, 입목축적, 경관 부조화 등으로 불허될 수 있다.

그래서 허가청의 건축과에서는 진입로 및 주차장, 개발행위허가팀에서는 형질변경 기준 및 진입로, 공원팀에서는 공원 내의 도로이용, 도시계획팀에서는 토지이용계획으로 확인이 안 되는 도시정비구역 또는 도시재생구역 해당여부 등을 모두 확인해야 할 것이다.

3. '조례도로'란 무엇인가

법 조항 살펴보기

건축법 제45조(도로의 지정·폐지 또는 변경)
① 허가권자는 제2조제1항제11호나목에 따라 도로의 위치를 지정·공고하려면 국토교통부령으로 정하는 바에 따라 그 도로에 대한 이해관계인의 동의를 받아야 한다. 다만, 다음 각 호의 어느 하나에 해당하면 이해관계인의 동의를 받지 아니하고 건축위원회의 심의를 거쳐 도로를 지정할 수 있다.
2. 주민이 오랫동안 통행로로 이용하고 있는 사실상의 통로로서 해당 지방자치단체의 조례로 정하는 것인 경우

'조례도로條例道路'란 법률용어는 아니고, 허가권자가 건축법 제45조 1항 단서 2호에 따라 지자체 건축조례에 규정한 각종 현황도로를 그 소유자의 동의 없이 건축법 제2조제1항제11호나목의 건축법 도로로 지정하여 공로公路로 만드는 것이다.

이때 허가권자는 현황도로가 국·공유지가 아닌 사유지인 경우에는 그 소유자의 배타적 사용·수익권의 포기 또는 제한에 대해서 신중하게 판단해야 한다.

'조례도로'란 현황도로가 건축물의 진입로로 사용되면서 그 소유자로부터 사용승낙을 받아 건축법 도로로 지정된 것 같은데 그 근거가 없거나, 비도시·면지역의 경우 건축법 도로로 지정할 수 없었으나 그 용도지역이 도시지역으로 상향되거나 행정구역이 읍·동지역으로 상향된 경우 등 이미 마을길로 조성되어 소유자의 배타적 사용·수익권이 제한된 것이지만 사유지인 경우 '해당 건축물의 출입에 지장이 없다고 인정되는 경우'에 해당된다고 판단되는 경우에, 허가권자가 소유자의 사용승낙 없이 건축위원회 심의를 통하여 건축법 도로로 만들 수 있는 공로公路를 말한다.

현행 건축법처럼 진입로에 관한 규정이 명확하게 규정되지 않았던 시절이나 형질변경허가 또는 건축허가와 관련된 법령이 없었던 시절에는 그 진입로 소유자의 사용승낙이 있었으나, 그 근거를 영구 보관하지 못하고 있는 경우도 많았다.

그리고 개발업자가 토지를 분할하여 매각하면서 맹지를 만들면 허가가 되지 않아서 무상통행권을 부여한 것은 명시적인 사용승낙이 없었더라도 대법원은 사용승낙

에 갈음한 배타적 사용·수익권이 제한된다고 해석하고 있다(대법원 2009다8802 등).

또한 녹지 및 비도시지역에서 주민숙원사업으로 개설된 사유인 마을안길 또는 농로는 배타적 사용·수익권이 제한된 것인데 그 근거가 명확하지 않은 것도 있다.

반면 건축법 도로가 되어 배타적 사용·수익권이 제한되면 재산권에 피해가 생길 수 있으므로 법원은 명확한 근거가 없으면 배타적 사용·수익권이 제한되지 않았다고 판결하면서 부당이득반환을 요구하는 국민의 손을 들어주었다(대법원 99두592).

이런 판결이 늘어남에 따라(대법원 2009다228 등) 허가청인 지자체는 건축허가에 있어서 접도의무를 극히 보수적으로 해석할 수밖에 없게 되었다.

> 허가권자가 제2조제1항제11호나목에 따라 도로의 위치를 지정·공고하려면 그 도로에 대한 이해관계인의 동의를 받아야 하나, 주민이 장기간 통행로로 이용하고 있는 사실상의 통로로서, 관계법에서 도로로 결정·고시하지 않았거나 도로 지정하여 건축허가한 근거가 문서로 남아 있지 아니하는 등의 사유가 있는 도로로서 해당 지방자치단체의 조례로 정하는 것은 이해관계인의 동의 없이 건축위원회의 심의를 거쳐 도로로 지정할 수 있도록 함(건축행정길라잡이 330쪽).

그러나 허가권자는 현황도로소유자의 배타적 사용·수익권을 보장하면서, 그 도로를 이용해온 주민들의 이용권도 동시에 보호되어야 하므로, 국가는 그런 사정을 가장 잘 알고 있는 지자체장에게 건축조례에 근거를 마련하여 현황도로소유자의 동의(=사용승낙) 없이 건축위원회의 심의를 거쳐 건축법 도로로 지정하라는 규정을 만들게 되었다.

그런데도 지자체는 1999.5.9. 개정된 건축법 제45조의 조례도로를 활성화시켜서 국민 간의 분쟁을 해소하고 법원의 소송도 줄일 수 있는데도 불구하고, 혹시 있을지도 모르는 두려움 때문에 또는 지자체의 무지로 인하여 조례도로가 사실상 묻혀 있다.

그러므로 국토부는 지금이라도 이런 지자체의 무관심을 일깨워서 국민을 위한 적극행정을 할 수 있게 지도하여야 한다. 즉 조례도로의 지정으로 민원 또는 소송에 휘말릴까 두려워하는 일선 지자체를 위하여 업무지침을 만들어야 한다는 것이다.

현재 전국 지자체의 건축조례 167개(허가권자인 지자체장은 229명)에는 그 조례에 따라 건축법 도로로 지정할 수 있는 현황도로의 종류가 각기 다르게 규정되어 있다.

일부 지자체는 그 현황도로 종류(범위)를 너무 좁게 제한하고 있어 건축법에 조례 도로를 도입한 입법 취지를 아직까지 제대로 살리지 못하고 있다.

그리고 건축위원회 심의도 부실할 수 있다. 조례도로는 ①건축법 도로의 구조 및 너비 기준만이 아니라 ②배타적 사용·수익권의 포기 또는 제한에 대한 판단이 더 중요한 것인데, 만약 심의위원이 민법에 대한 정확한 지식이 부족하다면 조례도로가 적극적으로 만들어지지 못하여 공익 실현이 늦어지게 된다는 것이다.

그러므로 국토부는 건축위원회의 심의에서 지목을 도로로 변경하고 건축물관리대장에 등재하여 주민들 간의 분쟁을 최소화할 수 있도록 법적근거를 만들어야 한다.

이때 현황도로의 배타적 사용·수익권의 포기 또는 제한 여부는 현황도로소유자가 그 토지를 소유하게 된 경위, 보유기간, 다른 토지들과의 관계, 주위환경, 위치와 성상, 분할 매도한 경위 및 나머지 토지를 위하여 기여도 등을 (허가권자가) 종합적으로 판단하여야 한다(대법원 2013다33454, 95다39946, 88다카16997 등).

그리고 2019.1.24. 선고된 2016다264556 전원합의체 판결에서 그동안 이견이 있었던 것처럼 보였던 물권법정주의와 배타적 사용·수익권의 제한이 명확히 정리되었으므로, 지자체도 이런 현황도로를 건축법 도로로 지정하여도 추후 토지인도 및 부당이득반환 소송에서 패소하지 않을 것이라는 확신을 가지고 적극행정을 하여야 할 것이다.

국토부는 조례도로의 입법취지를 이해하지 못하고 있는 지자체를 위하여 건축법을 개정해서 조례도로의 활성화에 앞장서야 하고, 지자체는 주민들 간의 분쟁을 사적자치 영역이라고 방관하지 말고 그 선제적 해결을 위하여 적극 나서야 하며, 법원도 행정부의 공로(공공시설이고 공익시설)를 만들기 위한 노력을 적극 지원해야 할 것이다.

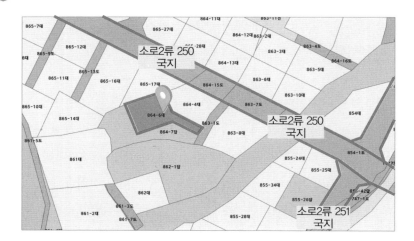

제2종 일반주거지역에서 3m 너비의 막다른 도로에 접한 대지에 1979년 사용승인된 건축물이 있다. 그런데 이 건축물이 노후^{老朽}되어 개축하려고 하니, 처음에는 진입로가 타인 소유이므로 그 소유자의 사용승낙이 필요하다고 하였다.

이 대지의 개축신고는 다음과 같은 이유로 사용승낙 없이 허가되어야 한다.

(1) 1978년은 건축법 도로관리대장이 없었던 시기이나, 이 골목길은 이 대지(일반주거지역) 및 건축물의 유일한 통행로이므로 건축법 도로의 지정이 있었을 것이다.

이 골목길과 주변 토지의 연결 형태를 보면 이 골목길이 이 대지의 진입로로 사용하기 위하여 분할된 것 같지는 않지만 주변 토지의 진입로로 사용하기 위하여 분할된 것으로 볼 수 있어 소유자 스스로 배타적 사용·수익권을 포기한 것으로 볼 수 있다.

그리고 이 대지 및 건축물은 1985년 소유권이 현 소유자에게 이전된 것으로 이 골목길에 대한 이해당사자이므로, 당시 허가정보를 공개 신청할 수 있다.

(2) 이 골목길은 1978.12.11. 건축허가와 동시에 지목변경이 되었으므로, 이 토지대장 및 구대장을 발급받아 이 골목길의 분할 및 지목변경 사유를 살펴보면 이 골목

길의 배타적 사용·수익권의 포기 또는 제한 근거를 찾을 수 있을 것이다.

즉 99.5.9. 이전의 합법적인 건축물이므로 건축법 도로로 지정한 근거가 없어도, 소유자 스스로 배타적 사용·수익권을 포기한 유일한 통행로라면 사용승낙 없이 건축법 제45조 1항 단서 2호에 의하여 조례도로로 지정할 수 있을 것이다.

(3) 이 지자체 건축조례에 의하면 '당해 통로를 이용하여 건축 허가한 사실이 있는 통로와 해당 통로가 하나뿐인 통로인 경우'에는 이해관계인의 동의를 받지 아니하고 건축위원회 심의를 거쳐 건축법 도로로 지정할 수 있다고 규정되었다.

그래서 허가청은 건축법 절차에 따라 이 현황도로(골목길) 소유자의 동의 없이 건축위원회 심의를 통하여 조례도로로 지정·공고하고 개축허가를 하였다.

정리 허가청이 40년이 넘은 기존 건축물의 개축허가에서 이 골목길 소유자의 배타적 사용·수익권의 포기 또는 제한을 검토하지 않고 또는 조례도로 지정기준에 맞는지 확인하지도 않고 사용승낙이 필요하다는 잘못된 유권해석 및 행정처분을 할 뻔하였다.

이제 국토부는 허가권자에게 종합적으로 판단하라고 미루지 말고, 전국 모든 허가청이 조례도례 규정을 적극 활용하여 국민의 고통이 해소될 수 있고, 건축허가에서 진입로에 관한 적극행정으로 인한 불이익이 없도록 면책규정(지침 등)을 만들어야 한다.

건축허가를 신청하면서 내 대지에 접도한 현황도로가 일반 공중의 통행로로서 그 배타적 사용·수익권이 제한되었다고 추정되면 (그 제한된 근거를 찾아서) 건축법 제45조 1항 단서 2호에 의하여 조례도로로 지정해달라고 요청할 수 있다. 그런데 대부분의 지자체는 소유자로부터 민원이 두렵고 처리 절차가 복잡하므로 쉽게 응하지 않는다.

또한 법제처에서는 조례도로로 지정되기 위해서는 너비 4m 이상의 현황도로이어야 하고(막다른 도로 제외)(법제처 19-0541), 비도시·면지역은 건축법 제45조가 적용되지 않으므로 조례도로로 지정할 수 없다고 해석하고 있다.

광역시			8도道	
명칭	조례수	군郡	명칭	조례수
서울	1		경기	31
부산	2	기장	강원	18
인천	3	강화·옹진	충북	11
대구	2	달성	충남	16
광주	1		전북	14
대전	1		전남	22
울산	2	울주	경북	23
세종	1		경남	18
제주	1		소계	153
소계	14	(5)	합계	167

전국 167개 지자체의 건축조례에 의하면 대부분 국공유지는 물론 사유인 현황도로라도 주민이 많이 이용하고 있거나 또는 현황도로소유자가 스스로 배타적 사용·수익권을 포기하였다고 추정될 수 있다면 조례도로 지정대상이 된다고 하고 있다.

그러나 각 지자체가 조례도로로 지정할 수 있는 현황도로의 종류를 건축조례에 제대로 규정하지 못하고, 어떤 지자체는 국·공유지만 지정대상으로 하고, 어떤 지자체는 사유도로까지 포함하고 있어, 국민은 거주지에 따라 법 앞에 불평등을 받고 있다.

예를 들어 9개의 광역지자체의 건축조례는 대부분 사유도로까지 포함하여 규정되어 있는 데 반해 대전광역시 건축조례는 1999년 신설된 이후 지금까지 국·공유지와 행방불명된 사유도로만 해당된다고 하여 상대적으로 불이익을 받고 있다.

반면 제주도는 2007년 ①(조례)도로지정 심의신청서 ②현장조사서 ③심의결과 통지서 양식까지 제공하고 있으며, 경기도 의정부시는 건축조례 시행규칙에 심의신청서에 첨부할 양식을 자세히 안내하고 있다.

법 조항 살펴보기 ⚖

경기도 김포시 제28조(도로의 지정)

법 제45조제1항제2호에 따라 이해관계인의 동의를 얻지 아니하고 건축위원회의 심의를 거쳐 도로로 지정할 수 있는 경우는 다음 각 호와 같다. 〈개정 2017.6.30〉

　　1. 주민이 통로로 사용하고 있는 지목이 하천·구거(도랑)·제방인 토지로서 해당 관리청과 협의한 부지 〈개정 2019.6.26〉
　　2. 공원 내 도로

그리고 158개의 기초지자체의 건축조례 중 경기도는 31개 시·군에 건축조례가 있는데, 그중에서 폭넓게 현황도로의 종류를 규정한 지자체는 광주廣州시이고, 반대로 김포시는 조례도로로 지정할 수 있는 현황도로의 종류를 국·공유지로만 한정하여 지자체 중 제일 소극적인 건축조례를 가지고 있어, 김포시의 건축허가에서 사유인 현황도로의 배타적 사용·수익권의 분쟁은 법원으로 가야 하는 고통을 받게 된다.

법 조항 살펴보기 ⚖

경기도 안산시 건축조례 제27조(도로의 지정)

법 제45조제1항제2호에 따라 도로로 지정할 수 있는 경우는 다음 각 호와 같다.
1. 주민이 사용하는 공원 안의 도로, 복개된 하천, 구거부지 및 제방도로 등으로서 관계부서와 협의하여 이상이 없는 경우
2. 공공사업(새마을사업 등)으로 설치한 마을 진입로
3. 사실상의 도로로 인정하여 건축허가(신고)한 사실이 있는 통로

또한 경기도 안산시 등 대부분의 지자체가 조례도로로 지정할 수 있는 현황도로는 ①주민들이 오랫동안 사용해온 통로로서 그 통로로 건축허가(신고)를 한 사실이 있는

통로 ②공공사업(새마을사업, 주거환경개선사업, 주민자조사업 등)으로 포장 또는 확장된 도로이다. 즉 공공기관이 포장한 것은 배타적 사용·수익권이 제한된 것으로 본다.

인천광역시 건축조례 제24조와
경기도 광주시 건축조례 제34조(도로의 지정)
4. 「국토의 이용 및 계획에 관한 법률」에 따라 결정고시가 되었으나 미개설된 도로 안에 포함되어 있는 통로(개정 2017.1.9)

경기도 하남시 건축조례 제29조(도로의 지정) (이하 생략)
3. 주민이 사용하고 있는 통로로서 건축허가(신고)시 도로로 이용한 근거가 문서로 남아있지 아니하나 당해 통로가 없으면 기존 건축물의 허가(신고)가 불가능한 경우

또한 특징적인 현황도로는, 인천광역시는 ③도시계획예정도로 내의 현황도로 ④ 시내버스 노선 내의 현황도로도 포함하고, 경기도 하남시는 ⑤건축허가 시 도로로 지정한 근거가 문서로 남아 있지 않거나 그 통로가 없으면 기존 건축허가가 불가능한 경우 등이 포함되어 있다.

정리 99.5.9. 개정된 건축법에서는 '주민들이 오랫동안 사용해온 통로인 경우'에 지자체장은 조례로 정한 현황도로를 건축위원회 심의를 통하여 소유자의 사용승낙 없이 건축법 도로로 지정하여 누구나 사용할 수 있는 공로를 만들 수 있다고 하였다.

그런데 일부 지자체는 건축법 제45조에서 지자체 건축조례로 위임한 취지를 제대로 이해하지 못하고(99.5.9. 이전은 공고제도가 없었으므로 허가 건축물이 있다면 지정된 것으로 볼 수 있다) 국·공유지만 조례도로가 될 수 있다거나, 사유지가 포함되었어도 그 법조문을 소극적으로 해석하여 전국의 많은 국민이 고통을 받고 있는 현실이다.

그러므로 국토부는 일선 지자체 허가공무원들이 주민들 간의 분쟁을 사전에 막고, 지자체의 발전을 위하여 현황도로를 조례도로로 지정하는 적극행정을 할 수 있도록 업무지침의 제정 및 건축법 개정 등을 통하여 면책규정을 만들어주어야 한다.

제2종일반주거지역의 너비 4m 이상의 골목길 안에 합법적인 건축물 5채가 있는데, 각각 1980~1996년에 준공되었다. 이 골목길은 개인 소유의 지목이 대垈(5채 허가당시는 지목이 전田)이지만 그 외곽에 너비 4m로 포장되어 다섯 집이 40년 동안 건축물 진입로로 사용해왔다. 그런데 1980년 준공된 건축물을 지금 개축하려니, 허가과에서는 건축법 도로가 아니니 현 상태로는 개축허가가 안 된다고 한다.

현행법 기준은 건축허가에서 진입로 확보(=접도의무)는 지목이 도로이고 분할되어야 하며, 현황도로가 타인 소유이면 사용승낙이 필요하다고 말할 수 있다. 그러나 이 사례는 허가권자가 허가신청자에게 진입로를 확보하라고 할 수 있는 권한인 건축법 제44조의 '대지와 도로의 관계' 조문을 헌법 제23조에 보장된 사유재산권을 보호하려는 자세로 해석하지 않고 행정편의주의로 잘못 해석한 것이다.

(1) 도시지역의 접도의무는 1934년부터 '조선시가지계획령'에 있었는데, 이때부터 1976년까지 너비 4m 이상의 도로는 모두 건축법 도로로 인정되어 사유지라도 배타적 사용·수익권이 제한된 건축법 도로이다(건축법 부칙 및 대법원 2011두27322).

그런데 76.2.1.부터는 너비 4m 이상의 (현황)도로가 건축법 도로가 되려면 사용승낙을 받아 허가권자가 건축허가 시 건축법 도로로 지정해야만 배타적 사용·수익권이 제한되는 현행과 같은 건축법의 지정도로의 개념이 정립된 것이다.

(2) 1980~96년 5채의 건축허가를 하면서 허가권자가 현황도로소유자의 사용승낙을 요구하지 않았다면 이 도로는 건축법 도로로 지정근거가 없더라도 건축법의 지정도로로 볼 수 있다. 왜냐하면 당시 건축법령에 의하여 지정한 근거를 보관하지 않았기 때문이고 이 경우 99.5.9. 전의 건축물은 지정된 것으로 볼 수 있다(대법원 91누1776).

도시지역 내에서는 1992년까지는 모든 건축물이 허가사항이었고, 92.6.1.부터 일정 면적 이하의 건축물은 신고사항이 되면서 이때 신고건축물도 건축법 도로의 지정의무가 허가권자에게 부여된 것이다(현행 건축법 제2조제1항제11호나목).

(3) 건축법 제44조 1항 단서 1호에 의하면 '해당 건축물의 출입에 지장이 없다고 허가권자가 인정한 경우'에 해당하면 접도의무 없이 허가권자가 건축허가를 해줄 수 있다. 그러므로 이곳은 80~96년까지 다섯 채의 주택을 허가하면서 그 진입로(40년간 통행로)를 당시 당시 건축허가기준에 맞는 사실상 통로로 보고 건축허가를 해준 것이라면 지금 개축하려는 대지는 형질변경을 통한 신축 대지가 아니라 증·개축을 통한 신축이므로 지금 건축법 도로기준에 맞지 않다거나, 사유지이므로 사용승낙을 요구하는 것은 행정기본법의 비례·평등 원칙에 위배된 재량권의 일탈·남용일 수 있다.

(4) 이곳은 2002년 제2종 일반주거지역으로 지정된 곳인데 그 이전에도 자연취락지구 수준 이상의 마을이었을 것이다. 그렇다면 지자체장은 이런 마을길(현황도로)을 이용하는 주민들의 이용권(=기득권) 확보를 위하여 적극행정을 하여야 할 의무가 있다.

즉 2012년 연립주택의 건축허가를 할 때에 이 현황도로가 포함된 대지의 지목이 전田이었으므로 개발행위허가에서 '공익 및 이해관계인의 보호'를 위하여 이 현황도로를 제척하였어야 하는데, 그 허가관련도면(배치도)에는 현황도로가 전혀 나타나지 않는 위법한 허가를 하여 5채 주민의 이용권(=기득권)을 사실상 박탈한 것은 신뢰보호의 원칙에 위배된 것이다(대법원 2017두74320).

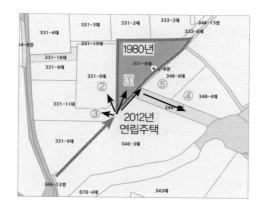

(5) 이렇게 주민들이 오랫동안 통행로로 이용해오고 있는 현황도로는 조례도로(건축법 제45조 1항 단서 2호)로 지정할 수 있다. 즉 허가권자는 이해관계인의 동의 없이 건축위원회의 심의를 통하여 건축법 조례도로로 지정할 수 있다.

다행히 이 지자체 건축조례에 해당되는 상황이므로 조례도로로 지정하면 될 것인데, 토지소유자의 민원이 두려워서 망설이는 것은 협의의 소극행정을 하고 있는 것이다.

정리 40년 전 합법적으로 건축허가를 받고 그 현황도로를 이용해온 주민이 지금 개축허가를 받으려면 현행 건축법 도로기준에 맞는 도로확보와 현황도로소유자의 사용승낙이 필요하다고 억지를 쓰고 있는데, 이런 지자체가 전국에 무수히 많다.

이런 잘못된 유권해석을 하는 이유는 허가담당자가 건축법 연혁을 모르고, 또한 민법과 공법을 조화롭게 해석하지 못하기 때문일 것이다.

국토부와 행안부 및 법제처는 이런 현황도로가 사유私有라도 이미 40년 전에 공익성이 부여된 공로(=배타적 사용·수익권이 제한)라는 인식과 대법원이 배타적 사용·수익권이 제한된 물권은 물권법정주의에 어긋난다면서도 이런 공익성 있는 현황도로는 배타적 사용·수익권이 제한된 것으로 보아야 한다는 전원합의체 판례(2016다264556) 법리에 따라서 현황도로로 고통받는 많은 국민을 편안하게 해주고, 일선 공무원이 소극행정이 아닌 정확한 유권해석을 할 수 있도록 업무편람을 만들어주어야 한다.

사례 33 도시계획도로와 연결된 통과도로인 골목길 　　　서울 성동구

사유私有인 골목길의 양쪽이 2차선 도시계획도로에 접해 있는 통과도로 형태이므로 건축법의 막다른 도로가 아니다.

이 골목길이 사유私有이므로 건축허가에서 그 소유자의 사용동의는 허가권자가 판단할 것인데, 건축법 지정도로가 아니고 또한 '해당 건축물의 출입에 지장이 없다고 인정되는 경우'가 아니라면서 그 현황도로소유자의 사용승낙이 필요하다고 한다.

그러나 이 골목길은 건축허가 때마다 건축법 도로로 지정될 수 있었지만 허가권자의 실수로 지정하지 못한 곳이다. 이 골목길 도로는 당시 사업시행자가 너비 4m로 분할하여 건축물 진입로로 제공한 것이다. 그런데 당시 허가권자는 건축물 진입로인 골목길 소유자와 대지 소유자가 동일인이라서 건축법 도로로 지정하지 않은 것 같다.

원래 한 필지에서 분할되어 이미 여러 채의 건축물의 진입로로 사용되었기 때문에 사용승낙이 필요 없는 공로公路이다. 대법원은 분양을 목적으로 분할한 도로는 배타적 사용·수익권이 포기 또는 제한된 것으로 보아야 한다고 해석하므로(2009다8802), 지자체에게 이런 현황도로를 건축법 제45조 1항 단서 2호에 의한 조례도로로 지정해 달라고 요청하면 될 것이다.

이때 지자체 건축조례에 의하여 만들어지는 건축법 도로는 골목길 소유자의 배타적 사용·수익권을 본인의 동의 없이 제한하는 것이므로, 신청자는 건축위원회의 심의 통과를 위하여 현황도로소유자와의 사전협의 또는 당시 허가관련 서류를 정보공개 신청하여 배타적 사용·수익권이 제한된 근거를 찾을 필요가 있다.

또한 지자체도 추후 사유도로소유자의 부당이득금반환소송 및 민원을 대비하여 당시 골목길을 분할한 목적이 나타나는 사업계획서 또는 사업승인서, 그리고 건축허가 및 개발행위허가 신청서에 접도의무를 충족시키는 도면을 미리 찾아볼 필요도 있다.

사례 34 74년 4m 너비로 분할된 도로는 건축법 도로   서울 종로구

토지분할 허가서

허가번호 제714호   서식 제2호

피허가자	주 소	서대문구 송월동 33-1				
	성 명	강 * 현	주민등록번호		생년월일	1914.2.12.
허가사항	토지소재지	신영동 8		지목	대	
	기본토지면적	380 평	용도지역	주거	용도지구	풍치
	분할토지면적	31 평	분할사유	사도확보		
조건	① 8의4는 비과세(도로) 처리할 것 ② 본 허가서는 지적공부 처리에만 사용할 것.		첨부서류	1. 지적도상 분할계획도 2. 토지분할 신청서 3. 토지지목 변경신고서		
				1974.11.11.		

현황도로 원 소유자가 1974.11.11. 지목이 대인 필지를 4필지로 분할하면서 그중 한 필지의 지목을 도로로 변경하였다. 그런데 소유자가 바뀌면서 분쟁이 발생하였다.

이런 현황도로는 1976.1.31. 이전에 개설된 것이므로 건축조례로 지정할 필요도 없는 건축법 도로이다(대법원 2011두815). 또한 택지를 분할하면서 개설된 도로는 배타적 사용·수익권이 없다는 대법원 판례 법리를 적용하면 될 것이다.

주민협의로 공로公路 만들기

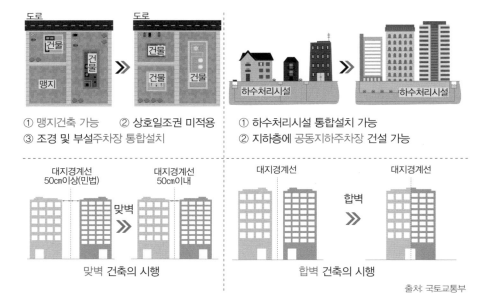

도로

건물

맹지

① 맹지건축 가능　② 상호일조권 미적용
③ 조경 및 부설주차장 통합설치

도로

건물

건물

건물

하수처리시설

하수처리시설

① 하수처리시설 통합설치 가능
② 지하층에 공동지하주차장 건설 가능

대지경계선
50cm이상(민법)

대지경계선
50cm이내

맞벽

맞벽 건축의 시행

대지경계선

대지경계선

합벽

합벽 건축의 시행

출처: 국토교통부

(1) 2014년 건축법에 도입된 '건축협정'은 주거밀집지역 등의 주민들에게 꼭 필요하다. 건축협정이 되면 하나의 대지로 보아서 맹지해결, 주차장·조경 공동설치, 지하에 공동주차장 건설, 하수처리시설 통합설치, 상호일조권 미적용 등을 할 수 있고 (법 제77조의13), 맞벽 또는 합벽 건축이 가능하며, 토지를 정형화할 수 있는 장점 등이 있다. 다만 이 건축협정은 토지 및 건축물 소유자의 전원합의가 있어야만 허가권자가 승인하는 것이므로 주민의 합리적이고 자율적인 건축을 할 수 있지만, 20년 동안 '건축협정관리대장'으로 관리되어 이 건축협정을 일방적으로 폐지할 수 없다.

(2) 그리고 1970년대 새마을사업 등 마을자조사업과 농촌지역에는 농어촌정비법에 의한 마을길 및 농로 조성이 있었고, 도시지역에도 각종 주민자조사업이 있었다.

(3) 토지구획정리사업법(도시개발법), 도시(재)정비법의 사업, 도시재생뉴딜사업, 마을정비형공공임대주택사업, 가로주택정비사업, 소규모주택정비법, 소규모공공시설법, 농어촌도로정비법, 지적재조사특별법 등의 현황도로를 조례도로로 지정하여 공로로 만들 수 있을 것이다.

5. 건축법 제46조의 '건축선' 후퇴 적용

법 조항 살펴보기

건축법 제46조(건축선의 지정)
① 도로와 접한 부분에 건축물을 건축할 수 있는 선[이하 "건축선建築線"이라 한다]은 대지와 도로의 경계선으로 한다. 다만, 제2조제1항제11호에 따른 소요 너비에 못 미치는 너비의 도로인 경우에는 그 중심선으로부터 그 소요 너비의 2분의 1의 수평거리만큼 물러난 선을 건축선으로 하되, 그 도로의 반대쪽에 경사지, 하천, 철도, 선로부지, 그밖에 이와 유사한 것이 있는 경우에는 그 경사지 등이 있는 쪽의 도로경계선에서 소요 너비에 해당하는 수평거리의 선을 건축선으로 하며, 도로의 모퉁이에서는 대통령령으로 정하는 선을 건축선으로 한다.

모든 건축허가(신고)에서 건축물 진입로는 너비 4m 이상이 되어야 하므로(건축법 제2조 1항 11호의 막다른 도로는 그 길이에 따라 2~3~6(4)m), 그 대지의 건축물 진입로가 너비 4m가 되지 않으면 (건축법 도로의 지정과 별도로) 건축법 제46조에 따라 건축선을 후퇴하여야 한다.

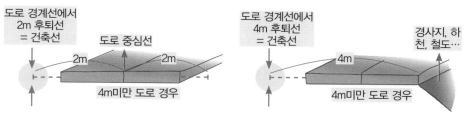

출처: 서울특별시

건축후퇴선은 기존도로가 4m 미만이면 그 중심선에서 양쪽을 2m씩 후퇴하는 것인데, 만약 건너편의 토지가 대지가 아니고 경사지, 하천, 철도 등이라서 후퇴할 공간이 없으면 그 도로 끝에서 내 대지까지 4m를 확보해야 하는 불이익이 생기게 된다.

또한 8m 미만의 삼거리 또는 사거리 도로의 모퉁이에도 차량통행의 안전을 위해서 일정 거리를 후퇴하는 경우도 있다(영 제31조). 그러므로 낡은 건축물이 있는 골목길의 대지를 경매 등으로 매입하는 경우 건축후퇴선의 확인은 굉장히 중요하다.

이곳은 기존의 주택이 있는 대지에 개축신고를 하였는데 대지의 전면에는 7m의 도시계획도로가 있고 뒷면에는 35m가 넘는 골목길이 있다.

처음 건축을 할 때에는 도시계획시설 도로가 개설되지 않았던 시골 마을이었는데, 수십 년이 지난 후에 대지의 일부가 도시계획시설 도로로 지정되고, 용도지역이 비도시지역에서 도시지역으로 편입되면서 여러 가지 건축법 규제가 생긴 것이다.

또한 대지의 전면은 건축물 진입로로서 건축법 지정도로가 되어야 하는 곳이지만 도시계획시설이므로 지정하지 않았다. 다만 이 대지의 후면의 골목길은 건축법의 막다른 도로가 되어 건축법 너비 기준에 미달되면 건축선 후퇴를 해야 할 수 있다.

다만 이 골목길이 당초 건축법의 막다른 도로로 지정되지 않았으면 건축후퇴선을 적용할 수 있는 건축법의 막다른 도로는 아니다(대법원 92누7337, 87누240).

그러나 이 후면 골목길은 길이가 35m 이상의 막다른 도로형태의 골목길이므로 너비 6m를 충족해야 한다. 그래서 내 대지의 후면에 건축선 후퇴선이 적용되어 대지면적에서 제척되면(건축법 시행령 제119조) 억울한 상황이 발생할 수 있다.

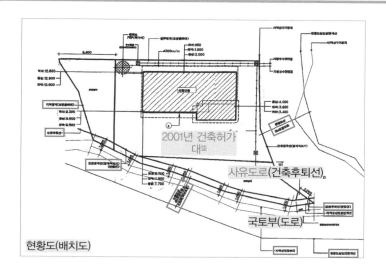

현황도(배치도)

　이곳은 2001년 건축허가에서 100년 이상 사용되어 온 국토부 소유인 너비 3m 내
외의 마을길 및 농로를 건축법 제46조에 따라 후퇴하여 너비 4m 도로를 확보하였다.
　이 대지는 위로는 2차선 도로에 연결되고 아래는 6차선 도로에 연결되고 있는데
그 중간에 사유인 2차선 도로가 있어 '해당 건축물의 출입에 지장이 있다'는 것이다.

　그동안 허가청은 인근에 대형 택지개발사업과 도시계획시설(체육시설)을 허가하면
서 100여 년 이상 마을길 및 농로로 사용되어온 현황도로를 보호하지 않아(도시과의
공익 및 이해관계인의 보호의무 불이행), 합법적인 건축물이 맹지가 된 것을 모르고 있
다가 2020년 동일한 대지에 세 번째 건축허가를 신청하니 소극행정을 하고 있다.

　(1) 대지가 공로에 이를 수 있는 통로, 즉 건축물의 진입로(공로)를 시행자와 허가청
이 남쪽(1980년)과 북쪽(2008년)의 도시계획시설 사업을 하면서 사실상 없앤 것이다.
　그런데 지자체는 양쪽 도시계획시설 개발허가 신청 서류를 확인해보지 않고, 남
쪽 2차선 도로가 지적도에 표시되지 않고 지목도 대이므로 단지 내 도로라고 예단
하였다.

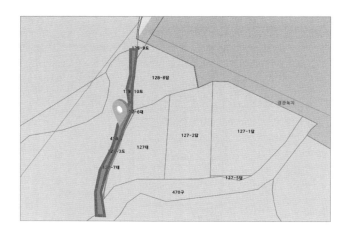

(2) 2008년경 북쪽에 '공동주택사업승인'이 되면서 마을길을 도시계획도로 소로3 류로 만들었는데, 내 대지로 연결되는 마을길은 소유자가 펜스를 쳐서 없애버렸다.

그래서 2001년과 2013년 건축허가 신청서와 사용승인검사서를 정보공개 요청하였더니 개인정보법 위반이란다. 행정기관이 보유한 정보는 개인정보법 위반을 제외하고 공개하여야 한다(정보공개법 제9조 1항 6호 다목).

(3) 1976.2.1.까지 조선시가지계획령 제37조와 건축법 제2조에 의하면 너비 4m 이상의 현황도로는 건축법 도로이다(대법원 2011두27322, 93누20023, 98두12802).

또한 개발행위허가에서 기존의 마을길을 공공시설로 보아서 '공익 및 이해관계인의 보호'를 위하여 마을길을 공도公道로 판단하고 지켰어야 한다.

정리 (국립지리정보원의 항공사진을 1954년부터 보면) 건축법 도로가 될 수 있는 현황도로를 지자체가 위·아래 도시관리계획 변경 시 지키지 못한 것이다.

만약 허가청이 2001년 이후 두차례 이상의 건축허가에서 건축후퇴선을 적용하였다면, 그 후에 주변 개발 인허가로 인하여 건축물 진입로인 공로가 없어진 것이므로 허가청은 건축법 도로를 지킬 의무가 있다고 보아야 한다. 그리고 이런 문제를 사전에 방지할 업무지침이 있다면 국민의 고통이 줄어들 것 이다.

1994년 다세대주택 건축허가를 하면서, 대지는 건축법 제44조의 접도의무를 충족해야 하므로 지자체 소유의 통과도로 형태의 골목길(지목 도로)에 2m 이상이 접해야 했다. 그런데 이 골목길의 너비가 4m가 안 되었다.

그래서 허가신청자는 너비 4m 건축법 도로를 확보하기 위해 건축법 제46조에 따라 이 골목길의 중앙으로부터 내 대지 쪽으로 너비 2m의 도로를 후퇴하여 건축법 도로로 제공하고, 허가청은 그 부분(①번 건축후퇴선)을 건축법 도로로 지정한다.

그런데 1994년에는 건축후퇴선이 적용된 부분을 분할 및 지목변경을 요구하지 않았다. 지금은 허가청이 ①번 건축후퇴선 부분을 분할하여 지목을 도로로 변경하고 건축법 도로로 지정하여 건축법 도로관리대장에 등재되면서 공로公路로 관리하고 있다.

또한 ②번 건축후퇴선 부분은 비록 이 건축물의 진입로는 아니지만 ①번 도로와 한 필지이고 이미 이 골목길에 접하여 인근 주택들이 건축후퇴선으로 건축법 도로를 만들어가고 있으므로, ②번 건축후퇴선 부분은 (대법원 판례에 의하면 다툼이 있을 수 있지만) 소유자가 공익을 위하여 공로로 양보해야 할 곳이다.

대법원 87누240

건축법시행령 제64조 제1항의 규정에 비추어 행정관청이 건축허가 시마다 도로의 폭이 4미터가 되도록 행정지도를 해왔다는 점만으로는 동법 제2조 제15호 나목의 규정에 의한 도로의 지정이 있었던 것으로 볼 수 없다.

그러나 ③번 건축후퇴선 부분의 진입로는 4m 미만의 지목이 대(垈)인 대지의 일부이므로 당시 건축법 도로로 지정하지 않았을 것인데, 지금 건축법의 막다른 도로 규정에 따라 건축후퇴선을 적용하면 안 된다(대법원 87누240, 92누7337).

대법원 92누7337

도로가 오래 전부터 인근 주민들의 통행로로 사용되어 왔고 그 위에 보도블럭까지 포장되어 있다는 사실만으로 위 "가"항의 "막다른 도로"라고 보아 담장을 건물부지 쪽으로 후퇴하여 설치하라고 한 건축허가 시정지시처분이 위법하다고 한 사례

1994년 당시 허가청이 대법원 판례 법리를 어기면서까지 재량권을 남용하여 건축후퇴선을 적용한 것은 잘못이지만, 당시 소유자는 건축선 후퇴를 요구하는 행정청의 요청을 거부하면 건축허가를 받을 수 없었기 때문에 어쩔 수 없이 동의하였을 것이다.

1994년 전·후부터 지금까지 ③번 건축후퇴선 부분이 배타적 사용·수익권이 제한되었거나 그 제한 범위가 어디까지인지에 대한 명확한 근거가 없는데도, 왜 허가청이 사적자치의 영역인 이 대지 소유자와 이웃 주민 간의 분쟁에 깊이 개입하여 펜스철거와 과태료 처분 공문을 수차례 보내고 있었는지 이해할 수 없다.

지금 이 골목길을 이용하여 다세대주택을 지으려는 특정 개발업자는 본인의 대지로 진입로를 개설할 수도 있는데도 불구하고, ③번 건축선 후퇴 부분이 공로라는 것을(허가청 판단) 악용하여 소유자와 합리적인 협상을 하지 않고 있고, 허가청은 이 골목길을 건축법의 도로로 보고 건축법 제46조에 따라 건축후퇴선을 적용하라고 하고 있다.

또한 이웃은 ③번 골목길이 삼거리인데 통행이 불편하다는 이유로 그 모퉁이를 건축법 제46조에 따라 건축후퇴선을 (주위토지통행권으로) 요구하는데, 이런 통행권은 상대방에게 피해가 최소화되어야 하는데 현재 통로가 있으므로 인용되지 않을 것이다.

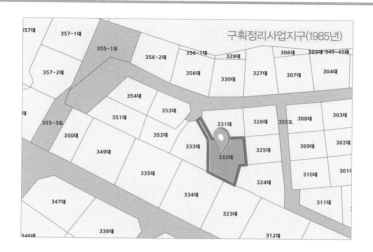

1985년 3월경 원래 한 사람 소유인 331번지(앞집)와 332번지(뒷집)에 각각 주택이 신축되면서, 뒷집의 진입로로 앞집의 대지 일부가 사용된 것이 당시 뒷집 건축설계 도면에 대지경계선 및 건축후퇴선(면적 6.09㎡)으로 표시되어 있다.

이 토지들은 1963년 분할된 이후 양쪽 대지의 소유자가 각각 여러 번 바뀌었고, 2003년까지 뒷집의 진입로를 확인해줄 담장이 있었는데, 뒷집은 앞집의 전前 주인과 합의하여 담장을 헐고 최근까지 그 공간을 양쪽 주차장으로 사용하고 있다.

그런데 앞집의 주인이 바뀌면서 뒷집과 분쟁(보일러 가스 배출 및 낙수)이 생겼는데, 경계측량을 해보니 뒷집의 진입로 일부가 앞집의 대지이다. 앞집이 그 부분을 배타적으로 사용하겠다고 하면 뒷집의 진입로가 좁아지고(75㎝) 주차공간이 없어진다.

그동안 구청은 민법 문제(사적자치 영역)이라서 직접 관여할 수 없으니 당사자끼리 해결하라는데, 우연히 당시 건축설계 도면을 찾아보니 당시 스스로 건축후퇴선을 적용하여 설계되었다. 그래서 구청에 당시 건축허가 신청서류를 확인 요청하였으나 오래되어 없다고 하였다.

이곳은 토지구획정리사업법(현 도시개발법)으로 조성된 곳이므로 경계확정측량이 되어 있어 경계오차가 아니고 단순히 앞집의 대지에 건축후퇴선이 적용된 것이다.

그러므로 앞·뒷집의 토지이용계획확인서 및 도시계획, 건축물대장 및 건축설계도면 등을 확인하면 앞집과 뒷집이 지어질 당시 사실관계를 정확히 확인할 수 있을 것이다(지방자치제 시행 전이므로 구청에 없으면 시청에 있다).

당시 허가공무원은 준공 및 사용승인과 건축물대장을 만들기 위하여 현장을 확인하여 조사하였을 것이고, 이때 건축사 또는 건축사협회는 앞·뒷집의 현황도면 및 현장조사서를 제출하였을 것이며 허가청은 이 자료를 보관하고 있을 것이다.

2007년 이후에는 대부분의 지자체가 문서를 스캔하여 전자문서화하고 있어, 뒷집은 이해당사자이므로 앞집의 건축신고 신청서를 쉽게 열람·복사할 수 있다.

뒷집 설계도면에 건축후퇴선 및 면적 표시가 있으므로, 구청 또는 서울시청에 행정정보공개요청하여 1985년 당시 앞집의 건축허가신청서를 확인하면, 당시 두 필지의 소유자가 같았으므로 사용승낙서(=동의서)는 없겠지만, 앞집의 허가신청서 등에서 대지면적과 대지경계선(건축후퇴면적)을 확인하면 이 부분 토지는 대법원 판례 법리에 따라 배타적 사용·수익권이 포기되었다는 것을 알 수 있을 것이다. 필요 시 준공관련 서류도 정보공개요청하여 살펴볼 필요도 있다.

뒷집의 진입로는 막다른 도로에 해당되는데, 이 막다른 도로의 길이가 10m 미만이면 너비 2m 이상의 도로에 2m 이상이 접하여야 한다. 그러므로 뒷집의 진입로 부분이 건축법 도로로 지정한 근거가 없더라도 당시 허가권자는 건축법 도로지정을 해야 하므로, 앞집의 배타적 사용·수익권이 포기된 근거가 될 수 있을 것이다.

이 경우 소유자가 바뀌어도 (전 소유자의 배타적 사용·수익권의 제한된다면) 현 소유자에게 그 제한이 승계된다(대법원 2016다264556).

뒷집(332)의 진입통로는 355번지 사유도로에 접하여 있는데, 335번지 사유도로는 건축법 도로로 지정되었고 지목이 도로이며 4m 이상의 통과도로이므로 뒷집은 그 도로(355)로부터 2m 이상의 통로만 있으면 합법이다.

이때 뒷집은 이 통로의 소유권을 꼭 가지고 있어야 하는 것은 아니고, 통행권만 있으면 된다. 뒷집은 여러 가지 이유로 통행권을 가지고 있으므로 허가청은 민사사안이라고 뒤로 빠지는 소극행정을 해서는 안 된다.

> **법 조항 살펴보기**
>
> **서울시 건축조례 제27조(도로의 지정)**
> 법 제45조제1항에 따라 주민이 장기간 통행로로 이용하고 있는 사실상의 도로로서 허가권자가 이해관계인의 동의를 얻지 아니하고 위원회의 심의를 거쳐 도로로 지정할 수 있는 경우는 다음 각 호의 어느 하나와 같다.
>   1. 복개된 하천·구거(도랑)부지
>   2. 제방도로
>   3. 공원 내 도로
>   4. 도로의 기능을 목적으로 분할된 사실상 도로
>   5. 사실상 주민이 이용하고 있는 통행로를 도로로 인정하여 건축허가 또는 신고하였으나, 도로로 지정한 근거가 없는 통행로 〈개정 2018. 7. 19.〉

또한 1963년에 한 필지가 두 필지로(331번지와 332번지) 분할되면서 맹지가 된 토지는 다른 필지 소유자에게 민법 제220조에 의한 무상주위토지통행권이 있으므로(소유자가 변경되면 민법 제219조로 해결) 건축법 도로의 지정 및 대장이 없더라도 건축법 제45조제1항제2호에 의하여 서울시 건축조례에 의한 조례도로의 지정이 가능하므로, 허가청은 정확한 유권해석으로 주민들 간의 분쟁을 조기에 종식시켜야 할 것이다.

6. 허가 후 진입로 분쟁이 생긴 사례

사례 40 전원주택단지 진입로를 막아서 공사할 수 없음 경기 남양주시

지자체는 개발업자가 개설한 마을길로 그 소유자의 사용승낙 없이 건축신고를 수리하였다. 건축주가 공사를 진행하던 중 소유자가 펜스로 진입로를 막았다. 공사차량이 들어갈 수 없는데도, 허가청은 사적 영역이므로 당사자끼리 해결하라고 한다.

주변 대지 및 건축물의 지적地積사항 및 도시계획을 부동산종합증명서로 확인해보니, 이 현황도로는 사유私有이지만 분양업자가 한 필지의 토지를 십수 필지의 택지로 분할·매각하면서 내부에 조성된 도로로써 그 지목은 도로와 임야이다.

분할된 필지 중 하나를 분양받아 건축신고를 하고 공사를 하던 중 소유자가 펜스로 막았다면, 내 대지는 이 현황도로를 통행할 권원이 있는 것이다(대법원 2009다8802).

정리 이 도로는 개발업자가 분양하면서 제공한 일반 공중의 통행로이므로 민법 및 판례 법리에 따라 통행권이 있다(대법원 85다카421). 소유자를 상대로 대화하고 안되면 통행방해금지 (가처분)소송을 할 수밖에 없을 것이고, 이런 도로를 막으면 형법 제185조의 '일반교통방해죄'에 해당될 것이므로 법률전문가의 도움을 받으면 될 것이다.

7. 사용승인에서 진입로가 문제 된 사례

사례 41 사용승낙 없이 허가 후 소유자의 민원 제기   경기 광주시

이곳은 도시(자연녹지)·읍지역으로 건축주는 읍사무소에 단독주택 건축신고를 한 후에 허가서대로 공사를 완료하고, 준공 및 사용승인을 준비하고 있다.

이 마을길의 일부(세로방향)는 종중소유로서 허가청이 지난 20여 년 전에 종중의 사용승낙을 받아서 확·포장한 것이다. 그런데 소유자(종중)는 지난번 수해로 훼손된 포장 도로의 일부를 보수하면서 지적과 현황이 다른 것을 알았다.

대법원 93누20481, 99두11752　　　　　　　　　　　　　　　　🔍 판례 살펴보기

건물 사용검사처분(준공처분)은 건축허가를 받아 건축된 건물이 건축허가사항대로 건축행정목적에 적합한가 여부를 확인하고 사용검사필증을 교부하여 줌으로써 허가받은 자로 하여금 건축한 건물을 사용·수익할 수 있게 하는 법률효과를 발생시키는 것에 불과하고

이후 현황도로소유자는 허가청에 건축허가 취소 민원을 제기하면서 법원에 통행금지가처분을 신청하였는데, 그 가처분 신청은 기각되었다.

건축주는 건축신고에 의제된 개발행위허가에서 그 진입로를 현황대로 측량하여 신청하였는데, 그 확보된 진입로의 경계가 지적地積과 현황이 달라서 그 소유자가 도로의 일부를 막아서 자동차 통행이 불편한 상황이 되었다.

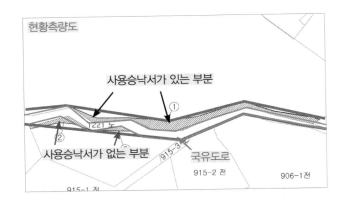

현황측량도

사용승낙서가 있는 부분

①

사용승낙서가 없는 부분

②

915-3

국유도로

915-2 전

906-1전

915-1 전

이때 허가청은 당초 허가서대로 시공되었고 진입로 소유자의 배타적 사용·수익권이 제한되었다고 판단하면 준공검사를 거부할 수 없을 것이다(대법원 99두11752).

판례 살펴보기 🔍

대법원 92누17723, 2003두7606, 2011두27322
수익적 행정처분을 취소 또는 철회하거나 중지시키는 경우에는 이미 부여된 국민의 기득권을 침해하는 것이 되므로, 비록 취소 등의 사유가 있다고 하더라도 그 취소권 등의 행사는 기득권의 침해를 정당화할 만한 중대한 공익상의 필요 또는 제3자의 이익보호의 필요가 있고, 이를 상대방이 받는 불이익과 비교·교량하여 볼 때 공익상의 필요 등이 상대방이 입을 불이익을 정당화할 만큼 강한 경우에 한하여 허용될 수 있다.

정리 당초 건축신고를 수리하면서 오래된 마을길을 공로로 판단하여 건축법 도로지정을 하지 않고 허가한 것이고 소유자의 동의를 받아 지자체가 포장한 도로이므로 경계차이가 있더라도 이런 도로의 공익성을 우선으로 하여 토지인도 청구는 인용되지 않을 것이다(대법원 2016다264556). 이 통행권 분쟁과 건축물의 준공 및 사용승인은 별개로 판단하여 건축법 접도의무의 예외로 처리하는 적극행정을 하여야 할 것이다.

또한 이미 건축물이 완성되었으므로 건축허가를 취소할 수는 없다. 그러므로 건축주가 허가서대로 공사하였다면, 허가청은 국유인 마을길을 관리하지 못한 책임이 있으므로, 마을길인 현황도로소유자의 권리도 보장하면서 이 마을길을 오랫동안 사용해온 주민들의 통행권도 보호할 방안을 적극적으로 찾아야 할 것이다.

8. 준공 후 진입로가 문제 된 사례

사례 42 경매로 취득한 동식물관련 시설
경기 안성시

2007년 행정구역이 면面이고 농림지역인 임야에 건축된 주택 및 동식물관련시설을 경락받았는데, 그 진입로는 사유인데 지금 소유자가 통행을 방해하고 나무를 심어 아예 통로 자체가 없어져 버렸다. 다음과 같이 해결방안을 찾아야 할 것이다.

(1) 건축허가에서 그 진입로는 건축물 이용자의 편의와 긴급차량의 통행로라고 유권해석하고 있다(대법원 98두18299, 법제처 12-0559, 건축행정길라잡이 323쪽).

당시 건축허가부서에서는 이 대지가 공로까지 연결되었는지 확인할 의무가 있고 비도시·면지역이 아니었다면 건축법 도로로 지정되었을 것이나, 이 현황도로가 건축법 기준에 맞고 배타적 사용·수익권이 제한되어 '해당 건축물의 출입에 지장이 없다고 인정할 수 있다'고 판단하였거나 사용승낙을 받고 건축허가를 하였을 것이다.

법원은 이런 현황도로소유자의 배타적 사용·수익권에 대하여 허가청이 여러 가지 기준으로 종합적으로 판단하라고 하였으므로(대법원 2005다21517, 2016다264556) 이 사유 통로를 건축물 진입로로 허가한 허가권자의 결정을 존중하여야 할 것이다.

(2) 개발행위허가에서 건축목적의 형질변경을 할 경우 그 기반시설인 진입로는 국토계획법 및 도시계획조례와 '개발행위허가운영지침'의 기준을 따라야 한다. 그러나 이곳은 농림지역이고 동식물관련시설로 허가되었으므로 개발행위허가 없이 산지전용허가를 받았을 것이다. 이 산지전용허가는 면적에 따라 도지사 — 시장·군수·구청장에게 허가권한이 위임되어 있는데, 산지전용허가에서 그 진입로 기준은 매우 엄격하다(산지관리법 시행령 [별표4] '산지전용허가기준의 적용범위와 사업별·규모별 세부기준' 참조).

예를 들면 준보전산지는 진입로를 기존도로(=준공검사가 완료된 도로)가 아닌 마을길 또는 농로 등 현황도로로 전용허가할 수 있으나, 보전산지는 기존도로로 허가되어야 하므로 당시 허가권자는 농림지역이면서 보전산지에 동식물관련시설을 허가하면서 그 진입로(=현황도로)가 사용승낙이 있거나 배타적 사용·수익권이 제한된 기존도로(=공도)라는 것을 확인하여 허가하였을 것이므로(산림청 고시 제2018-25호 '산지전용 시 기존도로를 이용할 필요가 없는 시설 및 기준'), 지금 산지전용허가에서 사용승낙서의 보관연한이 지나서 찾을 수 없다고 하더라도, 이런 진입로는 소유자라도 통행을 방해할 수 없다고 해석되어야 할 것이다.

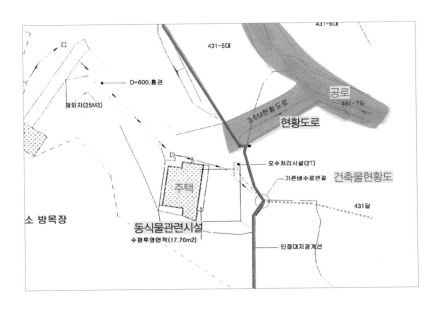

건축법 예외와 진입로 분쟁 ≫

(3) 이미 합법적으로 개설된 건축물의 유일한 통행로인 경우에는 비록 현황 도로소유자라도 대체도로 없이 그 통행로를 무단으로 폐지하면 위법한 것이다. 대법원 판례 (95다2203)에 의하면 「… 위 신설 도로가 공로로부터 원고가 사용하고 있는 위 각건물에 이르는 유일한 통로가 되었다면, 민법 제219조의 법 취지나 신의칙에 비추어 피고가 원고 등이 공로(公路)로 나갈 수 있는 별도의 통로도 마련되지 않은 상태에서 원고 등의 통행을 무시하고 임의로 위 신설 도로를 폐지할 수는 없는 것이라고 할 것이므로…」라고 판결하고 있다.

(4) 더군다나 대체도로가 있어 소유자가 막을 수 있다는 주장은 현장검증을 해서 주변 지형 등을 살펴보면 유일한 통행로라는 것을 쉽게 알 수 있을 것이고, 이 현황도로가 전 소유자와의 일시적인 사용대차라고 하여도 이 통행로가 없어져 출입이 불가능하다면 그 건축물에 거주하는 사람 및 동물의 생명이 위협받게 될 것이므로, 이 현황도로를 산지전용허가 및 건축허가에서 허가권자가 이 주택 및 동식물관련시설의 진입로로 인정하였다면 이 가처분의 그 긴급성에 의하여 받아들여져야 하고, 현황도로소유자의 권리는 추후 본안소송을 통하여 해결되어야 할 것이다.

[정리] 현재 전국의 수많은 현황도로가 건축법 도로로 지정되지 않았다는 것만으로 그 배타적 사용에 제한이 없다고 (지자체가) 해석한다면 마을주민인 그 현황도로 이용자는 기득권이 무시되는 중대한 공익(公益)의 침해가 예상된다.

국토부는 이런 현황도로 분쟁을 해결할 수 있는 방안을 만들어 국민과 허가 공무원을 편하게 해주어야 하고, 또한 법원도 허가청에서 허가를 받아 개설된 통로인 경우 그 현황도로 이용자가 통행방해금지 또는 주위토지통행권 확인소송을 하였을 때에 현황도로소유자의 배타적 사용·수익권의 제한을 민법으로만 판단하지 말고 허가권자의 공법(公法)에 의한 재량적 판단으로 제한될 수 있는지도 검토하여야 할 것이다.

이 현황도로(마을안길)를 이용하여 여러 채의 건축물이 허가(신고)되었지만, 비도시·면지역이라서 건축법 도로로 지정하지 못하였다. 또한 이 마을길은 하천제방이라서 매년 군에서 포장 및 하천보수를 하면서 관리해온 비법정 도로로서 공로公路이다.

그런데 이 도로의 중간에 사유지가 있어 그 소유자가 통행을 제한하고 있는데, 군은 사적자치 영역이라는 핑계로 변경(감축)허가 신청자에게 사용승낙을 요구하고 있다.

허가청은 이 현황도로가 오랫동안 마을안길로 사용되어 온 공공성이 분명하여 토지인도는 대법원 전원합의체 판례 법리에 따라 인용되지 않을 곳이고(2020다229239), 이 건축 변경신고에서 이미 건축된 건축물의 감축이면 개발행위허가기준에 어긋날 명분이 전혀 없으며, 주민들의 통행권을 보호하는 것은 지자체장의 의무이므로 민사사안이라는 핑계보다, 그 민사분쟁과 별개로 변경신고는 수리되어야 할 것이다.

정리 배타적 사용·수익권의 제한이 명확하다면 부당이득반환 청구도 인용되지 않으므로(대법원 2020다280326), 마을안길 소유자의 권리 제한을 검토하여 주민들의 통행권을 보호하여야 할 것이다.

창고

이곳은 30여 년 전에 창고허가를 받으면서 타인의 토지를 그 진입로의 일부로 사용해왔는데, 당시 타인의 도로 부분을 분할하지 않고 비도시·면지역이라서 건축법 도로로 지정되지 못하고 포장만 하여 사용해온 곳이다. 최근 양쪽 소유자가 바뀌면서 현황도로소유자가 통로를 막아서 허가청이 이를 이유로 불허가할 수 있다.

그러나 이 진입로는 전 소유자가 뒤 농장의 출입로 및 창고 건축물의 진입로로 사용에 동의하여 포장된 곳이므로, 현 소유자에게 (추가)피해가 없다면 배타적 사용·수익권을 주장하면서 창고 소유자의 통행을 막을 수 없을 것이다(대법원 96다43607).

또한 특별승계인인 현 소유자가 포장된 도로인 것을 알고 매입한 것인데, 통행을 막으면 창고 소유자는 개축허가를 받을 수 없어 그 재산권 행사에 막대한 타격을 받게 될 것이므로 권리남용에 해당될 수 있을 것이다(대법원 2021다242154, 95다2203).

정리 허가청은 창고 소유자의 통행권원을 어떤 방법으로든 입증할 것을 요구할 것이므로, 현황도로 전 소유자와 협의한 근거 확보 또는 통행방해금지, 주위토지통행권 소송 등을 미리 준비하여야 할 필요가 있을 것이다.

9. 개발행위허가가 의제된 건축신고의 자동실효

법 조항 살펴보기

건축법 제14조(건축신고)
⑤ 제1항에 따라 신고를 한 자가 신고일부터 1년 이내에 공사에 착수하지 아니하면 그 신고의 효력은 없어진다. 〈신설 2007. 1. 3.〉 다만, 건축주의 요청에 따라 허가권자가 정당한 사유가 있다고 인정하면 1년의 범위에서 착수기한을 연장할 수 있다. 〈2016. 1. 19. 단서 신설〉

사례 45　건축신고 1~2년 후 자동실효　　　　　경기 광주시

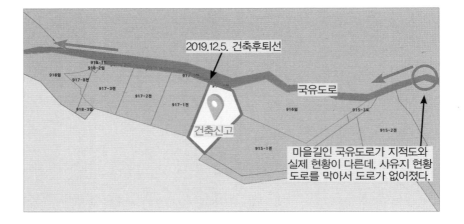

2013년 11월 농지에 개발행위허가가 의제된 건축신고를 한 후 1년 이내에 착공계를 제출하고 공사를 진행하던 중 마을길 소유자가 진입로를 막아 공사차량이 출입하지 못하여 공사를 하지 못하다가, 2020년 변경신고를 한 후에 토목공사를 진행하였는데, 허가청에서 계고 및 청문도 없이 건축신고를 취소했다.

소형 건축물은 국민의 권익을 보호하기 위해 건축허가절차를 간소화한다. 또 개발행위허가 등 각종허가를 건축신고에 의제처리하고 있다.

현행 건축법에는 신고가 수리된 후 1년 이내에 공사에 착수(=착공)하지 않으면 신고의 효력이 없어지는데(2007.1.3. 개정), 정당한 사유가 있으면 1년 연장을 할 수 있

다. 그래서 신고 후 2년이 지나도 착공하지 않으면 신고가 자동취소되는 것이다.

그러나 '수리를 요하는 건축신고'는 건축법만 적용되는 것이 아니라 건축신고에 의제되는 모든 허가법령의 기준을 통과해야 하기 때문에 수리기준이 엄격하다. 그렇다면 건축신고를 취소하려면 건축법으로만 판단하면 안 되고, 건축신고에 의제된 개발행위허가 등의 법령의 취소사유에 해당되는지와 공사 진행상태를 확인해야 할 것이다.

개발행위허가에서 '도로 등이 미설치된 지역'에서 진입로 확보는 신청인의 의무이다. 그런데 국유인 도로의 관리는 지자체 소관으로 그 국유도로의 위치가 지적도와 실제가 다르게 사용해왔다가 최근 현황도로소유자가 그 도로를 막아서 공사를 하지 못하고 2년이 경과하여 자동실효가 되었다면, 이 책임은 누가 질 것인가이다.

이 마을길은 국유로서 수십 년 동안 주민들이 농로 등으로 사용해오다가 일부 선형이 변경되어 사유지私有地가 포함되었다. 그런데 이 마을길로 여러 채의 건축신고가 수리되었는데 갑자기 공사 차량 진입로가 없어져서 2년이 경과되었다면 마을길을 유지·관리할 책임이 있는 허가청이 그 실효여부를 재량적으로 판단해야 할 것이다.

그리고 2020년 변경신고를 수리한 행정청의 과실이 또 있다. 이 대지는 국토부 소유의 도로에 접해 있는데 너비가 4m가 되지 않아서 2019.12.5. 이 대지와 옆 대지 4필지에 건축법 제46조의 건축(후퇴)선 규정을 적용하여 대지를 분할하고 건축법 도로지정을 행정지도하였다. 즉 건축물이 준공되면 지목이 도로로 변경되게 된다.

그렇다면 2018년 이전에 건축신고된 곳은 건축법 제14조 5항에 의하여 관내 신고를 모두 (자동)실효 처리한다고 하여도, 이곳은 2019.12.5. 허가청이 건축법 도로를 개설하기 위해 대지의 일부를 분할하여 건축법 도로로 지정하는 행정지도를 하였고, 2020년 건축신고의 변경신고에 의제된 개발행위허가에서 변경허가를 받았으므로, 이 허가 및 신고는 변경신고가 아니라 새로운 신고로 해석하여야 할 것이다.

대법원 94누7058

건축허가를 받은 후 토지 위의 창고와 부속건물을 철거하고 분진을 방지하기 위한 가설 울타리공사를 하다가 공사를 중지하였고, 건물의 신축을 위한 굴착공사에는 착수하지 아니하였다면, 건축법 제8조 제8항 등 관계명령의 규정 내용에 비추어 볼 때 건물의 신축공사에 착수하였다고 볼 수 없다.

건축법 제14조 5항의 건축신고 효력은 신청인에게 계고 및 청문 없이 자동실효된다. 대법원은 공사의 착수란 착공계 제출과 무관하게 실제 공사의 착수를 말한다고 하면서 착공을 터파기 이후로 보고 있기 때문에 신청인이 건축물의 터파기를 하지 않았다면 취소사유에도 해당된다(대법원 94누7058).

그러나 신고인이 착공기간 2년을 넘긴 것은 허가청이 국유도로(마을길인 공로)가 없어진 것을 찾아내지 못하여 공사차량의 통행로가 갑자기 막혔기 때문이므로, 건축신고의 선행공사인 개발행위허가의 공사가 진행되는 것을 착공으로 판단하여, 2010년 대법원 전원합의체 판례(2010두14954)에 따라 취소된 신고를 수리해야 할 것이다.

정리 대법원 전원합의체 판결(2010두14954)에 따라 '수리를 요하는 신고'는 허가기준이 엄격하여 허가청이 불허할 수 있었으므로, 만약 '수리를 요하는 건축신고'를 다시 취소하려면 착공시기를 건축물의 터파기 여부로만 판단할 것이 아니라 건축신고에 의제된 개발행위허가의 공사진행에 따라 허가권자가 재량적 판단을 하여야 할 것이다.

그렇지 않고 허가청이 건축신고의 착공기간 2년이 경과되어 취소사유에 해당된다는 것은 (법원의 취소판결이 있어야 착공할 수 있다) 이웃의 건축신고와의 평등의 원칙에도 위배되고, 허가청이 마을길인 국유도로를 제대로 유지·관리하지 못하였기 때문에 국민이 피해를 본 것이므로 허가청이 어떤 방법으로든 다시 신고를 받아주어야 한다.

만약 국가 및 지자체가 이 문제를 제대로 해결하지 못하면 국민은 이 대지를 소규모 밭으로 사용할 수밖에 없어 큰 재산 피해가 발생할 것이므로, 국토부는 행정안전부와 합동으로 마을길을 공로公路로 만드는 노력을 해야 하고, 건축법을 개정하여 허가권자가 국민의 재산권을 보호할 수 있도록 재량권을 부여하여야 할 것이다.

개발행위허가의
진입로

개발행위허가에서 개설된 기반시설인 진입로는 건축법 도로로 지정
되지 않았다면 배타적 사용·수익권이 제한되지 않았다고 해석한다.
그러나 개발행위허가에서 허가권자는 기반시설인 도로의 기부(채납)
를 요구할 수 있고, 소유자가 기존 현황도로를 폐쇄할 때에는 '공익
및 이해관계인의 보호'를 위하여 대체도로 확보를 조건으로 허가할
수 있다.

그러므로 개발행위허가로 개설될 현황도로가 공공성·공익성을 가질
경우에는 공로 조건부 허가를 할 수 있고, 이미 개설된 경우에는 그
개설경위를 찾아서 공로를 만들어서 불필요한 행정력 낭비를 막고 주
민들 간의 분쟁을 줄여야 한다.

1. 개발행위허가의 기반시설인 진입로

건축허가에 의제되거나 건축허가 이전에 개발행위허가 또는 산지전용허가 등으로 개설된 기반시설인 진입로, 또는 비도시지역의 사후신고 건축물의 진입로, 비도시·면지역의 '미지정도로' 등 다양한 현황도로의 배타적 사용·수익권의 제한은 현행 공법에 없어 사유이면 대부분 사용승낙이 필요하다고 해석한다(법제처 13-0363, 13-0427).

그래서 건축법의 허가기준에 맞는 너비(4-3-2m)와 구조로 (지난 수십 년 동안) 개별 법령에 의하여 합법적으로 신설된 도로라도, 건축법 도로로 지정되지 못한 사유私有인 현황도로는 건축허가에서 배타적 사용·수익권의 제한을 판단하기 어렵다.

더군다나 도시지역의 골목길 또는 비도시지역의 마을안길 및 농로는 마을자조사업으로 개설된 사유 도로가 많아서 배타적 사용·수익권의 제한 여부는 더 어렵다.

개발행위허가에서 기반시설인 도로는 건축법 기준에 맞아야 한다(국토계획법 시행령 [별표 1의2]). 그러므로 마을안길 또는 농로에 접속하고자 할 때에 허가청은 그 도로 소유자의 사용승낙 또는 배타적 사용·수익권이 제한된 것인지를 판단하여야 한다.

그런데 개발행위허가기준이 지자체 도시계획조례에 (우선적으로) 위임되어 있고, 법원도 허가권자에게 종합적으로 판단하라고 했는데, 현황도로의 배타적 사용·수익권의 제한에 대한 판단을 각 지자체가 다르게 하고 있어 많은 민원이 발생하고 있다.

대법원은 허가권자에게 공익과 사익을 비교교량하여 판단하라고 하였으므로(2016다264556), 국토부는 합법적으로 개설된 현황도로가 대법원 판례 법리에 따라 배타적 사용·수익권 제한되었다거나 또는 사용승낙이 필요 없는 공로임이 명확하면, 해당 건축물의 출입에 지장이 없다고 인정하거나 조례도로로 지정할 수 있다고 유권해석하여 주민들의 분쟁을 선제적으로 해결하여 고통받는 많은 국민을 보호해야 할 것이다.

즉 국토부와 지자체는 현황도로의 소유자의 배타적 사용·수익권을 보장하면서 동시에 주민들의 통행권을 보호할 수 있는 여러 방안을 국민에게 제시하여야 할 것이다.

건축신고에 의제된 개발행위허가의 진입로는 비포장이고 그 소유자가 116명이다. 이 대지는 비도시·면지역에 있으므로 건축법 제44~47조가 적용되지 않아 건축법 도로로 지정할 수 없고, 주택의 경우 자동차 통행이 가능한 통로인지를 검토해야 한다.

(1) '도로 등이 미설치된 지역'에서 개발행위허가에서 기반시설인 진입로는 너비 4m가 기본이다. 다만 개발행위허가운영지침에 의하면 1천㎥ 미만의 주택 및 1종근생, 농업용 시설의 대지는 마을안길 및 농로로 가능하므로, 비포장이어도 이 마을안길 소유자의 배타적 사용·수익권이 제한되었다고 판단하면 사용승낙을 요구할 필요가 없다.

이곳은 계획관리지역이고 준보전산지이다. 이 통로로 2013년 건축신고 2건이 수리되었고, 2021년 개발행위허가로 이 일대가 십여 필지로 분할되었다.

(2) 개발행위허가 신청자의 통행권원에 대한 판단이다. 허가권자는 건축물 진입로가 마을안길 및 농로인 경우 이 마을안길 소유자의 배타적 사용·수익권을 보호할 것이냐 아니면 '공익 및 이해관계인의 보호'를 위하여 주민들의 통행권을 보호할 것인지를 판단하여, 사용승낙을 허가조건(행정지도)으로 할 수도 있고, 요구하지 않을 수 있다(대법원 85다카421, 93다58196, 2012다26411).

대법원은 허가권자의 공익적 판단 여지를 감안하여 사실오인, 비례·평등의 원칙에 위배되지 않으면 재량권 일탈·남용을 심사하지 않는다(대법원 2004두6181). 또한 재량권의 일탈·남용을 주장하려면 그 행정행위의 효력을 다투는 사람이 증명할 책임이 있다(대법원 87누861 판결 등 참조).

판례 살펴보기 Q

대법원 2016다264556 전원합의체 판결, 88다카16997 등

토지소유자의 소유권 보장과 공공의 이익 사이의 비교형량을 한 결과, 소유자가 그 토지에 대한 독점적·배타적인 사용·수익권을 포기한 것으로 볼 수 있다면, 타인[사인私人뿐만 아니라 국가, 지방자치단체도 이에 해당할 수 있다.] 이 그 토지를 점유·사용하고 있다 하더라도 특별한 사정이 없는 한 그로 인해 토지소유자에게 어떤 손해가 생긴다고 볼 수 없으므로, 토지소유자는 그 타인을 상대로 부당이득반환을 청구할 수 없다.

(3) 현황도로소유자의 배타적 사용·수익권의 제한에 판단이다. 2019.1.24. 대법원 전원합의체 판결(2016다264556)에서, 배타적 사용··수익권이 제한된 소유권은 물권법정주의에 어긋나지만, 일반 공중의 통행을 방해하지 않는 범위 내에서만 소유자의 처분 및 사용·수익 권능이 상실되지 않는다고 하여 사실상 공로公路가 생긴 것이다.

다시 말하면, ①토지를 분할하여 매도하였을 때에 그 분필된 토지 사이에 도로 형태로 남아 있는 토지에 대하여는 분할 당시의 토지소유자가 배타적 사용·수익권을 포기한 것으로 보고, ②포괄승계인(상속) 및 특별승계인(매매, 경매)은 승계취득 당시 도로임을 알고 매수한 것으로 보아서, 배타적 사용·수익권이 제한된다고 해석한다.

(4) 토지분할의 개발행위허가기준이다. 2021년 한 필지 임야를 개발행위허가로 십수 필지로 분할할 때에 허가권자는 현황도로를 기부채납 요구할 수 있었고, 또한 이미 존재한 현황도로를 '공익 및 이해관계인의 보호'를 위하여 배타적 사용·수익권이 제한된 공로^{公路}라는 점을 허가조건에 부관으로 달았거나 행정지도하였을 것이다.

행정기본법

법 조항 살펴보기

제8조(법치행정의 원칙) 행정작용은 법률에 위반되어서는 아니 되며, 국민의 권리를 제한하거나 의무를 부과하는 경우와 그 밖에 국민생활에 중요한 영향을 미치는 경우에는 법률에 근거하여야 한다.

제9조(평등의 원칙) 행정청은 합리적 이유 없이 국민을 차별하여서는 아니 된다.

---

(5) 허가권자의 재량권 일탈·남용에 대한 판단이다. 2013년 이전부터 주민들이 농로로 사용해온 곳을 2013년 2채의 주택신고에서 개발행위허가로 마을안길이 되었고, 다시 2021년 택지분할을 하는 개발행위허가에서 대법원 판례 법리에 따라 배타적 사용·수익권이 제한된 곳이므로 사용승낙 없이 신고를 수리하여도 된다.

또한 허가권자는 2013년 이 현황도로로 2채의 주택의 건축신고에서 소유자의 사용승낙 없이 신고를 수리하였으므로 행정기본법의 평등의 원칙에 위배될 수 있다.

정리 허가권자가 현황도로소유자의 재산권을 보장하는 것이 올바른 법집행이라는 명분으로 사용승낙이 없으면 불허(불수리)하겠다고 하면, 건축신고 신청자는 「민원처리법」 및 「부패방지권익위법」에 의하여 고충민원을 신청하거나, 허가청을 상대로 반려(불허)처분 취소소송을 하거나, 유일한 통행로이므로 현황도로소유자를 상대로 주위토지통행권 확인소송을 하는 등 어떤 방법으로든 개발행위허가 조건을 충족시킬수 있으므로 이 불허에는 실익이 없다.

또한 현황도로는 116명이 소유하고 있다. 허가권자는 이 도로를 다수가 지분소유하는 것은 배타적 사용수익권이 제한된 공로라는 것을 확인할 필요도 있다(대법원 2013다7943).

경매 나온 농지가 너비 4m의 지목이 도로인 현황도로에 접해 있다. 이 농지에서 대로까지 자동차 통행이 가능하려면 지목이 대인 사유인 포장도로를 통과해야 한다. 건축신고에서 이 사유인 현황도로의 사용승낙이 필요할까?

농지를 전용하여 건축허가(신고)를 받으려면, 농지전용허가＋개발행위허가＋건축 신고 등을 하여야 한다. 이때 이 현황도로가 선행 허가에서 건축법 도로로 지정되었 으면 (반사적 이익이지만) 누구나 그 도로를 이용하여 건축허가를 받을 수 있다.

(1) 이곳은 도시지역의 자연녹지이므로 이 현황도로를 이용하여 2009.8.13. 이후에 건축허가를 받았다면, 토지이용계획확인서에 건축법 도로라고 기재되어 있을 것이다.

(2) 이 현황도로를 이용한 이웃 건축물이 1999.5.9. 이후에 허가되었다면 그 건축 물의 건축허가에서 건축법 도로로 지정되어 지자체 홈페이지에 공고되었을 것이다.

(3) 이 현황도로는 1997년 한 필지의 밭을 3필지로 분할하여 매각하면서 그 가운데 로 개설된 도로이다. 당시 분할 및 지목변경 서류를 검토해보면, 건축법 도로의 지정이 있었을 것이므로, 건축과에 보관된 3채의 허가서 및 도로관리대장을 확인해야 한다.

(4) (건축법 도로로 지정된 근거가 도로관리대장이 없어도) 한 필지를 분할하였다면 그 내부도로는 지자체가 확·포장하였어도 대법원 판례 법리에 따라 배타적 사용·수익권이 제한된 공로이므로(대법원 85다카421), 사용승낙이 필요 없다.

(5) 이 현황도로와 대로 사이에 타인 소유의 지목이 대인 토지의 일부가 사실상 통행로이다. 그런데 지난 3채의 건축허가에서 이 사실상 통행로를 분할하지 않았다.
그리고 3채 중 하나는 다중이용시설인 영유아보육시설로 사용하고 있다. 다중이용시설은 반드시 건축법 도로(공도 또는 공로)로 허가되어야 한다. 이 현황도로로 건축허가한 선례가 있으므로 이번 건축신고에서 '평등의 원칙'이 적용되어야 한다.

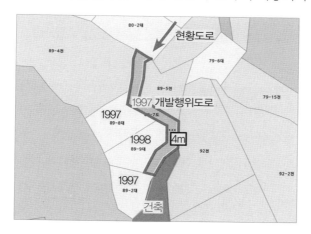

(6) 소유자가 민원을 제기하여, 허가권자가 건축법 제44조의 접도의무 예외인 '해당 건축물의 출입에 지장이 있다'고 해석하면 주위토지통행권 확인소송을 하면 된다.

(7) 허가청이 이번 기회에 건축법 도로로 지정하기 위하여 사용승낙이 꼭 필요하다고 하면, 반대로 건축법 제45조에 의한 조례도로의 지정을 요청하면 될 것이다.

정리 99.5.9. 전의 현황도로는 공부公簿만으로 건축법 도로 여부를 확인하기 어려워, 임장활동으로 개설경위 및 현재 상태를 확인하고, 이웃 건축물의 도로관리대장을 확인하며, 토지형질변경허가서에서 배타적 사용·수익권 포기서류를 찾아야 한다.

2008년 개발업자가 공장부지를 조성·분양하기 위해 그 내부에 개설한 포장된 너비 6m의 사유 현황도로가 있다. 그 도로의 지목이 임야이고 소유자가 변경되어 수분양자의 민법 제220조의 무상통행권이 없어졌다.

현재 비도시·면지역이므로 지자체장이 건축법 조례도로로 지정할 수 없지만, 대법원 판례 법리에 따라 배타적 사용·수익권이 제한되어 토지인도 및 부당이득반환 청구가 인용될 리 없고, 또한 건축법의 접도의무 입법취지에 맞으면서 개발행위허가의 진입로 기준에도 맞다면, 사유라는 이유만으로 허가신청자에게 사용승낙을 요구하면 안 된다.

정리 대부분의 지자체는 현황도로가 사유이면 민원 또는 불이익이 두려워 사적자치 영역이라면서 사용승낙을 받아오라는 소극행정으로 국민을 법원으로 내몰고 있다.

국토부가 국민을 위한 진정성 있는 행정을 하려면, 간단한 사안조차 추후 감사 지적 또는 문책이 두려워 재량적 판단을 하지 못하고 있는 지자체 공무원을 위하여 상세한 업무지침을 만들어주어야 할 것이다.

2. 허가권자는 기부(채납)를 요구할 수 있음

기부채납 시설은 개발사업 대상지 및 주변지역 주민들이 편리하게 이용할 수 있는 위치에 입지하도록 하고, 개발사업 대상지내 건축물 등을 위해 배타적으로 이용될 우려가 있는 지역은 배제한다. – 개발행위허가 운영지침 : 2-6-8

　모든 건축허가에서 건축물의 진입로는 사유私有라도 건축법 도로로 지정되면 누구나 소유자 동의 없이 사용할 수 있는 공로公路가 되는데(건축허가에서 건축법 도로의 지정은 허가권자의 원칙적인 의무인데 반하여), 개발행위허가에서 기반시설인 진입로는 배타적 사용·수익권이 제한되는 법적근거가 명확하지 않아서, 그 진입로가 사유이면 사용승낙이 필요하다고 해석하고 있다(법제처 13-0363).

　개발행위허가에서 기반시설인 진입로의 확보의무는 허가신청자에게 있다. 이때 허가권자는 일반인 통행에 제공할 필요가 있는 진입로(현황도로 또는 개설도로)는 기부(채납)를 요구하여 주민들이 편리하게 사용하게 할 재량권이 국토계획법에 있으므로, 개인이 소규모 토지의 형질변경허가를 받을 때에, 그 개발행위허가의 기반시설인 진입로는 사유라도 원칙적으로 공로公路로 해석되어야 한다.

　(비도시·면지역은 원칙적으로 건축법 도로를 지정할 수 없지만) 개발행위허가에서 건축법 도로를 지정하지 못하거나, 개발행위허가 또는 산지전용허가를 먼저 받을 경우 그 사유도로(기존도로)는 배타적 사용·수익권이 인정되는 불공평한 결과가 생긴다.

　또한 개발제한구역, 보전산지 등 형질변경이 엄격히 제한되는 지역에서 대지를 개발하면서 그 진입로의 지목을 도로로 변경한 것은 그 진입로의 공공성 때문이므로, 사유라도 배타적 사용·수익권의 제한이 그 허가에 들어 있다고 해석할 수 있을 것이다.
　왜냐하면 '국토의 효율적 이용'을 위하여 산림의 형질변경은 최대한 제한되어야 하는데 새로운 도로를 또 개설허가하는 것은 이에 역행하는 것이기 때문이다.

2000년에 허가된 건축물에 건축물대장이 없고 등기부만 있다. 경락받은 사람이 진입로 소유자를 상대로 통행방해금지 가처분에 승소하였는데, 허가청은 당초 진입로 기부채납 조건부 허가이었으므로 사용승인받으려면 사용승낙이 꼭 필요하다고 한다.

건축물 준공 및 사용승인은 허가서대로 공사하면 가능한 것이다(대법원 93누 20481). 그런데도 허가청이 진입로의 사용승낙이 필요하다고 해석하는 것은 소극행정이다.

왜냐하면 이 진입로는 이미 배타적 사용·수익권이 제한되어 소유자의 토지인도 및 부당이득반환 청구소송이 인용되지 않을 것인데, 사실상 준공되어 거주하고 있는 건축물을 진입로가 건축법 도로로 지정되지 않았다고 하여 건축물을 사용승인하지 않는 것은 재량권 일탈·남용이 될 수 있기 때문이다.

또한 소유자의 민원이 두렵거나 주민들의 통행에 불편이 없도록 포장한다는 명분으로 준공승인 신청자에게 요구하는 것은 비례·평등의 원칙에 위배될 수 있을 것이다.

국토계획법 제58조(개발행위허가의 기준 등)
③ 제1항에 따라 허가할 수 있는 경우 그 허가의 기준은 지역의 특성, 지역의 개발상황, 기반시설의 현황 등을 고려하여 다음 각 호의 구분에 따라 대통령령으로 정한다.

제56조(개발행위허가의 기준)
① 법 제58조 제3항에 따른 개발행위허가의 기준은 별표 1의2와 같다. 〈개정 2009. 8. 5.〉 → (지자체) '도시계획 조례'에 위임
④ 국토교통부장관은 제1항의 개발행위허가기준에 대한 세부적인 검토기준을 정할 수 있다. → '개발행위허가운영지침'(위임행정규칙)

(1) 보전녹지(도시지역)의 농지에 건축하려면 먼저 대지의 형질변경을 위하여 농지전용허가와 개발행위허가를 받은 후에 건축허가(신고)를 신청하는 것인데, 국민 및 행정편의를 위하여 건축허가에 다른 허가를 같이 받도록 하였다(의제처리).

단독주택을 짓기 위한 농지전용은 농지법에서 도시지역은 원칙적으로 제한이 없다. 다만 '도로 등이 미설치된 지역'에서의 형질변경 목적의 개발행위허가에서는 그 진입로를 지자체 도시계획조례에 따라 건축법 도로를 요구하고 있다.

대법원 1988. 12. 13. 선고 87누1036 판결 [건물자진철거지시처분취소]
건축법 제2조 제15호, 동법시행령 제62조에 의하면 건축법상 도로 가운데 막다른 도로는 위 시행령 제62조 소정의 도로에 대하여 시장 또는 군수가 건축허가 시에 그 위치를 지정하기만 하면 되게 되어있으며 위 시행령 제64조 제1항 소정의 도로대장은 도로를 지정하고 난 다음에 작성비치의무가 지워져 있으므로 위 대장의 비치가 건축법 제2조 제15호 소정의 도로요건이 될 수는 없다.

(2) 건축법 도로란 건축법 제2조 1항 11호 가목의 법정도로(도시계획시설 등) 또는 허가권자가 허가(신고) 때마다 도로로 지정하는 나목의 지정도로를 말하는데, 그 진입로 소유자가 동일인이면 분할하여 지목을 도로로 변경하고(실제 지적정리는 준공 후 처리됨), 진입로가 타인 소유이면 그 사용승낙을 첨부하면 건축법 도로지정이 된다.

그렇다면 개발행위허가 및 건축허가 도서를 살펴보면(정보공개청구) 당시 허가신청자가 본인의 건축허가에서 그 진입로의 배타적 사용·수익권의 제한을 스스로 어떻게

처리하였는지 나타날 것이다. 만약 기부를 약속했다면 그 확약서가 첨부되었을 것이고, 그렇지 않다면 건축법 도로로 지정되었을 것이다.(지정은 허가권자의 의무이므로)

기부채납에 대해서는 당해 건축물에 필요한 도로가 현지여건상 일반의 소통에 제공해야 할 필요가 있는 등 그 조건을 부과하지 아니할 경우 민원 등 상당한 문제를 야기할 수 있는 불가피한 경우에 한해서 적용되어야 할 것임 – 국토계획법 제57조 제4항 : 개발행위허가의 조건 (국토계획법 해설집 214쪽)

(3) 그런데 당초 건축허가 및 개발행위허가에서 진입로를 신청자가 기부채납 조건이었다면 그 소유자가 스스로 도로개설에 동의한 것이므로 지금 '조례도로'로 지정한다고 하여도 재량권 일탈·남용에 해당되지 않을 것이다(대법원 2017두57561).

왜냐하면 소유자의 민원은 민법의 배타적 사용·수익권의 주장일진데, 이미 대법원 전원합의체 판례 법리에 따라 배타적 사용·수익권의 제한이 명백하기 때문이다.

(4) 현재 도로로 사용되는 부분이 분할되어 있다. 당시 허가권자가 법률에 따라 행정지도를 했는데 소유자가 바뀌면서 공로公路 여부가 애매하다고 하여도, 특별승계인이 통행방해금지 소송으로 통행권에 대한 판단을 받았다면, 소유자의 배타적 사용·수익권은 민법 및 공법에 따라 제한된 것이므로 사용승낙을 요구할 필요가 없다.

3. 공익^{公益} 및 이해관계인을 보호하여야 함

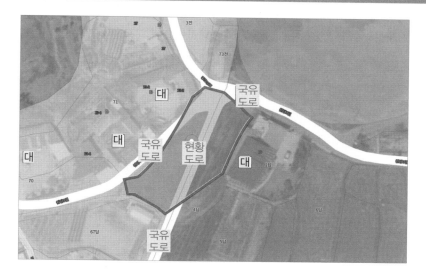

　(1) 내 토지의 가운데로 마을사람이 이용하는 농로가 있다. 그 주변에 국유인 도로가 있어 그 국유도로를 이용하면 충분히 통행이 가능한데도 내 토지로 직선으로 이용하고 있다. 이런 마을길은 전국의 농촌마을에 의외로 많다.

　또한 경매 등으로 토지를 매입한 경우, 전 소유자가 주민자조사업에 동의하여 개설된 도로라면 대법원 판례에 따라 배타적 사용·수익권이 제한된 도로이다.

(2) 내 토지가 이웃 건축물의 출입로 또는 이웃집 마당, 마을안길로 이미 사용되고 있다. 이런 토지를 경매 등으로 새로 취득한 경우에는 대체통로를 만들어주는 방법 등으로 이웃과 합리적인 협의를 하여야 할 것이다.

이 현황도로가 오래전부터 주민들이 사용하고 있다면, 지자체와 법원은 그 도로소유자의 배타적 사용·수익권 보장과 그 마을안길 또는 농로를 이용해온 주민들의 이용권을 동시에 보호해야 하기 때문이다.

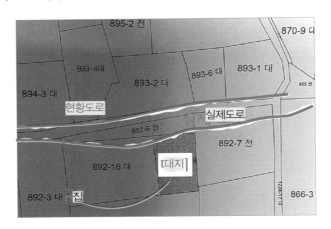

(3) 내 토지라고 하여도 주민들이 오랫동안 사용해서 일반 공중의 통행로가 되었거나 전 소유자의 사용승낙으로 통로가 되어 배타적 사용·수익권이 제한되었다면 경매·매매 등으로 특정승계한 사람은 그 통로를 함부로 훼손할 수 없다(대법원 94다20013).

[정리] 대법원이 관습에 의한 지역권을 인정하지 않아서(대법원 92다26000), 주민들이 오랫동안 사용해온 도로라고 하여도 사유인 경우에는 다툼이 있을 수 있다.

다만 이 토지에 개발행위허가를 받아야 할 경우에는 그 내부에 있는 현황도로를 보호해야 하는 국토계획법 규정과 대법원 판례 법리에 따라 허가권자가 주민들의 통행권을 보호할 수 있으므로 미리 적극행정을 할 필요가 있다.

　　이곳은 비도시·면지역으로, 수년 전부터 단독주택, 카페, 1종근생, 테니스장 등이
건축된 곳인데, 이때 개발행위허가의 기반시설인 진입로는 기존의 사유인 마을길을
이용하였고, 당시 허가청은 사유인 마을길 소유자의 사용승낙을 요구하지 않았다.

　　그런데 작년에 아래쪽 대형 임야에 전원주택단지가 조성되면서 기존의 마을안길은
없어지고 대체도로가 생겼는데, 그 대체도로는 자동차 통행은 가능하지만 끝부분에
사유지私有地가 있어 이번 건축허가에서 사용승낙이 필요하다는 보완명령을 받았다.

　　이 대체도로는 다음과 같은 이유로 공로公路이므로 사용승낙을 요구하면 안 된다.

　　(1) 비도시·면지역은 건축법 제44조의 접도의무 및 도로지정이 없다. 그러나 개발
행위허가에서는 기반시설인 진입로 규정이 도시계획조례에 있다. 최근 아래쪽이 개
발되면서 대체도로를 만들었는데 그동안 마을안길이 배타적 사용·수익권이 제한된
것으로 보고 사용승낙을 요구하지 않았는데 이번 허가에서 요구하면 평등의 원칙에
위배된다.

　　(2) 국토계획법에 따라 지자체장은 개발행위허가에서 이런 현황도로의 기부채납을

요구할 권리가 있다. 그리고 사업시행자가 기부채납을 거절하면 개발행위허가를 불허할 권한이 있다(대법원 2003두9367).

개발행위허가운영지침 2-1-7 : (2) 허가권자는 개발행위에 따른 기반시설의 설치 또는 그에 필요한 용지의 확보·위해방지·환경오염방지·경관·조경 등에 관한 조치를 할 것을 조건으로 개발행위를 조건부로 허가할 수 있다(법 제57조 제4항).
① 공익상 또는 이해관계인의 보호를 위하여 필요하다고 인정될 경우

---

(3) 개발행위허가 대상 부지 내에 오래된 마을안길 또는 농로가 주위토지통행권 수준이라도 대체도로를 만드는 조건으로 허가하여야 한다(국토계획법 해설집 214쪽).

'공익상 또는 이해관계인의 보호를 위하여 필요하다고 인정될 때'에 조건을 붙일 수 있으므로, 이해관계인은 허가권자에게 기존 마을안길을 찾아달라고 할 수 있다.

대법원 2009다8802

판례 살펴보기 🔍

토지소유자가 일단의 택지를 조성·분양하면서 개설한 도로는 다른 특단의 사정이 없는 한 그 토지의 매수인을 비롯하여 그 택지를 내왕하는 모든 사람에 대하여 그 도로를 통행할 수 있는 권한을 부여한 것이라고 볼 것이어서, 토지소유자는 그 토지에 대한 독점적이고 배타적인 사용·수익권을 행사할 수 없다.

---

(4) 대법원은 물권법정주의에 따라 배타적 사용·수익권을 대세적으로 제한할 수 없다면서도, 분양하는 전원주택단지 내외의 도로는 제한된 것이라고 유권해석하고 있다. 그러므로 전원주택단지 허가 신청도면 및 협의서 등을 확인하면 어렵지 않게 기존의 마을안길의 대체도로가 공공성이 있다는 것을 알 수 있을 것이다.

정리 허가청에 확인할 사항 ①비례·평등의 원칙을 적용했는지 ②도로의 기부채납을 받지 않은 이유 ③공익상 또는 이해관계인의 보호를 위하여 개발행위허가 조건 부여했는지 ④이런 도로는 사유私有라도 배타적 사용·수익권이 없다는 대법원 판례 등

다만 개발행위허가는 허가권자의 재량행위이므로(2004두6181), 불허 또는 보완에 소송으로 행정처분을 뒤집기 어려우므로, 설득－이의신청－행정심판이 더 나을 것이다.

임야에 건축허가하면서 마을길이 없어짐

경기 성남시

100년이 넘은 마을의 임야에 건축을 허가하면서 그 진입로를 건축법 도로로 지정하지 않았고, 그 임야 내의 70년 이상 된 마을안길을 현황대로 지적정리하지 않고 있다.

이 현황도로를 70년째 이용하고 있는 이웃 주민이 본인 토지에 건축신고를 하였는데, 허가청은 이 마을안길이 사유이므로 사용승낙이 필요하다는 것이다.

허가청은 1974년과 1992년 두 번의 건축허가 – 개발행위허가 – 임야분할·전용허가에서 그 임야 내의 마을안길을 현황대로 분할할 것을 행정지도하지 않았다.

임야는 1961.6.27.부터 '임산물단속법'에 형질변경(전용)허가 규정이 생겼으므로 그 이전의 현황도로는 불법이 아니므로 다음 절차로 주민들의 이용권을 찾아주어야 한다.

(1) 1974년 임야 하단부를 분할하여 건축허가를 신청하면 허가청은 그 건축물의 진입로가 공로公路에서부터 연결되었는지 확인하였을 것이다. 당시 이곳은 보전산지이므로 형질변경허가기준이 엄격하여 건축법 도로 수준의 도로가 되었을 것이다.

더군다나 이곳은 개발제한구역이었으므로 허가 없이 건축이 불가능하였을 것이므로 개발제한구역 내의 건축물관리대장으로 그 진입로 확보근거를 찾을 수 있을 것이다.

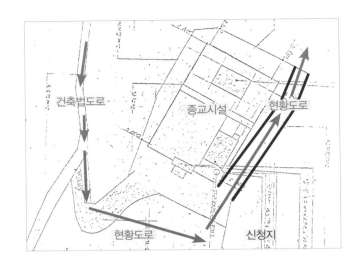

(2) 1992년 임야 하단에 건축허가(종교시설)를 신청하였을 때에 허가청은 그 건축물의 진입로가 공로에서부터 연결되었는지 확인하고 건축법 도로로 지정하였을 것이다. 이때 허가신청자가 건축법 도로로 제공하여 도로로 지정한 근거가 도로대장에 없어도, 신청서 등에서 건축법 기준에 따라 도로지정이 되었다고 판단할 수 있다면, 개정된 부칙(법률 제5895호, 1999.2.8.) 제4조에 따라 도로로 지정된 것으로 보아야 한다.

판례 살펴보기 Q

대법원 98두17845
형질변경의 허가가 신청된 당해 토지의 합리적인 이용이나 도시계획사업에 지장이 될 우려가 있는지 여부와 공익상 또는 이해관계인의 보호를 위하여 부관附款을 붙일 필요의 유무나 그 내용 등의 판단기준을 정하는 것 역시 행정청의 재량에 속한다.

(3) 이 허가 당시 포장된 현황도로(마을길 및 농로)가 있었다. 이때 허가권자는 그 필지(종교시설이 배치되는)의 임야에 있었던 농로는 주민들이 70여 년 동안 공로公路로 이용해온 도로이므로 소유자가 그 현황도로 없애려면 '공익 및 이해관계인의 보호'를 위하여 대체도로를 만들 것을 조건부로 허가하여야 한다.

그래서 허가권자는 당시 허가신청서 등을 면밀히 검토하여 (도로관리대장 등이 없어도) 그 현황도로를 공로公路로 볼 근거를 찾아야 할 의무가 있었다.

(4) 이번 건축허가를 신청한 대지로 연결되는 진입로는 1991년 이전에는 자동차 통행이 가능한 국유 또는 사유도로가 3~4곳이 있었다. 그런데 1990년부터 인근에 6차선 도로가 개설되면서 그 현황도로가 하나씩 없어진 것이다.

6차선 도로가 개설될 때에 지자체장은 국토계획법 제57조 4항 및 개발행위허가운영지침에 따라 시행자로부터 개발행위 협의 요청이 왔을 때에 주민들이 이용해온 마을길 및 농로를 보호하기 위해 대체도로를 확보하는 것을 조건으로 협의하였을 것이다.

이때 시행사(LH)는 이 현황도로를 포장하여 대체도로를 만들었던 것 같다. 그런데 10년 후에 토지소유자가 그 도로를 훼손하였는데도 허가청은 지금까지 관심을 가지고 있지 않다.

> 건축법 제2조 제1항 제11호에 따라 허가권자가 도로의 위치를 지정·공고하도록 한 규정은 1999.2.8. 개정된 건축법에서부터 규정하고 있고, 개정부칙 제4조에 따라 종전의 규정에 의하여 지정된 도로는 제2조 제1항 제11호 나목의 개정규정에 의하여 지정·공고된 것으로 보도록 하고 있음에 따라, 종전의 규정에 따라 건축법상 도로로 지정을 받아 건축허가를 받은 경우에 단순히 도로대장에 등재가 되지 않았다고 해서 건축법상 도로로 인정하지 않는 것은 곤란할 것으로 사료됨(국토교통부 건축정책과, 2010.11.30. 등록).

정리 우리나라에는 도로법의 도로가 개설되면서 주변의 기존 통로를 없애는 경우가 많다. 그리고 국토계획법 – 산지관리법 등에 의하여 합법적으로 개설된 현황도로가 건축법 도로로 지정되지 못한 채 주민들 간에 분쟁의 대상이 되는 곳이 많다.

개발제한구역 내의 보전산지에 건축허가를 받아서 개설된 진입로는 도로관리대장에 등재되지 않았어도 건축법 도로로 볼 수 있으므로(국토교통부 건축정책과, 대법원 91누1776), 이런 현황도로는 (비도시·면지역이 아니면) 조례도로로 지정할 수 있다.

이제 허가권자는 사적자치 영역이라는 핑계로 뒤로 빠지지 말고, 당시 허가관련 서류를 면밀히 검토하여 도로관리대장이 없더라도 건축법 도로로 볼 수 있다면, '해당 건축물의 출입에 지장이 없거나', '조례도로'로 지정하여 허가해야 할 것이다.

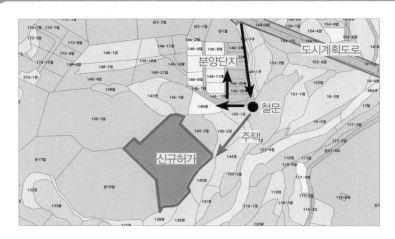

면面지역의 보전관리지역의 임야에 400평의 건축 및 개발행위허가를 받았다. 그런데 15년 전에 분양된 단지의 진입로 소유자가 최근 철제문으로 자동차 통행을 막았다. 이 도로는 수십 년 된 단독주택의 진입로이면서 임야로 이어지는 농로農路이다.

허가권자인 지자체장은 15년 전에 주택단지를 승인할 때에 그 개발행위허가에서 기존의 마을안길 및 농로가 50년이 넘는 일반 공중의 통행로이라면 '공익 및 이해관계인의 보호'를 위하여 농로 및 주택의 진입로로 보호해야 할 책임이 있으므로, 지자체장은 사적자치 영역이라는 핑계로 뒤로 빠지지 말고 지금이라도 분양단지 허가서 및 도면에서 허가조건 및 배타적 사용·수익권 포기각서 등을 확인하여 처리해야 한다.

그리고 분양단지의 도로를 개설하면서 옹벽을 쌓아서 기존 통행로가 좁아졌고, 철제문으로 통행을 막았다면, 관습지역권은 물권법정주의에 어긋나지만 관습도로이므로 통행권이 있을 것이므로 통행방해금지 소송으로 철제문을 제거할 수 있을 것이다.

또한 (법률전문가의 도움을 받아) 민법 제219조의 주위토지통행권 소송으로 통로를 확보하고, 형법 제185조의 '일반교통방해죄'에 해당되는지 확인해야 할 것이다.

계획관리지역 내의 된장공장을 경매로 낙찰받았는데, 2005년 최초 허가 시 진입로는 구거점용과 사유도로가 절반씩인 너비 4m 도로이었다. 그런데 지금은 양쪽 소유자가 그 현황도로를 막고 있다. 왼쪽은 농업진흥구역이다.

이 현황도로의 지목이 도로가 아니고 사유라도 소유자 스스로 진입로로 사용할 것을 허가청에 요청한 도로이고 이미 타인의 통행로이므로 함부로 훼손할 수 없다.

허가권자는 건축법과 국토계획법에서 지자체장에게 위임한 재량권을 제대로 행사하여야 한다. 그런데 허가관련 부서는 다음과 같이 잘못된 판단을 한 것이다.

(1) 비도시지역에는 2006.5.8.까지 사후신고 건축물이 있었고, 2003년까지 건축허가보다 형질변경이 선행되었으며, 준공 이후에 건축물대장이 만들어지는 정도밖에 할 수 없어, 진입로를 분할하여 지목을 도로로 변경하라는 행정지도를 못 했을 것이다.

그러나 지금 분쟁이 되고 있는 현황도로는 2019년 '농업인주택'이 허가되면서 그 대지에 포함되어 없어진 것이므로, 2019년 건축과에서는 현황도로가 줄어들면 주변의 피해(기존 허가받은 공장의 진입로)가 발생되는지 검토하여 공익(주민들의 통행권 보호)과 사익(현황도로소유자의 재산권 보장)을 비교교량하여야 할 의무가 있었다.

(2) 기반시설인 진입로는 개발규모가 5천㎡ 이하이면 너비 4m 이상이 확보되어야 하되, 1천㎡ 이하의 주택 및 1종 근생 그리고 2천㎡ 이하의 농업용 시설은 마을안길 및 농로로 허가할 수 있다. 그런데 이 현황도로로 2005년 공장이 허가된 것이므로 당시 허가도면을 보면 4m 도로가 확보되었을 것이다(항공사진 및 실제현황도 4m이다).

또한 농업인 주택 개발행위허가에서 공장부지 3,567㎡이고, 건축물 연면적이 617.9㎡이어서 너비 4m 이상의 도로가 있어야 하므로, 개발행위허가운영지침 2-1-7⑴ ①공익 및 이해관계인의 보호를 위하여 현황도로를 지켜야 할 의무가 있었다.

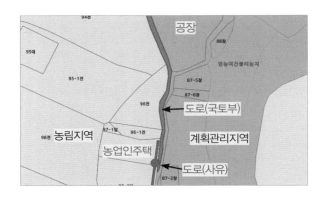

(3) 없어진 현황도로는 농업진흥구역의 농지 일부에 존재하였는데, 당시 허가권자는 그 필지에 농업인 주택을 허가하면서 이 현황도로를 제척한 건축도면을 검토해야 하는데, 허가청은 사유私有라는 이유와 공장 위쪽으로 지목이 도로인 국유지가 있다는 이유로 이 현황도로를 농업인 주택부지에서 제척하지 않고 허가한 잘못이 있다.

정리 농업인 주택을 허가할 때에 이미 주민들의 통행로가 된 현황도로는 배타적 사용·수익권이 제한된 통로가 되므로 그 소유자라도 함부로 없앨 수 없다(대법원 2017두74320).

그러므로 허가청은 공익 및 이해관계인의 보호를 위하여 이 현황도로를 지킬 책임이 있으므로 지금이라도 농업인주택 변경허가를 통하여 복원하여야 할 것이다.

4. 개발행위허가의 토지분할 기준 (진입로)

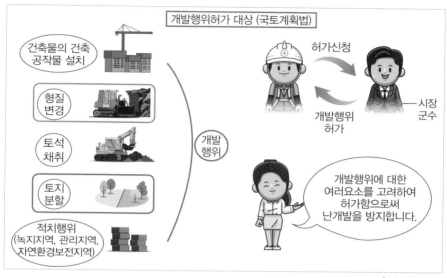

개발행위허가 대상 (국토계획법)

건축물의 건축
공작물 설치

형질
변경

토석
채취

토지
분할

적치행위
(녹지지역, 관리지역,
자연환경보전지역)

개발
행위

허가신청

개발행위
허가

시장
군수

개발행위에 대한
여러요소를 고려하여
허가함으로써
난개발을 방지합니다.

출처: 국토교통부

　원래 토지분할 제한은 건축법, 도시지역에만 있었는데, 2004년경 전국적으로 바둑판식 분할판매로 인한 피해자가 속출하자, 2006.3.8.부터 녹지지역 및 비도시지역에서의 토지분할도 개발행위허가를 받도록 국토계획법을 개정하였다.

　전국에 대형 임야를 전원주택을 지을만한 크기인 100~300평으로 분할한 사례가 굉장히 많은데, 이때 건축허가가 되지 않는 용도지역의 토지를 매입하거나, 개발행위허가의 진입로가 없는 토지를 매입해서 낭패를 보는 사람이 의외로 많다.

　이런 상황이 생기는 이유는 개발호재가 있는 지역에 부동산투기를 하려는 사람에게 싸게 판다면서, ①개발인허가를 받지 않은 상태에서 분할도면만으로 매매하거나 ②건축허가를 받지 않고, 지적공부(임야도)만 분할하여 매매하였기 때문이다.

　이렇게 만들어진 현황도로에 대한 분석 및 해결책을 다음 사례에서 4단계로 찾아야 한다. ①(잘못된) 현황도로가 만들어진 이유 ②합법적으로 분할하는 방법 ③내부도로의 지분권의 제약 ④맹지탈출 방법을 살펴보아야 한다.

(1) 이곳 60여 필지에 내부도로는 있지만 공로로 나갈 진입로가 없어 사실상 맹지이다. 허가청은 개발행위허가로 토지분할할 때에 2차선 도로까지 연결되지 않으면 허가하지 않을 수 있었는데, 토지분할에 그런 규정이 없다면서 이렇게 허가한 것이다.

판례 살펴보기 🔍

대법원 2013두1621
토지분할을 개발행위로서 규제하는 취지는 국토가 무분별하게 개발되는 것을 방지하고 토지이용을 합리적·효율적으로 관리하여 공공복리를 증진하려는 목적을 달성하고자 하는 데 있으므로, 개발행위허가권자는 분할허가 신청의 대상인 당해 토지의 합리적 이용 및 공공복리의 증진에 지장이 될 우려가 있는지 등을 고려하여 재량으로 그 허가여부를 결정할 수 있다.

(2) 개발행위허가는 허가권자의 재량행위이므로, 목적사업이 명확하지 않은 토지분할은 거절할 권한이 있다(대법원 2013두1621). 그러므로 대형 토지를 여러 개의 소규모 전원주택부지로 분할할 때에 대지垈地가 공로까지 연결되는지 확인하여야 한다.

(3) 전원주택 단지 내에 한 필지의 대지를 소유할 때에 그 내부도로의 지분권을 가지면 추후 허가에 문제가 없다고 생각하기 쉽다. 그러나 지분권만으로는 단독으로 도로의 형질변경을 할 수 없기 때문에 지분권보다 이용권을 갖는 것이 낫다.

여기서 이용권을 갖는 방법은 개발업자가 이 내부도로의 지목을 도로로 바꾸고 그 현황도로를 지자체에 기부(채납)하거나, 건축법 도로로 지정하는 것이다. 이 사례는 임야도에는 내부도로가 분할되어 있지만, 실제 현장은 나무가 우거진 임야이다.

(4) 이렇게 분할된 토지 및 내부도로가 전국적으로 굉장히 많지만, 국가 및 지자체가 기반시설인 진입로를 건축법 도로인 공로로 만들기 위한 노력이 없다.

그러므로 대지 및 도로소유자 23명이 단합하여 지자체가 원하는 방향으로 사업을 추진하거나 농어촌정비법에 따른 농촌마을 조성 등으로 저수지를 관리하고 있는 관청과 협의하여 도로를 개설하는 수밖에 없을 것이다.

정리 이곳은 사업단지에서 공로(농어촌도로 등)까지 연결되는 통로가 없어 십여 년 동안 맹지상태로 집을 짓지 못하고 있다. 그러므로 분할된 임야를 구입할 때에는 내부도로는 지분권자가 동의하면 개설될 수 있지만, 다음 사항까지 확인하여야 한다.

① 대지 및 도로가 지분소유인 경우에는 반드시 건축허가 가능성을 먼저 확인할 것
② 지적도에만 도로가 있고, 현장에 도로가 없으면 반드시 허가서류를 확인할 것
③ 내부도로가 포장이 되었더라도, 지목이 도로가 아니면 허가청에 확인할 것
④ 내부도로의 통행권만이 아니라 공로까지 사용승낙 없이 연결되었는지 확인할 것

| 사례 55 | 현황은 5m인데 지적도는 3.8m라서 불허된 사례 | 광주 광산구 |

자연녹지의 밭에 2종근생 제조장(500㎡ 미만의 공장)을 지으려는데, 공로로부터 진입로는 국유로써 지목이 도로인데, 수십 년 전부터 주민들이 이용하고 있다.

이 길로 2007년 음식점 건축허가를 받았는데, 입구 쪽은 실제 너비는 4m 이상이지만 지적도에 3.8m이라서 허가권자는 0.2m를 채워야 허가해줄 수 있다는 것이다.

지자체 개발행위팀에서는 실제 현황(=사실상 도로)이 4m 이상이면 허가할 수 있는데 만약 불허한다면 비례·평등의 원칙에 위배되고 재량권의 일탈·남용이 될 수 있다.

(1) 개발행위허가의 기반시설은 '건축법에 맞게'라고 규정되어 있는데, 지적도의 도로는 너비가 3.8m이지만 지난 수십 년 동안 주민들이 사용해온 현황도로는 실제 4~5m이므로, 이 현황도로는 건축목적의 개발행위허가 기반시설 기준에 맞다.

> 기부채납 시설은 개발사업 대상지 및 주변지역 주민들이 편리하게 이용할 수 있는 위치에 입지하도록 하고, 개발사업 대상지내 건축물 등을 위해 배타적으로 이용될 우려가 있는 지역은 배제한다. – 개발행위허가 운영지침 : 2-6-8

(2) 도시과(개발행위팀)에서는 지난 2007년 음식점 허가와 2016년 앞 대지의 공장허

개발행위허가의 진입로　　　　　≫

가에서 0.2m 부분을 건축법 도로로 지정하거나 건축후퇴선으로 지정하였어야 한다.

(3) 수십 년간 주민들이 이용해온 현황도로이므로, '해당 건축물의 통행에 지장이 없다고 인정'하거나, 사유도로 0.2m 공간을 건축법 조례도로로 지정하면 된다.

그리고 2007년 음식점 건축신고에서 해당 건축물의 출입에 지장이 없다고 인정하여 문제 삼지 않았다면 이번 근생허가에도 공평하게 판단해야 한다(평등의 원칙 위배).

(4) 공장은 지역발전 산업이므로 현황도로의 너비 기준이 4m가 되지 않아도 도시계획위원회의 심의로 완화해줄 수 있다(개발행위허가운영지침 3-3-2-1 도로 (4)).

정리 이런 문제가 발생된 것은 건축법의 강화 또는 타법과의 이해상충에 있다. 허가권자는 비례·평등의 원칙 위배 등 재량권 일탈·남용인지 아래와 같이 확인하여야 한다.

① 실제 4m가 넘는데 국유도로가 3.8m이라서 0.2m의 이용권 확보요구는 지나치다.

② 선행 허가에서 0.2m의 기부를 요구했거나, 건축법 도로로 지정했어야 한다.

③ 대법원도 공익과 사익을 비교하여 배타적 사용·수익권 제한을 판단한다.

④ 건축법 제45조의 조례도로로 지정하고, 공익 및 이해관계인 보호도 가능하였다.

⑤ 공장이므로 도시계획위원회 심의로 완화해줄 수 있는데 거절한 것 등이다.

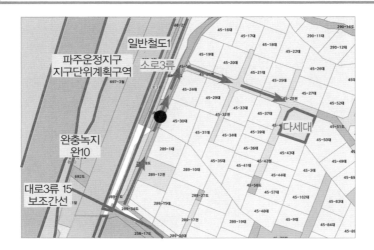

사례 56 　6m 미달된 곳을 다세대주택 신청자가 확보하라　　　경기 파주시

이곳은 동洞지역이고 계획관리지역으로 성장관리계획 수립지역이다. 선행 허가에서 도시계획시설 도로에서부터 너비 6m 이상의 건축법 도로가 지정되어 가고 있다. 그런데 입구에 측량오차로 인하여 너비가 0.2m가 모자란 곳이 있다.

> **「개발행위허가운영지침」 제3절 건축물의 건축 및 공작물의 설치 3-3-2-1 도로**
> (1) 건축물을 건축하거나 공작물을 설치하는 부지는 도시군계획도로 또는 시군도, 농어촌도로에 접속하는 것을 원칙으로 하며, 위 도로에 접속되지 아니한 경우 (2) 및 (3)의 기준에 따라 진입도로를 개설해야 한다.

이 건축법 지정도로를 따라 마을 한가운데 있는 대지에 다세대주택을 건축허가를 받아 준공 직전에 있는데, 허가청은 개발행위허가에서 기반시설인 진입로를 이 대지에서부터 2차선 도로까지 모두 6m 이상으로 개설하여야 한다고 한다.

그러나 수용권이 없는 개인에게 이미 지어진 건축물의 대지의 일부를 협의로 너비 6m를 확보하라고 하는 것은 사실상 불가능한데도 선행 허가에서 발생된 측량오차에 대한 책임과 선행 허가에서는 문제가 되지 않았던 사안을 성장관리계획구역이라는 이유로 지금 준공 신청자에게 책임을 떠미는 것은 비례·평등의 원칙에 위배될 수 있다.

6. 성장관리계획구역의 성장관리계획 (성장관리방안)

소형개발의 경우 도로 등 기반시설의 확보가 부족한 상태에서 개발수요가 증가하면 난개발이 될 수밖에 없으므로 도시·군계획시설이 설치되지 않은 녹지지역 및 비도시지역 등 개발행위허가가 많아질 곳을 '성장관리계획구역'으로 지정하고 있다.

2013.7.16. 「국토계획법」에 도입된 '성장관리지역'의 '성장관리방안'이 2021.1.12. '성장관리계획구역'의 '성장관리계획'으로 시행령에서 법률로 상향된 것이다.

'성장관리계획구역'은 도시지역의 녹지지역, 비도시지역(관리지역·농림지역·자연환경보전지역) 중 개발수요가 많거나, 시가화가 예상되는 지역 및 행위제한이 완화되는 지역 등 난개발이 예상되는 지역의 전부 또는 일부에 대하여 지정할 수 있다.

성장관리계획은 난개발의 방지와 체계적인 관리를 위하여 도로·공원 등 기반시설의 배치 및 규모, 건축물의 용도제한 및 건폐율·용적률, 건축물의 배치·형태·색채 및 높이, 환경관리 및 경관계획을 포함하고 있다.

(1) 관리지역 등 난개발이 우려되는 지역의 체계적 관리를 위하여 성장관리계획제도의 법률적 근거를 마련하였다(국토계획법 2021.7.13. 시행).

(2) 성장관리방안의 내용에 적합한 경우에만 개발행위허가를 하도록 개발행위 허가기준을 보완하였다(법 제58조 1항 2호).

(3) 계획관리지역의 건폐율·용적률 규제에 따른 중소기업의 어려움을 해소하기 위하여 성장관리방안을 수립한 계획관리지역의 경우 해당 지방자치단체의 조례로 법정 건폐율 및 용적률의 각각 완화하여 적용할 수 있다(법 제75조의3 2항 및 3항).

(4) 계획관리지역의 난개발을 방지하기 위하여 지방자치단체가 성장관리방안을 수립한 경우에 한하여 계획관리지역 내 공장 및 제조업소의 설치를 허용하고([별표 20] 및 부칙 제2조), 공장 밀집도 및 증가율을 고려하여 공포 후 3년부터 7년까지 지역별로 적용 시기를 달리한다(영 2021.1.26. 개정).

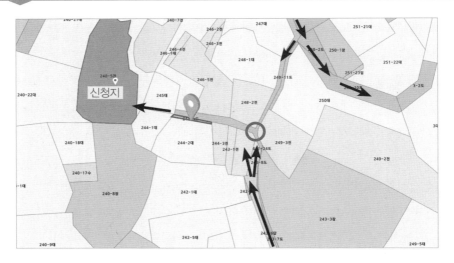

막다른 도로의 길이가 35m를 넘으니(약 50m) 진입로는 너비 6m가 확보되어야 한다. 현재 골목길은 국유國有로서 지목은 도로道路이지만 너비가 4m가 되지 않기 때문에 양쪽 대지垈地가 각각 건축선 후퇴를 하여야 한다.

그런데 허가청은 내 대지만 건축선을 후퇴하는 것이 아니라 이 골목길 전체의 토지를 6m 확보하는 사용승낙을 받아야만 1종근생 및 창고허가를 해주겠다고 한다

토지형질변경이 안 된 밭田에 건축허가를 받으려면 건축신고+개발행위허가+농지전용허가를 받아야 하는데, 진입로가 허가관련법의 규정에 맞는지 확인해보아야 한다.

(1) 이곳은 용도지역이 계획관리지역이면서 동洞지역이고 성장관리지역으로 주변에 소형공장이 많아 난개발이 예상되는 곳이다.

이곳은 주변에 공장, 창고, 주택을 허가하면서 북쪽은 국유도로를 중심으로 좌우로 6m 너비의 건축법 도로를 지정하였고 아래쪽은 사유지를 건축법 도로로 지정하면서 부족한 너비는 분할하여 지목을 도로로 변경하였다.

(2) 막다른 도로가 시작되는 곳부터 왼쪽 신청지로 연결된 국유도로는 자동차 통행이 가능한 너비 3m인데, 그 끝부분에 건축허가에서는 건축후퇴선이 적용되었다.

법 조항 살펴보기

제9조(평등의 원칙)
행정청은 합리적 이유 없이 국민을 차별하여서는 아니 된다.

(3) 옆집은 건축허가에서 본인의 대지만 6m 너비에 맞게 후퇴하였는데, 이번 허가에서 50m 모두를 너비 6m를 개설하라고 하는 것은 '평등의 원칙'에 위배될 수 있다.

법 조항 살펴보기

제10조(비례의 원칙)
행정작용은 다음 각호의 원칙에 따라야 한다.
1. 행정목적을 달성하는 데 유효하고 적절할 것
2. 행정목적을 달성하는 데 필요한 최소한도에 그칠 것
3. 행정작용으로 인한 국민의 이익 침해가 그 행정작용이 의도하는 공익보다 크지 아니할 것

정리 이곳이 성장관리지역이므로 개발행위허가에서 성장관리계획에 맞아야 한다. 그렇지만 이미 주변에 건축물이 있는데 수용권도 없는 개인이 50m의 막다른 도로 전부를 너비 6m로 만들어야만 건축신고를 수리하겠다는 허가청의 요구는 사실상 불가능한 것이므로, 비례·평등의 원칙에 위배되어 재량권의 일탈·남용이 될 것이다.

지목이 대(垈)인 대지의 가운데에 뒷집으로 연결되는 통로가 있다. 이 갈라진 대지에 건축신고를 신청하려면 성장관리계획구역이라서 이 통로의 중심선으로부터 3m를 또 후퇴하여 건축하여야 한다고 한다. 나에게 큰 손해가 되는데, 해결책이 있을까?

성장관리계획구역에서 진입로를 확보해야 할 너비 기준과 뒷집으로 연결되는 통로의 배타적 사용·수익권의 제한은 별개이다. 다음과 같이 각각 판단해야 할 것이다.

(1) 이 통로 개설 경위를 확인하여야 한다. 이 통로는 지적도에 없지만 뒷집을 건축하면서 그 건축물로 통행하는 진입로로 개설된 유일한 통행로이다.

뒤 대지와 내 대지는 원래 한 사람 소유이었는데, 내가 앞 토지를 인수할 때에 이 통행로가 있다는 것을 알고 취득한 것이므로, 뒤 대지의 진입로를 막을 권리는 없다.

(2) 성장관리방안을 확인하여야 한다. 갈라진 내 대지의 어느 한쪽에 건축신고를 한다면, 이곳은 2016년 성장관리방안이 수립된 '성장관리계획구역'이므로 언제 너비를 6m로 확장할 것인지에 대해 건축신고를 통하여 허가권자의 의견을 확인하여야 한다.

■ 최초 개발 / ■ 추가개발 시 : 도로계획선 적용

8m
6m 도로계획선 자동 부여
1,500㎡ 진입로 개설(폭 4m)
조례 기준에 부합하는 건축물
및 규모에 맞는 도로 폭의 개설

2,400㎡
6m 도로계획선 적용
8m
1,500㎡ 진입로 개설(폭 4m)
추가개설(포장) 면적만큼
인센티브 제공

출처: 세종특별자치시 성장관리방안

　(3) 도로계획선이란 현황도로와 대지 사이를 도로로 조성하여야 하는 계획선을 말하고, 그 폭은 도로의 표면에 콘크리트, 아스팔트, 블록 등으로 다진 포장 폭을 말한다. 그러므로 만약 이 통로가 이 지침의 현황도로라면 중심선에서 도로계획선의 폭만큼 양쪽으로 동일한 너비로 확장하는 것을 원칙으로 한다(지침 제6조 3항).

　다만 이 통로는 법정도로와 연결되지 않은 도로이므로 6m가 되지 않을 수도 있다.

　(4) 도로계획선이 부여되지 않은 현황도로는 도시계획조례 시행규칙에 따른다. 그러므로 그 도로 폭을 개설하여야 하나, 대지 규모 2,500㎡ 이상의 산지개발 및 주택(다가구·다중·다세대·연립), 기숙사의 단지 내 도로 폭은 6m로 개설한다.

　성장관리방안 지침과 수립도면이 해석상의 이견이 있을 경우 이 지침에서 별도로 명시되어 있지 않은 사항은 수립도면을 우선 적용한다(성장관리방안 지침 제3조 4항).

　정리 현황도로는 주민에게 통행권원이 있다면 소유자도 막을 수 없다. 취득할 때에 도로인 것을 알았고, 뒷집의 유일한 통행로이므로 주위토지통행권에 해당된다.

　또한 자연취락지구 내 도로의 최소 폭은 4m로 완화 적용된다(지침 제6조 4항 4호). 그리고 지역여건이나 사업특성을 고려하여 (난개발이 예상되지 않은 곳은) 도시계획위원회 심의 또는 자문을 거쳐 도로개설 기준을 완화할 수도 있다(지침 제6조 7호).

7. 「농어촌정비법」과 「농어촌도로정비법」의 현황도로

「농어촌도로정비법」(1991년 제정)은 농어촌도로의 개설, 확장 및 포장과 보전으로 농어촌 생활환경 개선과 경제 활성화에 기여하기 위한 법이다.

사례 59 농어촌정비법으로 시행된 지자체가 관리하는 비법정 도로　　전남 광양시

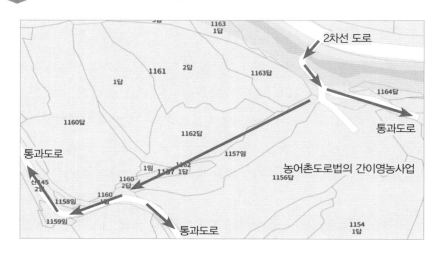

1992년부터 소유한 사유지인데(지목 임야), 2000년경 지자체가 소유자의 동의 없이 분할하여 포장하였다. 확인해보니 농어촌정비법에 의한 '간이영농사업'으로 개설되었다고 한다. 그런데 당시 허가도면과 현황이 달라서 이웃 간에 분쟁이 발생하였다.

이렇게 지자체가 행정계획을 수립·시행한 도로는 시행자가 분할할 수 있고, 사용승낙 없이 공사도 할 수 있는 법적근거는 있으나, 다음과 같이 시정을 요구할 수 있다.

(1) 지자체는 농어촌정비법에 의하여 농업생산기반시설인 도로를 개설할 수 있다. 다만, 지자체도 농어촌정비법이 정한 절차를 따라야 한다.

이 농업기반정비사업시행계획에는 시행령 제9조에 의하여 ①시행계획 개요(수혜면적 포함) ②세부설계도서 ③사업비 수지예산서 ④위치도 등이 들어 있으므로 이 계획

을 확인하면 자세한 내용을 알 수 있을 것이다. 이 시행계획은 영구보존이다.

농어촌정비법 제10조
① 농업기반정비사업 시행자는 제8조에 의한 농업기반정비사업시행계획이 수립된 지역에 사업을 시행하고자 할 경우에는 당해 농업기반정비사업시행계획을 고시하고 … 농업기반정비사업에 참가할 수 있는 자격이 있는 자에게 열람시켜야 하며, 3분의 2이상의 동의를 얻어야 한다. 다만, … 이러한 동의를 얻을 수 없는 경우에는 그 지역 내의 수혜면적의 3분의 2이상에 해당하는 토지소유자의 동의를 얻어야 한다. 〈개정 1997. 1. 13.〉

그런데 '간이영농사업'이라서 시행계획이 없을 수도 있지만, 그래도 국비(80%) 및 지자체(20%) 예산이 소요된 사업이므로 관련서류가 영구보관 되었을 것이다.

(2) 시행자는 토지소유자에게 통지·협의할 의무가 있다. 관련법에 사용·수용할 권한이 있어도, 협의·수용재결 절차 없이 사유재산권을 뺏는 것은 헌법 위반 이다.

(3) 도로가 당시 허가도면과 다르게 시공되어 본인에게 피해가 돌아온다면 지자체에 고충민원 등을 신청하고 정부기관의 도움을 받아서 재산권을 찾아야 할 것이다.

또한 기존의 현황도로를 확장하고 분할하였다면, 합당한 보상을 하여야 한다.

정리 도시계획시설 도로 또는 농어촌도로정비법의 도로를 만드는 인허가 절차는 엄격하다. 그 인허가 도면에 따라 지적을 분할·수용할 때에 소유자에게 정당한 보상을 해야 한다. 농어촌정비법에 의한 사업으로 개설된 도로는 건축법 도로로 지정되거나 도로대장이 없어도 비법정 도로로서 지자체가 관리하고 있는 공로이다.

그러므로 국토부는 지적분할, 지목변경 등 지적정리가 되어 있지 않은 현황도로의 지적을 정리할 권한을 농어촌정비법 또는 공간정보관리법에 부여하거나, 이미 법령에 근거가 있다면 업무지침 등을 만들어서 지자체가 적극적으로 지적과 현황을 맞출 수 있도록 지원하여 국민을 편안하게 해주어야 할 것이다.

보전산지에 허용되는 종교시설의 건축허가를 위해 산지전용허가를 신청하였는데, 허가청은 보전산지에 진입로 개설은 법정도로에 연결되어야 한다고 하면서, 현재 허가청이 포장·관리해온 너비 3m의 농어촌도로에 연결하는 것으로는 미흡하다고 한다.

보전산지 중 임업용산지에는 종교시설이 허용되고 그 건축물의 진입로는 유효너비가 4m 이하로서 그 길이가 50m 이하까지 허용된다(산지관리법 제12조).

군수郡守가 「농어촌도로정비법」 제9조에 따른 농어촌도로 노선지정·공고(연장 1.8㎞, 도로너비 4m)는 하였으나, 당해 도로부지에 대하여 소유권을 취득하는 등 적법한 권원을 취득함이 없이 당시 농어촌지역 주민의 공로로 사용되고 있던 토지소유자의 토지를 포장하여 현황도로로 사용하고 있는 경우 당해 현황도로는 동법상 농어촌도로의 개설로 볼 수 있습니다(법제처 06-0380).

(1) 「농어촌도로정비법」의 농어촌도로 중 면도面道가 현재 너비 3m이라도, 「농어촌도로정비법」에 의하여 노선지정이 되었다면 그 너비기준에 상관없이 농어촌도로로 보아야 한다는 법제처 유권해석(행정자치부 균형개발팀-1517(2006.6.4.))이 있다.

이 노선지정은 「농어촌도로정비법」에 의하여 ①기본계획 ②정비계획 ③사업계획을 거쳐 ④노선지정·공고가 이루어지고, 이 지정이 되었다면 그 준공 여부와 상관없이 이 신청부지는 허가기준에 맞는 도로를 확보하였다고 보아야 한다.

(2) 산지관리법 시행령 [별표4]의 「산지전용허가기준의 적용범위와 사업별·규모별 세부기준」의 1항 마목 10)에 의하면 산지전용 시 그 도로는 가목에서 바목 중 어느 하나에 해당되면 허가가 가능하되, 만약 목적사업이 가목에서 바목에 해당되지 않는 현황도로로 산지전용허가가 가능한지 여부는 산림청장의 고시가 정하는 조건 및 기준에 따라야 한다고 규정하고 있다.

이 세부기준에 의하면, 10)-가)의 도로는 「도로법」, 「사도법」, 「농어촌도로법」, 「국토계획법」에 따라 고시·공고된 후 준공검사가 완료되었거나 사용개시가 이루어진 도로인데, 이 도로는 면도 101호이므로 이 법조문의 도로에 해당된다.

또한 산지관리법 시행령 [별표]의 1.-마.-10).-마).에 의하면, '지방자치단체의 장이 공공의 목적으로 사용하기 위하여 토지소유자의 동의를 얻어 설치한 도로'에 접도하면 산지전용허가기준에 맞다고 규정되어 있다. 그러므로 허가기준에 맞다.

(3) 개발행위허가에서 진입로 기준은 보전산지이므로 산지관리법이 적용되고 도시계획심의에서도 이곳은 취락지구를 연결하는 공로로서 지자체가 포장·관리해온 비법정 도로이므로 교통량에 따른 기준을 별도로 적용하지 않는다면 문제되지 않아야 한다.

(4) 비도시·면지역이므로 건축법의 접도의무가 없고 자동차 통행이 가능한 통로만 있으면 되므로, 농어촌도로정비법의 면도로 지정되었다면 전혀 문제 되지 않을 것이다.

정리 비도시·면지역의 보전산지 중 임업용산지에서 기존도로가 없어 신설해야 하는 경우, 보전산지는 산림청의 유권해석이 중요하므로 허가청의 판단이 쉽지 않다.

그렇다고 하여도 대법원이 허가권자에게 인정하는 재량권(2015두41579, 2016두55490)을 이유를 거절한다면, 이것은 대법원의 유권해석(판례)처럼 사실오인 또는 비례의 원칙 등에 어긋나서 허가권자의 재량권의 일탈·남용이 될 것이다.

8. 「소규공공시설법」의 공공시설인 현황도로, 배수시설

「소규모공공시설법」은 2016년 행정안전부가 제정한 법률이다. 1970~1980년대 경제개발 성장기에 마을 단위로 설치한 농어촌지역의 마을안길, 농로, 소교량 등 소규모 공공시설이 비법정 시설이고 관리주체가 불분명하여 관리 및 정비가 되지 않아 매년 반복적인 자연재난 피해가 발생하여, 그 관리를 체계적으로 하기 위해 제정되었다.

[별표]
소규모 공공시설의 범위

종 류	구조 및 위치	규 모
소교량	다른 법에 따라 관리되지 않은 도로간 연결 또는 「농어촌도로정비법」, 「도로법」에 의한 도로 등을 연결하는 공공용 소규모 교량(암거, 세월교를 포함한다)	연장 100m 미만의 무근 또는 철근콘크리트조로서 이와 유사한 시설물 *「시설물 안전법 시행령」 제4조에 의한 1, 2종 시설물에 해당하지 않는 규모의 것.
세천	가늘고 긴 개울로서 「하천법」, 「소하천 정비법」에 따라 관리되지 않은 시설물	폭 1m 이상이고 연장 50m 이상인 것
취입보	수로를 가로막아 수위를 상승시킬 목적의 시설물 「농어촌정비법」, 「하천법」, 「소하천정비법」등 다른 법률에 따라 관리되지 않은 공공용 시설물	제한 없음
낙차공	수로노선 종단구간의 경사지 부분에 세굴 또는 침식 등을 막을 목적으로 수로의 횡방향으로 설치하는 시설물 「농어촌정비법」, 「하천법」, 「소하천정비법」등 다른 법률에 따라 관리되지 않은 공공용 시설물	제한 없음
농로	경작지 등과 연결되어 농어민의 생산 활동에 직접 공용되는 도로	평균 폭이 2.5m 이상인 것
마을 진입로	자연·인위적으로 생긴 마을을 연결하거나 마을안의 공공용 도로	평균 폭이 3m 이상인 것

'소규모 공공시설'이란 「도로법」·「하천법」·「농어촌정비법」 등으로 관리되지 않는 소교량小橋梁, 세천細川, 취입보取入洑, 낙차공落差工, 농로農路 및 마을 진입로를 말한다.

소규모 공공시설은 관리청이 공공시설 대장을 작성하여 관리하여야 한다. 그러므로 이런 분쟁이 되는 현황도로는 먼저 이 대장에 등록된 것인지 확인할 필요가 있다.

개발행위허가의 진입로 ≫

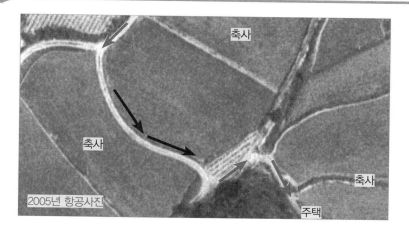

2008년 마을자조사업으로 포장된 도로인데, 장마철에 도로훼손으로 인한 피해가 예상되어 면사무소에 도로보수를 요청했더니, 사유지라서 사용승낙을 받아야 한다고 한다. 그러나 소유자는 배타적 사용·수익권을 주장하고 있다.

사유지라고 해도 이미 배타적 사용·수익권이 제한된 토지는 일반인의 통행을 막거나 사용료를 달라고 할 수 없다(2019.1.24. 대법원 전원합의체 판결 2016다264556). 그러므로 이 농로의 개설경위를 다음 순서로 확인해서 관리청에 요구해야 할 것이다.

(1) 소유자가 스스로 일반 공중의 통행로로 제공한 것인지 개설경위를 마을이장을 통해서 알아보고, 각종 공부 및 항공사진으로 언제 만들어졌는지 확인하여야 한다.

대법원 2021다242154　　　　　판례 살펴보기 🔍

어떤 토지가 그 개설경위를 불문하고 일반 공중의 통행에 공용되는 도로, 즉 공로가 되면 그 부지의 소유권 행사는 제약을 받게 되며, 이는 소유자가 수인하여야만 하는 재산권의 사회적 제약에 해당한다. 따라서 공로 부지의 소유자가 이를 점유·관리하는 지방자치단체를 상대로 공로의 철거, 점유 이전 또는 통행금지를 청구하는 것은 법질서상 원칙적으로 허용될 수 없는 '권리남용'이라고 보아야 한다.

2005년 항공사진에도 지적도에 없지만 자동차 통행이 가능한 현황도로가 있었다. 2008년 소유자가 시청으로부터 시멘트를 보조받아 시공하기 전부터 일반 공중의 통행에 제공하였다면 시청 또는 주민에게 부당이득반환 청구를 할 수 없다(88다카20514).

2021년 항공사진

(2) 대법원은 사유인 현황도로의 배타적 사용·수익권의 제한 여부는 지자체장이 종합적으로 판단하라고 하였는데도 대부분의 지자체는 공정하게 판단할 자신이 없다. 국토부와 행안부는 '배타적 사용·수익권의 제한 법리'를 업무지침 제정 또는 명확한 유권해석으로 적극행정의 보호막을 만들어야 하고, 감사기관도 전문성을 길러야 한다.

(3) 지자체가 비법정 도로를 주민숙원사업으로 새롭게 확·포장을 할 때에는 헌법 제23조 3항에 의한 정당한 보상을 하거나 소유자의 동의를 얻어서 설치했을 것이다.

그러므로 기존도로를 보수하는 경우 지자체는 2016년에 제정된 소규모공공시설법에 따라 소유자 동의와 무관하게 현황도로를 긴급히 보수할 책임이 있다.

정리 사유도로로 건축허가를 받아 거주하는 주민은, 소유자가 통행을 막거나 부당이득반환청구 소송을 제기하지 않으면 먼저 대응할 수 없다(대법원 2020다229239).

(장마철에 문제가 될 수 있는 민원은) 지자체가 소유자의 재산권도 보장하면서, 주민들의 통행권과 안전을 보호해야 하므로 선제적으로 적극행정을 하여야 한다.

비도시·면지역에 50여 년 전에 면사무소에서 포장한 사유도로가 있다. 이 현황도로는 국·공유지와 사유도로가 섞여 있고, 내 대지의 맞은편 현황도로 측구에 사인이 설치한 배수로가 있는데 그곳에 내 배수로를 연결하려면 동의가 필요할까?

대법원 2018두49079, 2019두31839, 2010두14954 전원합의체 판결 등　판례 살펴보기 🔍

국토의 계획 및 이용에 관한 법률 제56조에 따른 개발행위허가의 요건·기준에 부합하는지를 판단하는 데 행정청에 재량이 부여되어 있고, 국토의 계획 및 이용에 관한 법률상 개발행위허가를 받은 것으로 의제되는 건축신고가 위 법령이 정하는 개발행위허가기준을 갖추지 못한 경우, 행정청이 수리를 거부할 수 있다.

비도시·면지역에는 건축법 제44~47조를 적용할 수 없어 건축법이 아닌 개발행위허가기준에 맞게 진입로를 확보해야 한다.

이때 그 현황도로의 전부 또는 일부(가로 – 세로 모두 해당)가 사유일 때에 대부분의 허가청은 사용승낙이 필요하다고 해석한다(법제처 법령해석례 13-0427 참조).

그러나 허가권자는 대법원 판례 법리에 따라 현황도로소유자의 배타적 사용·수익권의 제한을 다음과 같이 확인해야 할 것이다.

(1) 현황도로 개설경위를 정확히 파악하여 소유자(원 소유자 포함)가 스스로 일반 공중의 통행로로 제공한 객관적 근거를 찾아야 할 것이다. 당시 건축물 허가서에 첨부

된 현황도로소유자의 동의서, 공공시설 설치계획서의 기공승낙서, 주민자조사업에서 협의서 및 소유자의 동의가 근거일 수 있고, 확·포장된 항공사진 등도 도움이 된다.

(2) 일반의 통행을 목적으로 행정기관이 토지소유자의 동의 등을 받아 적법하게 포장한 도로이거나 오랫동안 불특정 다수인이 사용해온 관습도로는 허가청이 종합적으로 판단하면 토지소유자의 동의는 필요하지 않다고 국토부는 유권해석하고 있다.

(3) 대법원 판례 법리에 따라 그 소유자의 배타적 사용·수익권이 제한되었는지 확인하여야 한다. 이때 사정변경의 원칙 등이 적용될 수 있는 경우에는 제한된 권리가 원상회복된다고 하였다(대법원 2016다264556).
민법 제212조 및 대법원 판례 법리에 따라 '지상의 배타적 사용·수익권이 제한되면 그 효력은 지하에도 미친다'라고 해석한다(대법원 2009다25890, 2016다264556).

(4) 현황도로 지하 또는 반대쪽 측구 배수로에 오수관을 연결할 때의 문제이다. 이때 배수로 소유자가 동의하지 않으면 민법 제218조(시설권) 및 제227조(유수용공작물 사용권)에 따라 소송으로 권리를 가질 수 있는데, 유수사용권은 유일한 경우에만 가능하고(대법원 2010다103086), 그 설치보존 비용을 분담하여야 한다(대법원 2000다11645). 다만 사용이 허용된 후에 비용청구를 하므로 실익은 크지 않을 것이다.

정리 비도시·면지역에서 자연발생적 또는 개발행위허가로 개설된 마을안길 또는 농로가 일반인의 통행로로 제공된 경우, 국토부(도시정책과 2016.4.28. 국민신문고) 및 대법원 판례 법리에 따라 사용승낙 없이 건축신고 및 개발행위허가를 할 수 있다.

그런데 국토계획법, 산지관리법 등에서 허가권자는 재량권으로 그 진입로를 공로로 만들 수 있는데, 개발행위허가로 만들어진 도로는 사용승낙이 필요하다고 해석하고 있어(법제처 13-0363) 허가권자가 사용승낙을 요구하면, 적절히 대응하면 될 것이다.

2009년 취득한 농지 주변에 전원주택단지가 개발되면서, 그 사업시행자가 주민들이 오랫동안 마을안길 및 농로로 이용해온 통로를 보행로만 남기고 막고, 또 구거를 복개하여 물흐름을 바꾸었다. 군청에 문의하였는데 사유지 분쟁은 관여할 수 없다고 한다.

판례 살펴보기 🔍

대법원 98두17845
형질변경의 허가가 신청된 당해 토지의 합리적인 이용이나 도시계획사업에 지장이 될 우려가 있는지 여부와 공익상 또는 이해관계인의 보호를 위하여 부관附款을 붙일 필요의 유무나 그 내용 등의 판단기준을 정하는 것 역시 행정청의 재량에 속한다.

허가청은 전원주택단지의 개발허가를 할 때에 '공익 및 이해관계인의 보호'를 위하여 각종 조건부 허가를 하여야 하는데, 개발업자가 주변 토지주의 기득권(현황도로의 통행권 등)을 침해하여도 방관하고 있다. 다음과 같이 권리를 찾아야 할 것이다.

(1) 허가청은 '공익 및 이해관계인의 보호'를 위한 허가조건을 부여하여야 한다. 허가청은 기부(채납)를 요구할 수 있고, 공익 및 이해관계인 보호를 위하여 기존 통로가 단절되지 않도록 대체도로를 개설할 것을 조건으로 허가하여야 한다.

(2) 허가청은 사업시행자가 국유도로를 점용할 때에 민원이 없도록 하여야 한다. 이 사업부지의 주변에는 국유도로와 사유지가 섞여서 수십 년 동안 마을안길 및 농로로 사용되고 있다. 그렇다면 허가청은 주민들의 기득권(통행권)을 보호해야 한다.

(3) 허가청은 사업시행자가 구거를 점용할 때에 주변 민원이 없도록 하여야 한다. 이 구거는 농업생산기반시설로서, 허가청은 주변 농지를 경작하는 데 피해가 없도록 관리하여야 하므로, 주민이 피해를 호소하면 해결에 적극 나서야 한다.

(4) 허가청은 사유지라도 배타적 사용·수익권이 제한되었는지 확인하여야 한다. 현황과 지적의 경계차이가 있다면 지적을 관리하고 있는 허가청은 이로 인한 주민들 간의 분쟁이 발생하지 않도록 적극적으로 관여해야 한다. 이것은 민사사안이 아니다.

주민들의 통행로이던 곳

(5) 허가청은 사실상 도로 등에 설치한 펜스의 철거를 명령할 수 있다. 건축법 제47조의 건축선에 해당되지 않아도, 주민들이 오랫동안 마을안길 및 농로로 사용해온 도로는 일반 공중의 통행로가 되어 소유자라도 함부로 막을 수 없어 이런 행위는 권리남용이 되고 형법의 일반교통방해가 될 수 있으므로(대법원 2020다229239), 허가청은 허가관련 법령을 공정하게 집행하여 주민들의 이용권을 보호해야 한다.

9. 국립공원 등 개발이 엄격하게 제한된 곳의 현황도로

사례 64 국립공원 내의 1960년 주택의 개축허가   경북 문경시

국립공원 내에 1960년 건축된 주택을 2007년 취득하였는데 현재 많이 노후화되었다. 국립공원 관리공단에 개축이 가능한지 질의하여 긍정적 답변을 얻었으나, 허가청인 읍사무소에서는 그 진입로가 현황도로이므로 개축신고를 수리할 수 없다고 한다.

건축신고를 수리^{受理}하는 읍사무소에서는 비도시·면지역이 아닌 읍지역인 경우 그 진입로를 건축법 도로로 지정하는 것이 원칙이다. 다만 면에서 읍으로 상향된 곳이거나, 현황도로가 건축허가의 입법취지에 맞다면 건축법 제44조의 예외로 허가할 수 있으므로 다음과 같은 순서로 정확히 확인하여야 할 것이다.

(1) 건축신고를 신청해봐야 확실한 답을 알 수 있다. 노후된 건축물을 개축하려면 (그 대지의 상황에 따라 다르지만) 건축신고-개발행위허가는 기본이고, 진입로 관련 다른 허가를 받을 수 있고 여러 부서의 의견이 종합되어야 한다. 또한 국립공원의 동의를 받아야 한다. 이때 각각의 허가권자의 재량적 판단기준을 확인하여야 한다.

(2) 국립공원은 자연공원법의 행위제한을 받는다. 기존 주택이 있는 대지의 경우에는 자연공원법과 이 대지에 다른 제한이 없다면 개축에는 별 문제가 없을 것이다.

만약 관리공단에서 기존 건축물의 개축신고를 반대하면, 헌법 제37조 2항의 기본권(재산권)의 본질적 제한이 되어 공단은 정당한 보상을 하여야 한다(헌법 제23조).

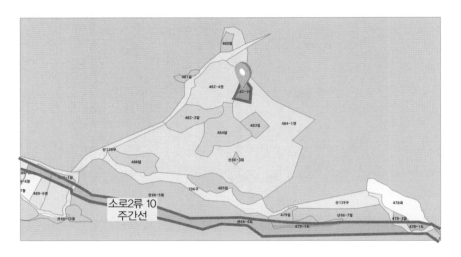

(3) 대지가 지적도의 도로에 연결되지 않으면 원칙적으로 맹지이다. 그런데 진입로가 현황도로라면 허가청은 그 현황도로가 건축법 및 개발행위허가기준에 맞고 국립공원관리공단이 개축허가에 동의하면, 접도의무 예외(건축법 제44조)로 허가할 수 있다.

(4) 진입로 이외에도 대지가 현행 건축법 및 국토계획법 등 각종 규제법령 기준에 맞는지, 사전에 건축사 및 토목측량사무실과 자세히 협의하여 만약 부족한 부분이 있다면 미리 조건을 충족시켜 건축신고를 신청하여야 할 것이다.

정리 국립공원 내의 1960년 사용승인된 주택이 노후화되어 개축신고를 하려면, 건축 허가청인 지자체와 국립공원 관리공단 두 곳의 의견을 들어야 한다.

허가청은 건축법 – 국토계획법 – 자연공원법 등 관련된 모든 법령을 종합적으로 검토하지만, 국립공원 관리공단에서 동의하지 않으면 건축신고를 수리할 수 없다.

그러므로 건축사 및 토목사무실의 도움을 받아 순서대로 진행하면 된다.

비도시·면지역의
현황도로

'도로 등이 미설치된 지역'에서 건축신고는 건축법이 아닌 국토계획
법의 개발행위허가(도시계획조례)의 기반시설인 진입로를 확보하여야
한다. 이때 건축법 도로를 지정하지 못하는 비도시·면지역에서 신설
되는 (현황)도로는 공로로 만들어야 하고, 이미 마을안길 및 농로로서
일반 공중의 통행로가 된 진입로가 사유일 때에 건축법 도로의 지정
이 없었다면 허가권자는 사용승낙의 필요여부를 어떤 기준으로 결정
할까?

1. 현황도로를 공로公路로 만들기

현황도로를 이용하여 건축신고를 접수하면 비도시·면지역은 건축신고에서 허가권자가 건축법 도로로 지정할 수 없기 때문에 개발행위허가 부서에서는 도시계획조례 또는 '개발행위허가운영지침'에 맞게 진입로를 확보하라고 할 것이다.

이때 대지의 진입로가 개발행위허가기준에 적합하나 사유일 때에는 그 신청인이 소유자로부터 사용승낙을 받거나 통행권원이 있는지 확인해야 하는데 이때 대법원 판례 법리에 따라 소유자의 배타적 사용·수익권이 제한되었는지가 중요하다.

그런데 국토부는 사유 현황도로는 지자체가 소유자로부터 동의를 받아 포장한 도로이거나 오랫동안 마을길로 사용해온 경우에는 사용승낙이 필요 없을 것이므로 허가권자가 종합적으로 판단하라고 한다(국토부 도시정책과 2016.4.28. 국민신문고).

그렇다면 지자체가 포장하였으나 소유자로부터 동의를 받은 근거가 없거나, 주민들이 오랫동안 마을길로 사용해온 도로라도 그 사용해온 기간과 통행량(건축물 및 농지 등)을 어디까지 인정할 것인가에 대한 판단이 애매할 것이다.

그래서 대부분의 지자체는 소유자가 배타적 사용·수익권을 주장하지 않으면 선행 허가에 따라 사용승낙 없이 허가하기도 하지만, 소유자가 배타적 사용·수익권을 주장하면 해당 건축물의 출입에 지장이 있다고 판단하여 사용승낙을 요구하고 있다.

결국 특정 지자체 또는 특정 동네 분위기에 따라 허가권자의 재량적 판단이 달라질 수도 있다. 이런 판단은 비합리적이고 불공평한 행정처분이 될 것이다.

허가권자는 현황도로 분쟁을 해결하려면 대법원 판례 법리에 따라 누가, 언제, 어떤 필요에 의하여, 어떤 법률 및 어떤 행정계획에 따라 개설하였는지 또는 어떤 이유로 본인 스스로 일반 공중의 통행로로 제공한 것인지를 조사해야 한다.

또한 국토부는 허가권자가 대법원 판례 법리에 맞게 재량적 판단을 할 수 있도록 규정 및 지침을 만들어 일선 허가청의 적극행정을 도와야 할 것이다.

비도시·면지역(=도시지역 및 지구단위계획 외 지역)은 건축법 제44-47조가 적용되지 않으므로(건축법 제3조 2항), 건축법 제45조에 의한 건축법 제2조 1항 11호 나목의 도로를 지정할 수 없으므로 건축법의 진입로 기준이 사실상 없다.

그러나 이 조항은 비도시·면지역에서 건축허가를 할 때에 그 진입로를 허가권자가 건축법 도로의 지정을 강제할 수 없다는 것이지, 그 진입로 소유자가 스스로 현황도로의 배타적 사용·수익권을 제한하겠다는 것은 가능하다.

비도시·면지역에 공도(공로)인 건축법 도로를 만드는 절차 및 유의사항이 있다.

(1) 비도시·면지역에 건축법 도로의 지정은 건축법으로는 안 되나 개발행위허가에서는 진입로를 건축법 도로로 지정할 수 있고, 개발행위허가를 먼저 받을 경우에는 추후 건축허가에서 '건축법 도로의 지정'을 조건으로 허가하면 될 것이다.

(2) 국토계획법 제58조 및 영 제56조1항의 [별표1의2] 개발행위허가기준에 의하여 도시·군계획조례에 위임되어 각 지자체는 '도로 등이 미설치된 지역에서의 건축물의 진입로'에 관한 조례규정을 가지고 있는데. 선진적인 지자체는 이 조례에 비도시(·면)

지역에도 건축법 도로를 지정할 수 있다고 규정하고 있다.

(3) 현황도로의 구조·너비 기준이 현행 국토계획법 및 건축법 기준에 맞으면 문제가 없지만, 너비가 3m 미만인 경우에는 개발부지에서 어디까지 3m 이상으로 확장해야 할 것인가가 문제 된다. 이런 부분은 허가권자의 재량적 판단에 맡길 수밖에 없다.

(4) 건축법 도로는 건축허가(신고) 때마다 지정하는 것이지만, 이미 건축이 완료된 경우에도 진입로 소유자가 원하면 현황도로를 건축법 도로로 지정이 가능할 것이다.
왜냐하면 개발행위허가에서의 기반시설인 진입로는 공익시설이고 공공시설이기 때문이다. 특히 주민이 사용하는 마을안길·농로는 적극적으로 받아들여야 할 것이다.

(5) 조례에 규정이 없어서 안 된다고 하면 선진적 사례(세종시, 제주시, 인천시, 경기도 안성시, 여주시, 양평군 등)를 모아서 조례개정을 신청하면 될 것이다.

(6) 건축법 도로로 지정되면 그 토지의 배타적 사용·수익권이 제한되며(대법원 99두592, 98두12802) 추후 그 토지가 공익사업 등에 포함되면 보상을 받게 되는데 그때 주변 토지 시세의 1/3의 보상을 받게 된다(토지보상법 시행규칙 제26조).

정리 현행 건축법 제3조2항에 의하여 비도시·면지역은 건축물 진입로를 건축법 도로로 지정을 할 수 없지만, 도시계획조례에 근거하여 개발행위허가에서 그 진입로를 건축법 도로로 지정할 수 있다.
그러므로 대지가 공도公道까지 연결되는 도로 부분의 토지소유권 또는 통행권(사용승낙 등)을 확보하여 그 접속로를 건축법 도로로 지정하는 것이 가장 확실하다.

특히 비도시·면지역에서 전원주택부지를 분할하여 매각해야 할 사업주는 지자체가 그 내부도로를 기부(채납) 받아주지 않으면, 소유자 스스로 건축법 도로의 지정을 요청하여 그 대지의 (분양)가치를 높여야 할 것이다.

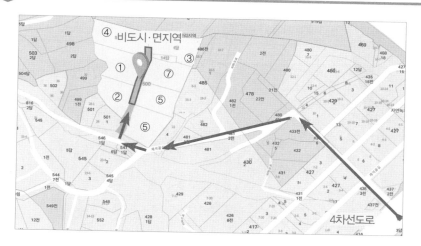

　비도시·면지역의 농지를 구입하여 전원주택부지 7개로 나누면서, 가운데 진입로를 만들어 그 소유권은 7명이 지분으로 가졌는데, 당장 건축을 하지 않을 사람도 있기 때문에 (현재 내부도로를 만들기 위해 분할되었지만) 아직 도로로 형질변경되지 않았고 지목도 답(畓)이기 때문에, 건축물 진입로로 인정받기 위해서는 개발행위허가로 형질변경 및 지목변경을 하기 위하여 7명으로부터 사용승낙을 받아야 한다. 또한 지분소유자가 바뀌어도 주위토지통행권의 입법취지, 신의칙, 소수지분권자는 통행을 막을 수 없지만(대법원 2000다33638), 지자체가 사용승낙을 요구할 수 있다.

　만약 이곳이 도시지역이거나 또는 동지역이면 처음 건축허가(신고)에서 개발행위허가가 의제되는 것이므로 한 번의 사용승낙으로 건축법 도로로 지정할 수 있지만, 이곳은 비도시·면지역이라서 허가권자가 건축법 도로로 지정할 권한이 없기 때문에 다른 대지 소유자가 추후 이 도로를 이용하여 건축허가를 받을 때에 사용승낙을 요구할 수 있다.

　그러므로 이번에 7필 중 한 필지의 건축신고를 신청하면서 그 내부도로를 개발행위허가(형질변경)를 받아 지목을 도로로 변경하고, 허가청은 소유자가 건축법 도로로 지정을 요청하도록 행정지도하거나, 허가조건에 공로(公路)임을 명확히 할 필요가 있다.

2. 관습적으로 사용해온 마을안길 및 농로의 사용승낙

사례 67 마을안길의 일부가 사유지인 경우　　　　경기 양평군

　이곳은 도시계획시설 도로에서 마을로 연결되는 약 2㎞ 길이의 유일한 통행로이다. 1924년부터 이 현황도로를 건축물(주택)의 진입로로 사용승인된 근거가 있다.

　그런데 그 마을안길의 중간 일부를 1995년 축산조합법인에서 매입하여 방역시설 차단기를 설치하고 일반인의 통행을 제한하고 있어, 건축신고를 반려한 것이다.

　그러나 현 소유자도 이십여 년 동안 배타적 사용·수익권을 주장하지 않았기 때문에 '신뢰의 원칙 및 권리남용'에 해당될 수 있을 것이고, 일반 공중의 (유일한) 통행로이므로 형법 제185조의 일반교통방해죄에 해당될 것이다(대법원 2021다242154).

　또한 현 소유자는 전 소유자가 마을길로 사용하는 것에 동의 또는 묵인하여 100여 년 이상 (외관으로) 도로로 사용된 것을 알고 매입한 것이므로, 배타적 사용·수익권으로 토지인도를 청구하여도 인용되지 않을 것이다(대법원 2016다264556).

　그러므로 허가청은 사유이므로 사용승낙이 있어야 한다고 해석하는 것은 소유권자의 배타적 사용·수익권의 제한되어 이미 공로가 된 것을 검토하지 않아 비례·평등의 원칙을 위반한 재량권의 일탈·남용에 해당될 수 있을 것이다(대법원 2002두3201).

농로農路의 배타적 사용·수익권 제한

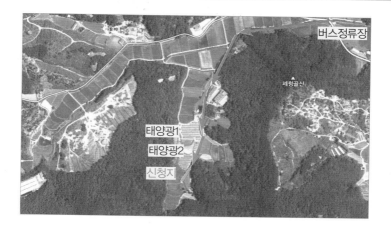

태양광 발전시설 설치허가를 하였는데, 그 진입로의 일부가 사유인 포장도로이다. 소유자는 자비로 포장한 것을 지자체가 사용승낙 없이 허가한 것은 잘못이라고 한다.

비도시·면지역은 허가청이 선행 허가에서 건축법 도로지정을 못하기 때문에 이런 애매한 상황에 처할 수 있다. 이런 시설에는 건축법의 진입로 확보의무가 필요 없으므로, 그 소유자의 배타적 사용·수익권의 제한 여부를 다음과 같이 판단하면 된다.

(1) 태양광 발전시설의 개발행위허가기준(진입로)이다. 허가권자는 '도로 등이 미설치된 지역'에서 공작물 설치 및 토지형질변경을 위한 개발행위허가에서 그 진입로 규정은 이미 마을안길 또는 농로가 있고 그 도로로 자동차 통행이 가능하다면 굳이 농지전용 등을 하면서 새로운 도로를 개설할 필요가 없을 것이다.

(2) 농로의 기능(역할) 및 개설경위이다. 농로란 「농지법」의 농지이고, 「농어촌정비법」의 농업생산기반시설이 될 수 있으며, 「소규모공공시설법」의 공공시설이다. 이 농로가 농업생산기반시설로 등록되었다면 농지전용허가를 받지 않고 포장하였을 것이다.

더군다나 이 농로는 버스정류장에서 마을안길을 따라 5백여m 들어오다가 다시 남쪽으로 지적도에 없는 농로가 7백여m가 계속되고 있다. 이 농로는 인근 토지주들이 스스로 본인 토지의 일부를 일반 공중의 통행로로 제공하여 사용되고 있다.

(3) 이 농로는 본인의 농지를 경작하기 위해 본인의 토지 일부를 농로로 만들면서 본인 비용으로 포장한 것이므로 배타적 사용·수익권을 주장할 수 있을 것이다.

다만 농로 소유자도 본인 농로 100m를 제외한 나머지 600m의 농지를 무상으로 통행하고 있고, 이 농로를 확·포장하면서 주변 국유인 구거까지 사용한 것이므로 소유자의 배타적 사용·수익권만을 보호하기 어려운 곳이다.

(4) 선행 태양광 허가에서 이웃 토지는 분할되어 지목이 잡종지로 변경되었다. 이때 허가청이 사용승낙을 요구하지 않았던 것은 이 농로를 공로로 보았던 것이다. 허가청은 이번 개발행위허가에서 이 농로의 역할 및 개설경위를 검토하면서, 대법원 전원합의체 판례 법리에 따라 이 농로의 공익성을 감안하여 공로로 판단할 수 있다.

정리 이 분쟁 도로까지 700m의 농로는 대부분 사유지인데, 수십 년 동안 주민들이 농로로 사용해왔으므로 배타적 사용·수익권의 행사가 제한된다고 판단할 수 있다. 또한 허가청은 선행 태양광 시설허가에서 농로의 사용승낙을 요구하지 않았으므로, 신뢰보호 및 비례·평등의 원칙에 따라 이 농로를 공로로 판단하여야 할 것이다.

3. 포장된 사유지는 사용승낙이 필요 없다?

2002년 포장되어 마을안길 및 농로로 사용되는 현황도로에 접해 주택을 짓기 위해서 건축신고를 하였는데 그 포장된 도로가 사유이므로 사용승낙이 필요하다고 한다.

타인의 토지를 진입로로 이용하여 주택을 건축하려면 사용승낙 등 통행권원이 있어야 한다. 그러나 대법원 판례 법리에 맞다면 사용승낙 없이 허가받을 수 있을 것이다.

(1) 비도시·면지역은 접도의무가 없으므로, 개발행위허가에서 이 현황도로가 마을 안길 또는 농로에 해당되는지를 판단해야 한다. 이때 마을안길의 지목이 답(논)이므로 포장이 되어 있더라도 그 배타적 사용·수익권이 있다고 판단할 수 있을 것이다.

(2) 마을안길 또는 농로로 사용되는 현황도로가 2002년 어떤 연유로 도로형태로 분할되어 지목이 변경되지 않고 포장만 될 수 있었는지 확인하여야 한다.
이 도로에 접하여 건축물이 있고, 이십 년 동안 주민들이 마을안길 및 농로로 사용해왔으므로 허가권자는 배타적 사용·수익권의 행사가 제한되었다고 해석할 수 있다.

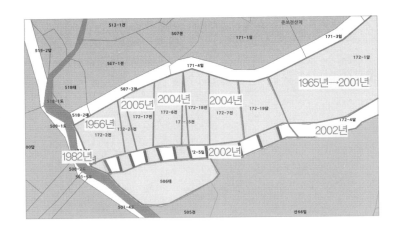

(3) 2002년 도로로 분할하고, 2004년, 2005년 연속하여 한 필지를 분할·매도한 곳이므로, 대법원 판례 법리에 따라 배타적 사용·수익권이 제한되었다고 보아야 한다.

또한 이곳은 지적재조사사업지구이므로 사업이 끝나면 이 현황도로는 어차피 일반 공중의 통행로가 될 것이므로 지금 허가청이 불수리해도 실익이 없다.

(4) 소유자가 배타적 사용·수익권을 포기한 것으로 볼 수 있는 현황도로를 지자체가 포장공사에 보조하였어도 부당이득반환청구는 안 된다(대법원 91다11889).

또한 소유자의 권리를 승계한 상속인, 매매, 경매로 취득한 사람은 매수 당시 도로로 사용된 것을 알고 매수하였다면 배타적 사용·수익권이 제한된다(2016다264556).

정리 비도시·면지역은 교통량이 많은 도시지역처럼 건축법 기준을 적용할 수 없어 접도의무를 면제해주고 있다(법제처 12-0559). 그런데 이곳은 비도시·면지역이라서 건축법 도로의 지정을 의무화하지 않았기 때문에 오히려 불이익이 생긴 곳이다.

그래서 이제부터는 개발행위허가에서 도시계획조례에 근거하여 건축법 도로의 지정을 허가조건으로 하거나 건축법 도로로 지정할 것을 행정지도하여야 하고, 과거에 지목변경 없이 포장된 현황도로는 지목이 도로가 아니라도 대법원 판례 법리에 맞다면 허가권자는 (조례에 근거를 두고) 재량적으로 사용승낙 없이 허가해주어야 할 것이다.

이곳은 비도시·면지역이므로 주택을 지으려면 건축허가 – 개발행위허가 – 농지(산지)전용허가를 받아야 한다. 건축법으로는 진입로를 도로로 지정할 수 없고, 자동차 통행이 가능한 너비 3m 이상의 통로(=사실상 도로)가 있으면 된다.

이곳은 분할매각할 목적으로 농지전용을 받아 공사하다가 목적사업을 취하하여 지목이 변경되지 않은 너비 4m의 포장도로만 있다. 이 도로를 이용하여 건축허가를 신청하였더니 사용승낙이 필요하다고 한다.

이 도로는 배타적 사용·수익권의 제한이 명확한데도 사용승낙을 요구하는 것은 다음과 같은 이유로 '비례·평등의 원칙'에도 위배되고 '재량권 일탈·남용'이 될 수 있다.

(1) 비도시·면지역은 건축법의 접도의무가 없으므로(법제처 12-0559), 주택을 짓기 위한 건축 및 개발행위허가에서 자동차 통행이 가능한 통행로만 있으면 된다. 이곳은 2000년 매도자(현 소유자)가 주택부지 20여 필지를 분할·매각하면서 포장하여 개설한 도로이므로 대법원 판례 법리에 따라 배타적 사용·수익권이 제한된 곳이다.

(2) 개발행위허가에서 소유권 또는 이용권을 확보하라는 것은 사업부지를 말하는

것이지, 이런 현황도로의 소유권 또는 이용권까지 확보하라는 것은 아니다.

그러므로 이 현황도로가 건축허가의 접도의무 및 개발행위허가의 너비기준에 맞다면, 그 신청자에게 현황도로소유자의 사용승낙을 받아오라고 하면 안 된다.

(3) 허가권자인 지자체장은 이런 현황도로의 기부채납을 요구할 수 있고(국토계획법 해설집 214쪽, 2018년) 소유자도 기부를 원했으나 허가청이 받지 않았던 곳이다.

또한 이곳이 도시지역 또는 동洞지역이면 이 현황도로는 1번 주택 건축신고에서 건축법 도로로 지정받아 누구나 사용할 수 있는 공로公路가 되었을 것이다.

(4) 이곳은 민법 제219조의 주위토지통행권 확인소송으로 허가가 가능하다. 그런데도 이 현황도로에 접한 20여 필지의 대지 소유자가 각각 건축허가 때마다 현황도로 소유자를 상대로 주위통행권 확인소송을 하라는 것은 행정편의주의적 발상이다.

특히 이 사례는 민법 제220조에 의한 무상주위통행권이 있다. 그러므로 현황도로 소유자가 허가권자를 상대로 부당이득반환청구 소송을 제기해도 인용되지 않는다.

정리 이곳은 ①택지개발을 하면서 스스로 도로를 개설하여 수분양자에게 제공한 배타적 사용·수익권이 포기·제한된 도로이고(대법원 79다1422) ②당시 허가에서 기부채납되었어야 할 도로이며 ③무상통행권이 있고 ④선행허가는 사용승낙이 있거나 사용승낙 없이 건축신고가 수리되었으므로, 평등의 원칙에 따라 공로公路로 보아야 한다.

경매로 취득한 대지(건축허가가 취소된)에 포장된 진입로가 연결되어 있는데, 허가청은 너비 6m의 포장된 진입로의 지하에 상하수도 관로가 매설되고 건축이 준공된 곳까지는 공로로 볼 수 있으나, 그 위쪽은 포장된 도로이지만 건축신고가 취소되어 아직 원상복구되지 않은 타인 소유의 현황도로이므로 사용승낙이 필요하다고 한다.

사유지라도 통행권원이 있으면 사용승낙이 필요 없으므로 다음과 같이 근거를 확보하여 허가권자를 설득하여야 할 것이다.

(1) 이 포장도로가 선행 허가에서 일반 공중의 통행로가 되었는지 확인하려면, 당시 건축·개발행위·산지전용허가서 조건을 검토하여 포기근거를 찾아야 한다.

비도시·면지역은 접도의무가 없으므로 자동차 통행이 가능한 통로는 있으면 되고, 개발행위허가로 형질변경된 통로의 배타적 사용·수익권의 포기를 확인하여야 한다.

(2) 이웃 건축허가에서 건축법 도로지정(비도시·면지역은 의무 아님) 또는 개발행위허가의 조건(기부채납 및 공도로의 지정동의 등)을 확인해볼 필요가 있다.

또한 허가권자는 국민의 안전을 위해 진입로 확보를 요구할 권한이 있는 것이므로 현황도로소유자의 재산권 보장과 대지 소유자의 통행권을 비교교량해야 할 것이다.

(3) 분양목적으로 개설된 도로는 배타적 사용·수익권이 없다는 대법원 판례 법리에 맞다면 허가청을 설득하여야 할 것이다(대법원 2009다8802, 91다11889).

이때 허가청에서 대법원 판례 법리를 인정하지 않고 사용승낙이 필요하다고 하면 유일한 통행로이므로 주위토지확인 소송(민법 제219-220조)을 하면 될 것이다(대법원 87다카1156).

정리 전원주택단지가 주택법에 의한 '대지조성사업'이 아니고, 개발행위허가로 한 두 필지에 건축신고가 되면서 개설되는 도로인 경우에는 개발업자가 허가를 받은 후에 포장까지 하였는데 준공승인 전에 경매를 당했다면, 그 도로는 개발행위허가-산지전용허가에서 허가권자가 일반 공중의 통행로로 행정지도한 근거가 있을 것이다.

이때 허가권자는 유일한 통행로로서 주위토지통행권 확인소송의 대상이 되고, 분양 등으로 배타적 사용·수익권이 제한된 대법원 판례 법리에 맞다면 허가신청자(경락받은 대지 소유자)의 통행권원을 인정하는 적극행정이 필요할 것이다(대법원 2012두9932).

건축 및 개발행위허가를 신청하려는 대지가 사유私有인 4m 포장된 도로에 접해 있는데, 이 현황도로는 건축법 도로로 아니므로 사용승낙이 필요하다고 할 수도 있다.

그러나 이 아스콘 포장된 현황도로는 다음과 같은 이유로 건축허가 및 개발행위허가에서 사용승낙이 필요 없는 공로公路로 보아야 할 것이다.

(1) 분양목적으로 대지를 여러 필지로 분할하면서 만들어진 진입로는 (소유자가 배타적 이용을 하기 위한 진입로와 달리) 공로公路이다.(대법원 2009다8802).

허가권자는 당시 개발행위허가로 진입로를 분할하여 지목을 도로로 변경할 것을 행정지도한 목적을 허가신청서 등에서 찾아서 이 현황도로의 공공성을 찾아야 한다.

(2) 이 현황도로에 접한 토지주는 주위토지통행권이 있다. 현황도로 소유자와 협상이 안 되면 주위토지통행권 소송으로 통행권을 확보할 수 있다(대법원 88다카9364).

이 주위토지통행권만으로 허가조건이 충족될 수 없다고 유권해석하는 지자체가 있는데(대법원 90다12007), 이렇게 지목이 도로로 변경되고 포장이 된 경우에는 대법원 전원합의체 판결(2016다264556) 법리로 배타적 사용·수익권이 제한된 것으로 볼 수 있다.

(3) 이 현황도로는 '도시계획조례'에 따라 소유자 스스로 개설한 건축법 도로이다.

이 현황도로는 국토계획법 시행령 [별표1의2] 2.(2)에서 지자체 '도시계획조례'로 위임된 '도로 등이 설치되는 않은 지역'에서 개발행위허가의 기반시설인 진입로이다.

이곳은 '군계획조례'에 의하여 건축법 도로가 있어야만 건축 및 개발행위허가가 가능한 곳이므로, 허가권자가 선행 건축신고에서 건축법 도로로 지정되지 않았어도 개발행위허가에서 기반시설인 도로로 인정한 곳이므로 공로公路로 해석될 수 있다.

(4) 이 포장된 현황도로는 공공시설이고 공익시설이다. 개발행위허가의 기반시설인 진입로는 당초 개설목적에 공공성과 공익성이 포함되어 있다(국토계획법 제58조).

허가청은 허가 당시 기부채납은 요구하지 않더라도 적어도 주변의 주민들을 위하여 배타적 사용·수익권이 제한된 도로라는 것을 허가조건에 명시하였을 것이다.

(5) 선진 지자체는 포장된 도로의 경우 도시계획위원회의 심의를 통하여 사용승낙이 필요 없는 공로로 볼 수 있다고 조례에 규정하고 있다.

또한 일부 지자체에서는 도시계획조례에 명확한 규정이 없어도, 선례가 있으면 개발행위허가에서 현황도로의 사용승낙을 요구하지 않고 허가하고 있다.

정리 허가권자는 ①사유이므로 배타적 사용·수익권의 제한은 물권법정주의에 어긋난다는 해석 ②지자체 조례에 명확한 근거가 없으므로 허가신청자에게 미루려는 소극행정 ③개발행위허가에서 부여된 주민들을 위한 통행권 보호 등에 무관심하다.

그보다는 ①개발행위허가의 도로는 기반시설로서 공공시설이다. ②분양업자는 진입로를 스스로 공로로 만들 의무가 있다. ③허가권자는 현황도로의 배타적 사용·수익권의 제한을 종합적으로 판단할 권한이 있다(대법원 2013다33454) 등 법률이 허가권자에게 부여한 권한과 의무를 다하여, 주민들 간의 분쟁을 선제적으로 해결하는 적극행정을 하여야 하고, 최근 현황도로의 자발성과 효용성만이 아니라 공공성(공공의 이익)을 강조한 대법원 판례가 늘어나는 있음을 알아야 한다(대법원 2020다246630).

2020다246630 도로철거 및 토지인도등 청구 (바) 파기환송

[소유자의 도로철거 및 토지인도 등 청구에 대해 독점적·배타적인 사용·수익권의 포기를 주장하는 사건]

☞ 소유자인 원고의 토지 철거 및 인도 등 청구에 대해 피고가 독점적·배타적인 사용·수익권의 포기를 주장하였으나, 원심은 토지소유자가 자발적으로 이 사건 부동산을 도로로 제공하였다고 보기 어렵다거나 이를 제공함으로써 더 큰 효용을 얻으려는 목적이었음을 인정할 증거가 부족하다는 이유를 내세워 원고 또는 전 소유자가 이 사건 부동산에 대한 독점적·배타적인 사용·수익권을 포기한 것으로 볼 수 없다고 판단함.

☞ 대법원은 전원합의체 판결의 법리에 따라 원심이 이 사건 부동산의 원 소유자가 이를 소유하게 된 경위와 보유기간, 이를 공공의 사용에 제공한 경위와 그 규모, 그 제공에 따른 이익 또는 편익의 유무, 위치나 형태, 인근의 다른 토지들과의 관계, 주위 환경 등 여러 사정을 종합적으로 고찰하고, 소유권 보장과 공공의 이익 사이의 비교형량을 하여, 이 사건 부동산에 대한 독점적·배타적인 사용·수익권을 포기한 것으로 볼 수 있는지 여부를 심리·판단하여야 하고, 만약 독점적·배타적인 사용·수익권의 포기가 있었던 이 사건 부동산을 원고가 매수하여 소유하게 된 것이라면, 그 취득경위, 목적과 함께, 이 사건 부동산이 일반 공중의 이용에 제공되어 사용·수익에 제한이 있다는 사정이 이용현황과 지목 등을 통하여 외관에 어느 정도로 표시되어 있었는지, 그 취득가액에 사용·수익권 행사의 제한으로 인한 재산적 가치 하락이 반영되어 있었는지, 원고의 소유권 취득 직후 도로 부분이 분할, 지목변경 되었고 원고가 보유한 나머지 토지는 매각 직후 공장용지로 변경된 일련의 과정 등을 위한 관련 법령상의 허가·등록 등과 관계가 있었다면 그와 같은 관련성이 원고에게 어떠한 영향을 미치는지 등의 여러 사정을 종합적으로 고려하여 원고의 독점적·배타적인 사용·수익권의 행사를 허용할 특별한 사정이 있는지 여부를 심리·판단하였어야 함에도, 위와 같은 자발성과 효용성만을 내세워 섣불리 포기 여부를 단정함으로써 심리미진의 위법을 저질렀다고 보아 파기한 사례임.

4. 비포장이라도 꼭 사용승낙이 필요하지 않음

사례 73 펜션단지 내의 4m 비포장 현황도로(지목 도로)   충남 태안군

　　2004년부터 택지분양을 위하여 개발행위허가로 개설된 너비 4m(길이 200여m)의 마을길(지목 도로) 4필지가 있다. 사유이므로 사용승낙을 받아오라 한다.

　　이미 배타적 사용·수익권이 포기된 도로에 접도한 개발행위허가에서 소유자 동의가 필요하다는 것은 비례·평등의 원칙에 위배된 재량권 일탈·남용이 될 수 있다.

　　(1) 20여 채의 건축신고에서 기반시설도로가 없으면 허가되지 않았고, 택지분양을 위한 도로는 사유라도 배타적 사용·수익권이 포기된 것이다(대법원 2009다8802). 이곳은 비도시·면지역이라서 건축법 도로지정이 없었지만, 개발행위허가에서 기반시설은 부족한 공공시설을 사인私人이 만드는 것이므로 공로로 해석되어야 한다.

　　(2) 이런 도로는 개발행위허가에서 기부를 요구할 수 있다. 만약 기부채납 또는 건축법 도로지정에 반대하면 개발행위허가를 불허하는 재량권이 있다(2018두49079).

당시 허가권자는 관리의 애로를 이유로 기부를 요구하지 않았지만, 허가신청자는 기부 또는 건축법 도로지정(소유자가 희망하면 가능하다)의 행정지도에 따랐을 것이다.

(3) 대법원은 이런 마을안길을 (배타적 사용·수익권이 제한된) 공로로 본다. 그런데 이 현황도로의 통행권을 확보하라는 것은 재량권 일탈·남용이 될 수 있다.

또한 주위토지통행권 확인소송으로 해결될 수 있다(국토계획법 해설집 243쪽, 2018년). 그런데도 매 건축허가 때마다 주위통행권 소송을 하라는 것은 국익의 소모이다.

(4) 이 도로는 이미 마을안길이다. 주민들이 오랫동안 사용해온 통로이므로 국토부 유권해석에 따라 공로인 관습도로로 보아야 한다(국토부 도시정책과 2016.4.28.).

또한 허가권자는 당시 개발행위허가서에 첨부된 서류에서 배타적 사용·수익권이 제한된 근거를 찾아서 해당 건축물의 출입에 지장이 없다고 인정하여야 한다.

정리 이런 현황도로에서 지자체가 사용승낙을 요구하면 안 되는 이유를 살펴보면,

① 본인 스스로 공법절차에 따라 도로로 지목변경한 도로이므로 공로公路이고

② 이런 도로는 개발행위허가 당시 기부채납 받을 권리가 있었는데 포기한 공로이며

③ 이런 현황도로는 20년 이상 이미 마을안길로 사용된 도로이므로 공로이다.

④ 대법원은 분양목적으로 개설된 도로는 배타적 사용·수익권이 포기되었다고 한다.

5. 소하천법의 소하천구역의 현황도로

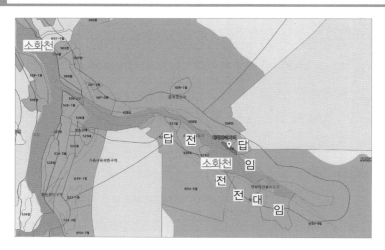

이 사업부지는 계획관리지역의 농지·임야이므로 관광농원 인허가에 별 문제가 없으나, 소하천구역에서 소하천점용이 가능한지 다음과 같이 확인해볼 필요가 있다.

(1) 개발면적이 5천㎡ 이상이면 너비 4m 이상의 도로를 2차선 도로까지 연결해야 하는데, 이 사업부지 입구는 3m 포장도로이나, 지목이 하천이라 확·포장이 어렵다

(2) 소하천구역의 지적과 현황이 달라서 부지를 정비해야 하는데, 소하천정비법의 소하천구역 및 소하천예정지는 사업면적에 포함할 수 없고, 진입로는 소하천점용허가를 받아 소교량을 설치할 수 있으나 행정계획(소하천정비기본계획)에 맞아야 한다.

(3) 소하천구역 지정 전부터 소하천구역에 흄관을 묻어 농로로 사용하고 있는 기존 현황도로는 개발행위허가의 진입로로 인정받기 어려울 수 있다.

(4) 이 사업부지의 맨 안쪽에 두 필지의 대지가 있는데, 지목은 대垈이다. 그러므로 이 대지의 조성 및 지목변경 근거를 찾아가면, 공로에서 이 사업부지로 연결되는 내부통로를 개발행위허가의 기반시설인 진입로로 인정받을 수도 있을 것이다.

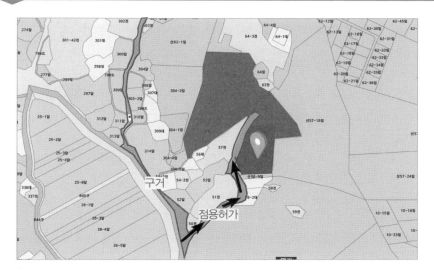

계획관리지역의 임야에 전원주택을 짓기 위하여 구거점용허가로 만들어진 도로를 이용하려고 하니 허가청에서는 먼저 점용받은 사람의 동의가 필요하다고 하였다.

이 진입로의 지목이 구거溝渠라면 농업생산기반시설사용허가 등 점용허가가 필요한 곳이다. 그러므로 다음 몇 가지를 확인하여 개발행위허가기준을 확보하여야 한다.

(1) 개발행위허가를 위해서는 기반시설(진입로)이 있어야 한다. 그 개발행위허가기준은 '개발행위허가운영지침'을 따라야 한다(개발행위허가운영지침 1-2-1).

이 진입로의 너비기준은 토지의 지목 및 현황에 따라서 다르고, 허가 신청하는 건축물의 용도, 허가신청 면적에 따라 크게 달라진다(개발행위허가운영지침 3-3-2-1).

(2) 비도시지역에서 개발행위허가로 건축허가를 받으려면 도로·상하수도 등 기반시설이 필요한데, 신청자의 기반시설 확보기준은 지자체 도시계획조례에 규정되어 있다. 만약 맹지에 연접한 구거를 진입로로 만들려면, 먼저 그 구거를 관리하는 관리청(시·군·구 및 한국농어촌공사)으로부터 구거점용이 가능한지 확인을 받아야 할 것이다.

(3) 다른 사람이 구거점용허가를 받은 것은 공동으로 사용할 수 있지만 그 선행 점용자의 기득권이 보호받아야 하므로 적정한 비용을 분담하면서 동의를 받아야 한다.

먼저 점용받은 사람이 무리한 요구를 하면 허가청은 도로법의 '도로연결허가'처럼 비용을 공탁하고 공동사용할 수 있도록 하는 등 적정한 중재를 하여야 한다.

판례 살펴보기 Q

대법원 2005다30993

건축 관련 법령에 정한 도로 폭에 관한 규정만으로 당연히 피포위지 소유자에게 반사적 이익으로서 건축 관련 법령에 정하는 도로의 폭이나 면적 등과 일치하는 주위토지통행권이 생기지는 아니하고, 다만 법령의 규제내용도 참작사유로 삼아 피포위지 소유자의 건축물 건축을 위한 통행로의 필요도와 그 주위토지소유자가 입게 되는 손해의 정도를 비교형량하여 주위토지통행권의 적정한 범위를 결정하여야 한다.

---

(4) 맹지소유자는 연접 토지소유자에게 진입로로 사용승낙해달라고 요청하여, 그 토지소유자가 동의하지 않으면 민법 제219-220조로 권리를 찾는 것이다.

이 사례는 최초 8천 평의 한 필지를 1,200평을 분할하면서 맹지가 된 것이므로 맹지가 아닌 토지소유자를 상대로 민법 제220조의 무상주위통행권 소송을 할 수 있다.

정리 건축허가에서 물을 만나면 별도의 점용허가를 받게 되는데 건축허가+개발행위허가+구거점용허가 등으로 만들어진 진입로가 국유일 때에 그 국유지 관리청의 업무가 일원화되어 있지 않아 국민이 힘들어할 때가 있다.

허가청은 건축허가 및 개발행위허가의 진입로에 대한 규정을 한곳에 모아서 건축허가신청자인 국민을 위하여 명확한 업무 처리 규정을 만들어주어야 한다.

예를 들어 형질변경의 개발행위허가에서 진입로가 개설되면 곧바로 건축법 지정도로가 되어 사용승낙이 필요 없는 공로가 되거나, 구거점용허가를 받아 만들어진 통로는 다음 사람도 일정 비용을 부담하면 곧바로 사용할 수 있도록 하여야 한다.

현행 규정에는 하천 또는 구거점용을 받으려면 앞 수허가자의 동의가 필요하지만 만약 수허가자가 몽니를 부리면 구체적 해결 방법이 없다. 그러므로 국토부는 이런 문제를 허가 담당자가 종합적으로 처리할 수 있는 방안을 수립해야 할 것이다.

6. 사도법의 사도를 공도에 연결하기

사례 76 사도법의 사도를 국도에 연결하기 　　　　　경기 가평군

　　전원주택단지의 진입로 일부가 보전산지이어서, 사도법의 사도 연결을 국도관리사업소 문의하였는데, 기존도로에 연결되었으므로 다시 도로연결허가가 안 된다고 한다.

　　기존도로에 연결되었다고 하여 사도법의 사도를 연결할 수 없다고 해석하는 것은 잘못이고 지자체와 협의할 사안이다. 사도법의 사도는 다음과 같은 장단점이 있다.

　　(1) 사도법의 사도는 일반 공중의 통행을 제한할 수 없는 공도이고, 건축법의 법정도로로서, 일반 허가로 개설할 수 없는 농림지역(보전산지)에도 개설이 가능하다.

　　이 사도는 농어촌도로에 연결하고, 2015년 농어촌도로 개설수준으로 완화되었다. 2013년 행정청의 자의적인 권한 행사를 방지하기 위해 제한적 기속행위가 되었다.

　　(2) 도로법의 도로연결허가는 국도 및 지방도에 다른 시설(개발행위허가로 만들어진 도로 등)을 연결할 때에 받는 것으로, 허가권자의 재량행위이지만 이 연결로 인하여 국도의 통행에 지장을 주지 않도록 변속차로 등을 확보하면 된다.

7. 대형 건축물의 출입구인 현황도로

2006년 사용승인된 청소년수련원이 소유권이 이전되면서 진입로 분쟁이 발생하였다. 허가청은 허가 당시 대지와 도로를 분리하지 않아서 단지 내 도로라고 한다.

청소년수련원은 건축허가 대상이다. 비도시·면지역이라서 건축법의 접도의무는 없지만, 국토계획법(개발행위허가), 청소년활동법 등에 너비 6m 이상의 도로 기준이 있고, 도시계획심의에서 교통량을 감안하여 적정한 진입로를 확보하라고 하였을 것이다. 그런데 2002년 수련시설이 허가될 때에 기존 주택(기재 건축물)의 진입로 및 농로를 분할하여 도로로 지목변경하지 않아서 최근 분쟁(대문 설치)이 생긴 것이다.

(1) 허가청은 기존 주택의 진입로 및 농로를 '공익 및 이해관계인의 보호' 명분으로 공로로 만드는 조건부 허가를 하였을 것이므로 당시 허가서를 확인해보아야 한다.

이 수련시설의 대지는 2006년 준공된 후 지목변경이 되면서, 그 이전부터 있었던 일반 공중의 통행로를 수련시설 대지에서 제척하지 않은 실수를 한 것 같다.

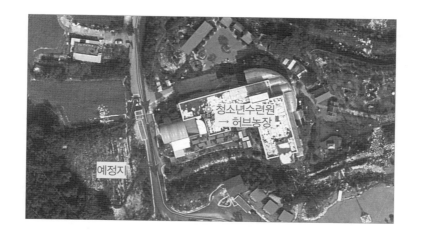

(2) 이 사유도로는 이미 주변 토지소유자에게 주위토지통행권 수준 이상의 통행권원이 있으므로, 분할이 안 되었다는 이유만으로 단지 내 도로로 해석하면 안 된다. 이런 배타적 사용·수익권이 제한된 현황도로에 대문을 설치하여 일반 공중의 통행을 막는 것은 권리남용이면서 일반교통방해죄에 해당될 수 있다(대법원 2021다242154).

(3) 이 현황도로와 연결된 (내부의) 관광농원에 지적확정측량을 통하여 새로운 지적공부가 만들어졌는데, 구 지적공부를 보면 그 이전에 농로로 이용된 상황을 알 수 있을 것이다. 이 현황도로는 관광농원 외곽에 개설된 도로로써 반대쪽으로 연결되는 통과도로이므로, 수련시설의 소유자는 이런 공로를 함부로 막아서는 안 된다.

(4) 수련시설 입구의 현황도로(지목 구거)를 이용하여 개발행위허가의 기반시설을 개설하려는 경우 선 구거점용자의 동의를 받아야 하는 것은 원칙이나 선 점용자가 몽니를 부리면 관리청은 공물公物을 공동이용할 수 있도록 적극 중재하여야 한다.

정리 수련시설의 소유자가 바뀌면서 전 소유자와 이웃 토지주와의 약정이 무시되어 분쟁이 생기는 경우가 있다. 그 원인이 복합적이고 법령의 미비·간극으로 발생된 것이므로 그 해결을 행정심판 – 민·형사 소송 – 고소·고발보다 지자체의 여러 부서가 모여서 이해당사자 모두를 참석시켜 해결책을 찾는 것이 더 합리적일 것이다.

8. 산지전용허가로 개설된 현황도로

경매競賣로 나온 네 필지의 지목은 도로道路, 대垈, 전田, 임야林野인데, 밭에는 '제시 외 건물'이 있고, 아랫마을로 연결되는 현황도로는 지목이 구거溝渠이며, 아래쪽의 마을로 연결되는 현황도로(농로)는 지목이 전田이고 사유지私有地이다.

비도시지역에서 허가된 건축물이 없는 토지의 가치평가는 건축법의 건축신고＋국토계획법의 개발행위허가＋산지관리법의 산지전용허가기준에 맞는지 확인하여야 한다. 이때 사유 현황도로가 배타적 사용·수익권이 제한되지 않았다면 사용승낙이 필요한 것이나, 소유자의 동의가 필요 없는 공로 여부는 허가서 및 각종 공부公簿와 면사무소, 토목사무실의 도움을 받아야 알 수 있다.

(1) 네 필지의 지목이 대垈, 전田, 임야林野, 도로道路이므로 현재 지목으로 변경된 이유(근거)를 찾으면 당시 허가기준 및 진입로 상태를 판단할 수 있을 것이다.

건축한 흔적이 없는데 지목이 대垈로 2003년 지목변경이 된 것은 당시 건축계획만으로 산지전용허가를 받아 토목공사를 준공하면 지목변경을 할 수 있었기 때문이다.

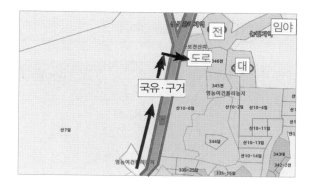

(2) 전田 위에 제시 외 건물은 사후신고 건축물이므로 농지전용신고서 등을 통하여 목적사업을 찾으면 아래 마을안길(=공로)에서부터 이곳까지의 사유인 현황도로가 배타적 사용·수익권이 포기되었다고 판단한 근거를 찾을 수 있을 것이다.

(3) 아랫마을까지 연결된 현황도로는 지목이 구거溝渠이고 국유인데 최근 일부가 훼손되었다. 그러나 오랫동안 농로로 사용해온 것이므로 허가청 등에서 공공 목적으로 포장한 것이라면 공로이므로 점용허가 없이 진입로로 허가될 수 있다.

> **대법원 2012두9932**　　　　　　　　　　　　　판례 살펴보기 🔍
> 피고(허가권자)가 이 사건 신청지에 관한 산지전용허가를 검토하면서 원고(허가신청자)에게 이 사건 주위토지통행권 확인판결 외에 이 사건 임야 소유자의 사용승낙서를 제출하도록 요구한 것은 위법하지만

정리 이 현황도로를 주민들이 오래전부터 마을안길 또는 농로로 사용해왔다면 허가권자는 '공익 및 이해관계인의 보호'를 위해 조건부 개발행위허가를 하였을 것이다. 앞서 이 현황도로를 마을안길 및 농로로 보아 사용승낙 없이 허가하였다면 대법원 판례 법리에 따라 이 사유도로의 배타적 사용·수익권이 제한되었다고 볼 수 있다.

다만 허가권자가 사용승낙이 필요하다면 주위토지통행권 확인소송을 하여야 하는데 이 판결의 통행권만으로 허가되지 않는 지자체도 있다(대법원 2012두9932).

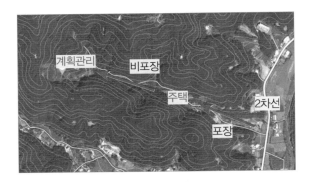

2차선 도로에서부터 약 800m 떨어진 곳의 임야 및 목장용지를 개발하려고 한다. 그런데 중간(400m)에 건축물이 있는 곳까지는 포장이고 그 위로는 비포장이고 사유지이다. 그 소유자는 통행은 허용하나 개발행위허가에 동의하지 않겠다고 한다.

비포장된 사유지 소유자가 사용승낙을 해주지 않는 등 통행권원이 없으면 주위토지통행권 확인소송을 할 수밖에 없다. 이 토지를 개발하기 위해서는 다음 사항을 확인하여야 한다.

(1) 계획관리지역의 임야는 비도시지역에서 허용용도가 제일 넓은 편이므로 지자체 군계획조례에서 허용되는 건축물의 범위를 확인하되, 관광농원의 진입로는 4m가 기본이다. 그리고 '도로 등이 미설치된 지역'에서 기반시설인 진입로에 관한 규정은 국토계획법 시행령 제56조의 [별표1의2]에 따라 개발행위허가운영지침과 도시·군계획조례에 있으므로 지자체 군조례를 확인하여야 한다.

(2) 여기서 진입로는 개발부지에서 2차선 도로까지 너비 4m 이상으로 개설하되(개발면적이 5천㎡ 이상이면 너비 6m, 3만㎡ 이상이면 너비 8m), 주택 및 1종 근생과 농업용시설은 마을안길 및 농로로 허가가 가능할 수 있다. 이때 마을안길 및 농로의 구조·기준 및 사용승낙 여부는 허가권자가 종합적으로 판단하도록 되어 있다.

(3) 국·공유지의 지목이 도로이면 그대로 사용할 수 있으나 지목이 도로가 아니거나 현황도로와 지적이 다르거나, 현재의 너비를 확·포장하려면 국유재산사용허가를 받아야 한다. 반면 주민들이 오랫동안 마을안길 및 농로로 사용해온 도로는 사유라도 1천㎡ 미만의 주택 및 1종 근생, 농업용 시설은 포장이 되었다면 사용승낙을 요구하지 않을 것이다.

(4) 비도시지역에서 관공서 또는 마을자조사업 등으로 포장된 도로의 경우에는 소유자의 동의를 받아서 포장한 것으로 추정할 수 있다(오래되어 동의서를 찾을 수 없는 경우가 많다). 반면 비포장 도로라도 하여도 그 소유자(원 소유자 포함)가 스스로 일반 공중의 통행로로 제공하였거나, 택지를 분양하면서 개설한 내·외부 도로는 대법원 판례 법리에 따라 배타적 사용·수익권이 제한되었다고 볼 수 있다.

정리 대지에 건축을 하려면 진입로를 확보해야 하는데, 이때 타인의 현황도로를 이용하려는 경우에는 사용승낙 등 통행권원이 있어야 한다. 그런데 비도시·면지역은 건축법 제44~47조가 적용되지 않으므로 선행 허가에서 도시지역처럼 건축법 도로를 지정하지 않아서 (반사적 이익이 없어) 상대적으로 불이익이 생길 수 있다.

다만 개발행위허가에서 소형 주택의 경우 마을안길 및 농로로 허가가 가능하기 때문에 그 통로가 언제 어떤 경위로 개설되었고, 포장이 되었다면 누가 한 것인지에 따라 사용승낙 여부 및 공로 여부가 달라진다. 주변에 다른 통로가 없고 유일한 통행로이면 소유자와 합의가 되지 않아도 주위토지통행권 소송으로 진입로를 확보할 수 있으나 그 너비는 허가기준에 미달될 수 있다.

임업용산지, 농림지역

보전관리지역

경관이 좋은 깊은 산속의 보전관리지역의 임야와 농지가 1만 평이 있다. 그런데 북쪽의 마을에서 연결된 진입로는 자동차 통행은 가능하지만 길이 300m인 임도林道이다. 그리고 남쪽은 더 넓은 포장도로인 임도이다. 임도라서 건축신고할 방법이 없다.

【답변】 비도시·면지역의 임야는 대부분 '도로 등이 미설치된 지역'이므로 개발에 있어 도시계획조례의 진입로 확보가 제일 중요할 것이다. 하나씩 살펴본다.

(1) 이곳은 준보전산지와 영농여건불리농지이므로 대지로의 개발은 가능할 것이나, 주변이 보전산지로 둘러싸여 있는데 임도만 있어 사실상 개발이 안될 수 있다. 왜냐하면 임도林道는 도로가 아니므로(산지관리법 제2조 2호 다목) 자동차 통행이 가능하고 지자체가 포장하였어도 산지전용허가의 진입로가 될 수 없기 때문이다.

(2) 산지관리법에서 진입로 확보의무는 개발부지가 보전산지인 경우에는 반드시 법정도로(=기존도로)에 연결되어야 한다. 보전산지에 진입로를 50m 이상 만들려면 사도법의 사도허가로 가능하지만, 사도법의 사도는 개발부지에서 농어촌도로 이상의 도로에 접속해야 하므로 법정도로까지 토지매수 및 공사비 등을 감당하기 어렵다.

(3) 보전관리지역의 임야면적이 30,000㎡가 넘으면 그 진입로는 8m가 확보되어야한다. 그리고 군유지인 보전산지의 임도가 포장되어 있어 '공유재산사용허가'를 받을수 있지만, 주위토지통행권만으로 개발행위허가의 너비를 맞추기 어려울 수 있다.

비도시지역에는 건축법 제정 전부터 2006.5.8.까지 연면적 200㎡ 미만, 2층 이하의 주택은 사전에 건축허가 또는 신고조차 받지 않고 (지목변경을 위한) 전용신고만으로 사후신고가 가능하였다(건축행정길라잡이 203쪽, 2013.12. 국토교통부 발행).

··

산지전용시 기존도로를 이용할 필요가 없는 시설 및 기준 (산림청 고시)

"현황도로"란 다음에 해당하는 도로를 말한다. 다만, 임도를 제외한다.
　　가. 현황도로로 이미 다른 인허가가 난 경우
　　나. 이미 2개 이상의 주택의 진출입로로 사용하고 있는 도로
　　다. 지자체에서 공공목적으로 포장한 도로
　　라. 차량진출입이 가능한 기존 마을안길, 농로

또한 개발부지 주변에 단독주택이 있으면 그곳까지는 진입로가 문제 되지 않을 수있다. 그러나 보전산지에 사후신고 건축물(농업인주택)이면 그 진입로를 현황도로로인정할 것인지에 대한 판단은 허가권자의 재량권이므로 사전에 확인하여야 한다.

9. 임야가 불법 전용된 곳의 현황도로

사례 81 불법 개간된 임야의 현황도로 　　　　　　　　　　　　충남 논산시

　불법 개간된 자연녹지의 임야 8천평이 있다. 그 진입로는 포장이 되어 있지만 허가 청은 현황도로로 볼 수 없어 사용승낙이 필요한데, 그 진입로가 경매 진행 중이다.

　임야는 2001년 불법 개간 이후 지자체로부터 '원상복구명령'을 받지 않았어도, 이 곳에 건축 및 개발행위허가를 받으려면 산지전용허가를 받아야 할 것이다.

　그런데 2차선 도로에서 연결되는 진입로의 지목이 전⊞인데, 2011년에는 비포장이 었다. 이 진입로를 이용하여 오래된(2006.5.8. 이전) 사후신고 건축물(기재)이 있다.

　2020년 지자체는 이 현황도로 지하에 오래된 사후신고 건축물로 연결되는 상수도 관로를 매설하였다. 그때 소유자가 동의하여 매설한 것이라면 이 현황도로는 경매로 소유권이 변동되어도, 특별승계인이 취득 시에 외관에 도로상태를 알고 있었기 때문 에 배타적 사용·수익권이 제한되는 것이므로(대법원 2016다264556), 상수도관 매설 당시 사용승낙서(기공승낙서)를 확인(정보공개)해 볼 필요가 있을 것이다.

대형 개발에서 발생된 현황도로

국가 및 지자체는 택지개발지구 외곽의 (완충)녹지 지정, 도시계획시설 결정 등에서 마을안길 등 기존의 통행로를 미흡하게 처리하여 발생된 문제점은 어떻게 해결할 것인가? 국·공유인 현황도로는 공로公路이고 사유라도 지자체가 포장하였거나 오랫동안 마을안길로 사용해 온 통행로, 대법원 판례법리에 따라 배타적 사용수익권이 제한된 현황도로는 공로이다. 그런데 대형 개발을 할 때에 기존의 마을안길 및 농로 등 현황도로를 잘 정리하지 못해서 발생된 맹지는 지금이라도 국가 및 지자체가 해결해야 한다.

1. 택지개발지구 외곽의 대체도로

「택지개발촉진법」의 택지개발지구를 조성하면서 그 외곽에 시설녹지(완충 - 경관 - 연결)를 결정하면서 기존의 마을안길 및 농로에 대한 처리가 미흡하여 발생된 민원이 많다. 즉 사업단지 외곽에서 마을길과의 연결 부분을 시행사 및 지자체가 놓치고 있다.

이런 문제를 해결하려면 지자체는 각종 허가(신청)서를 분석하고, 국토부는 대법원 판례를 분석하여, 사유도로도 공공시설이면 그 공익성을 찾아서 '조례도로'로 지정하거나 적정한 보상을 하여 주민들이 분쟁 없이 이용할 수 있도록 해야 한다.

마을자조사업이 완료되면 사유라도 배타적 사용·수익권이 제한된다고 보아야 하고, 도시개발법(구.토지구획정리법)에 의한 환지사업이 완료된 곳의 사유도로는 그 소유자에게 정당한 보상이 이루어진 것이므로 특별한 사정이 없다면 공로로 보아야 하고, 지구단위계획구역 내의 보차혼용통로는 사유라도 공로라고 해석된다.

그리고 일반 공중의 통행을 위하여 개별법으로 개설된 도로는 건축법 지정도로가 되지 않았어도 지자체장은 공로公路로 보아야 한다.

기반시설			
종류		소유권	판단 기준
공공시설	도로법 도로	국·공유	도로법 도로·주택가 이면 도로 등이 도시계획시설로 결정 되지 않은 것도 공공시설임
	도시계획 도로		
기타 도로	건축법 도로	사·국공	개발행위허가 시 (제58조 개발행위허가 기준에 맞고) 건축법령에 적합한 경우에는 도로로 인정 ⇨ 배타적 사용 수익권의 포기(현황 도로 등은 건축허가에 한정된)
	사도법 도로	사유私有	
	사설 도로		
현황 도로		사·국공	

(국토의 계획 및 이용에 관한 법률해설집 제260쪽. 국토교통부 도시정책과 2018.7. 발행)

기반시설은 공공시설이어야 하므로 국토부는 다음 상황을 선제적으로 찾아서, 허가담당자 및 국민이 불편하지 않도록 업무지침을 제정하거나 법개정을 하여야 한다.

대형 개발에서 발생된 현황도로 ≫

「공원녹지법」에 '녹지 지정 이전의 도로는 점용 받을 필요가 없다'고 하였는데, 허가청은 녹지점용허가 대상이라고 한다. 지난 4년 동안 허가청－국토부－권익위－법제처에서 유권해석을 요청하고 건축신고했더니 접도의무가 충족되지 않았다고 한다.

택지개발지구 외곽에 위치한 내 밭(자연녹지의 농지)의 일부가 수용되었다. 시행사가 만들어준 대체도로가 완충녹지 점용 대상이라고 하면 다음 순서로 해결하면 된다.

(1) 대지에 건축신고는 개발행위협의와 농지전용허가를 받아야 한다. 이때 대지는 너비 4m 이상의 도로에 접해야 하는데 건축사는 현장조사 및 검사업무를 대행한다.
　접도의무란 '건축물 이용자의 편의와 긴급 시 피난차량의 통행로 확보'이다(대법원 91누8319). 그런데 허가청이 접도의무를 잘못 해석하면 행정심판－행정소송으로 바로잡을 수 있다. 그리고 교회, 주택 등이 있으므로 '평등의 원칙'도 주장할 수 있다.

(완충)녹지의 결정으로 인하여 해당 토지가 맹지가 된 경우로서 녹지 결정 이전의 도로를 그대로 이용하는 경우에는 녹지의 점용허가 없이도 도로의 이용이 가능한 것으로 규정하고 있으며, 이때 도로는 건축법 제2조 제1항 제11호에 따른 도로로 한정하지 아니한다.(국토교통부 녹색도시과2AA-1803-027125).

(2) 대지가 완충녹지에 접도하였을 때는 공원녹지법의 규제를 받아야 하지만, 이 도로는 완충녹지를 지정하기 위해 개설된 대체도로이므로 허가 대상이 아니다.

그래서 완충녹지인 현황도로가 건축법 도로로 지정되지 않았어도 '해당 건축물의 출입에 지장이 없다고 인정되는 경우'에 해당하여 허가될 수 있다(대법원 98두18299).

대법원 2008두167 전원합의체 판결

이 사건 진입도로는 완충녹지 지정 전부터 존재하던 도로로서 아직 녹지가 조성되지 아니한 상태에 있고, 행정청이 녹지를 설치하는 때에는 녹지로 인하여 기존의 도로가 차단되어 통행을 할 수 없는 경우가 생기지 아니하도록 기존의 도로와 연결되는 이면도로 등을 설치하여야 한다는 것이므로, 이 사건 진입도로로써 이 사건 토지에 대한 진입로가 확보되었다고 보는 것이 옳고, 따라서 피고가 이 사건 건축신고 등을 반려한 것은 잘못이다.

(3) 택지개발지구 외곽에 대로를 개설하려면 사업시행자는 그 옆에 의무적으로 완충녹지를 지정하는 것이고, 완충녹지의 지정으로 기존의 마을길(일반 공중의 통행로)이 절단되어 사업시행자가 대체도로로 포장한 것은 '그대로' 이용으로 보아 녹지점용허가를 받지 않고 건축허가가 되어야 한다(대법원 2008두167. 법제처 20-0083).

「공원녹지법」 제38조제1항제1호의 문언상 녹지에 일정한 시설을 "설치"하는 행위를 녹지점용허가의 대상으로 규정하였다면, 이를 녹지에 이미 설치된 일정한 시설을 "사용"하는 행위까지도 해당 시설을 "설치"하는 경우와 마찬가지로 녹지점용허가를 받아야 하는 것으로 유추 또는 확대해석하여서는 아니 된다는 점에서, 그러한 의견은 타당하지 않다고 할 것입니다(법제처 17-0083. 17-0024).

(4) 침익적 행정처분의 근거가 되는 행정법규는 엄격하게 해석·적용되어야 하고 상대방에게 불리한 방향으로 확장해석 또는 유추해석하면 안 된다(대법원 2007두13791).

정리 이번 허가에서 접도의무는 녹지 지정 전부터 있었던 (택지개발) 도로를 그대로 이용하는 수준이고, 점용허가대상이 아니다(시행령 제44조 3의3의 [별표3의2]의 4호). 지난 4년 동안 허가청은 자기 법령의 업무만 집행하고, 국민의 입장에서 종합적으로 판단하려는 노력은 전혀 하지 않아서 결국 엄청난 행정력이 낭비되고 있다.

대형 개발에서 발생된 현황도로

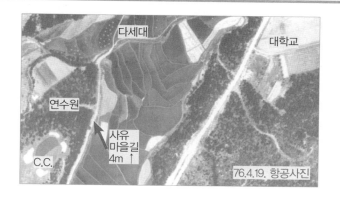

100여 년 사용해온 마을길(4m 이상)이 있었는데 1980년부터 연수원 및 체육시설이 조성되면서 이 현황도로가 2차선으로 확장되었다. 건축과는 사유이고 도로가 분할되지 않고 지목이 대垈이므로 단지 내 도로로 보고 사용동의가 필요하다고 한다.

그러나 이 현황도로는 배타적 사용·수익권이 제한된 공로이므로 사용승낙이 필요 없고, 도시과와 건축과가 해결할 문제를 허가신청자에게 떠미는 것은 잘못이다.

대법원 98두17845   판례 살펴보기 🔍
형질변경의 허가가 신청된 당해 토지의 합리적인 이용이나 도시계획사업에 지장이 될 우려가 있는지 여부와 공익상 또는 이해관계인의 보호를 위하여 부관附款을 붙일 필요의 유무나 그 내용 등의 판단기준을 정하는 것은 행정청의 재량이다.

(1) 대형 개발사업에서 기반시설인 진입로 확보는 신청자의 의무이므로, 마을길이 있었다면 허가권자는 개발행위허가에 조건을 붙여야 한다(국토계획법 제57조4항).

1990년대 도시계획법 – 시행령 – 토지의형질변경등행위허가기준등에관한규칙에 의한 형질변경허가는 허가권자의 재량행위이므로, 공익 및 이해관계인의 보호를 위하여 허가에 부관(조건)을 붙여서 허가했어야 한다(대법원 98두17845).

(2) 이 2차선 포장도로는 사유私有로서 지목이 대垈이다. 단지 내 도로라면 출입문, 경계표 등을 만들어서 주민의 통행을 제한할 수 있는데, 소유자가 하지 않았다.

또한 당시 허가청도 100년 넘는 4m 이상의 마을안길이므로 주민들의 통행을 막을 수 없어 출입문을 이 도로에 설치하지 하지 못하게 (적법하게) 허가한 것이다.

(3) 허가권자는 이 현황도로를 기부채납 받을 수도 있었는데 과다한 요구라서 하지 않았더라도(대법원 2003두9367), 그 도로의 배타적 사용·수익권은 제한하였을 것이다. 당시 허가권자는 시행자가 이 마을안길을 무단으로 없애지 못하게 할 의무가 있으므로 주민들의 통행로를 확보하였을 것이다(국토계획법 제57조4항, 해설집 214쪽).

(4) 76.2.1. 전의 너비 4m 이상의 도로는 건축법 도로이므로, 마을안길이 2차선으로 확장되었다면 공로로 보아 건축법의 접도의무가 충족되었다고 해석할 수 있다.

그런데 허가청은 당시 인허가서류를 개인정보가 포함되어 있다는 이유로 공개하지 않으려고 한다. 그러나 「정보공개법」 제9조 1항 6호 다목에 의하여 공개되어야 한다.

정리 지자체장은 이런 통행권 분쟁은 민사사안이라는 핑계로 뒤로 빠지지 말고 당시 허가서류를 검토하여 주민들의 기득권(통행권)을 적극 보호해야 할 것이다.

사례 84 | **도시계획시설(골프장) 내의 택지를 분양받은 사례** | 경기 성남시

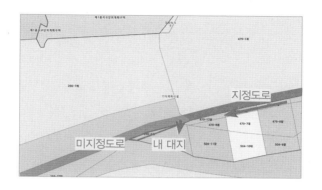

골프장 내에 잡종지를 분양받았는데, 이웃 대지는 건축허가가 되었으나 내 대지는 진입로가 「건축법」 도로道路에 연결되지 않아서 허가할 수 없다고 한다.

건축허가에서 대지垈地는 건축법 도로에 2m 이상 접도해야 하는 것인데, 왜 건축법 도로에 접도하지 않은 상태로 골프장 내에 토지가 분양되었는지 확인해야 한다.

(1) 내 대지와 2차선 도로 사이에 있는 타인의 잡종지는 (경계측량하니) 2차선 도로에 포함되어 내 대지는 사실상 2차선 도로에 접해 있다. 이 잡종지는 최초 분양자의 소유이므로 대법원 판례 법리에 따라 동의가 필요 없다(대법원 2009다25890). 그리고 도시계획시설인 2차선 도로는 건축법 도로로 지정되지 않았어도 공도이다.

(2) 허가권자는 이 대지가 체육시설 골프장을 조성하면서 그 일부를 분할하여 일반에 분양한 곳이므로 진입도로는 배타적 사용·수익권이 제한되었다고 판단하여야 한다. 이 2차선 도로는 1973년 개설되었으므로 건축법 부칙도로(76.2.1. 전의 4m 이상의 도로는 건축법 도로임)가 되어 사용승낙이 필요 없는 공로이다(대법원 2011두27322).

판례 살펴보기 🔍

대법원 94다20013, 99다11557, 2006다32552, 2016다264556
토지소유자가 택지를 분양하면서 그 소유의 토지를 택지와 공로 사이의 통행로로 제공한 경우에 토지소유자는 택지의 매수인, 그밖에 주택지 안에 거주하게 될 모든 사람에게 그 토지를 무상으로 통행할 수 있는 권한을 부여하여 그들의 통행을 인용할 의무를 부담하기 때문에 그 토지에 대한 독점적이고 배타적인 사용·수익권을 행사할 수 없다.

(3) 허가청은 건축신고가 접수하면 관련 실과의 의견을 종합하여 허가 여부를 결정하는데, 이때 진입로 규정은 그 지자체 도시계획조례가 정한 기준에 따라야 한다.

이 대지(잡종지)가 1973년 형질변경이 완료되었다면 개발행위허가 대상이 아니고, 개발행위허가 대상이라도 주택의 진입로는 마을안길로 가능하다(지침 3-3-2-1.(4)).

택지 입구 도로

(4) 허가청은 시행사가 제출한 도시계획시설인 체육시설(골프장) 사업계획(승인)서 등을 보면 당시 택지 6필지의 진입로로 이면도로가 개설된 것을 알 수 있을 것이다.

그러므로 허가청은 지금이라도 적극 나서야 하는데, 도시계획시설 변경업무가 워낙 복잡하여 건축과가 단독으로 허가할 수 없으므로, 대지 소유자가 나설 수밖에 없다.

정리 허가청은 접도의무 예외 또는 평등의 원칙을 적용할 수 있는데도 사용승낙을 요구하면 시행사 또는 이웃 소유자를 상대로 주위토지통행권 소송을 할 수밖에 없다. 내 대지는 사실상 양쪽으로 통행로가 있는 것인데, 이 도로는 분양자가 수분양자에게 무상통행권을 부여한 것으로 대법원은 해석하고 있으므로 해결될 수 있을 것이다.

3. 완충녹지가 결정되면서 불안해진 진입로

> **사례 85** 도시관리계획 수립에서 완충녹지로 통행로를 막음　　　　　충남 아산시

　　도시관리계획을 수립·결정하면서 4차선 도로 주변에 (완충)녹지를 지정하여, 기존 건축물 및 주거지역의 출입로가 일부 없어져 건축허가를 받을 수 없게 되었다.

　　이곳은 일반주거지역이므로 일반음식점 또는 휴게음식점 건축허가가 가능한 곳이므로 다음과 같이 완충녹지의 지정절차를 검토하면 진입로를 찾을 수 있을 것이다.

　　(1) (완충)녹지를 지정할 때에는 기존의 토지 및 건축물의 통로가 없어지지 않도록 할 의무가 지자체장에게 있다. 즉 완충녹지는 끊어지지 않고 연속된 녹지공간이 필요하지만, 기득권(통행권)을 보호해야 하는 것이 헌법 제23조 3항의 정당한 보상이다.

　　(2) 지자체는 완충·경관녹지를 지정하려면 이면도로를 개설해야 하고(공원녹지법 영 [별표3의2]) 그때까지 기존 통로를 사용할 수 있다(대법원 2008두167 전원합의체 판결).

그러므로 건축과는 다음 도시관리계획 결정에서 완충녹지가 끊어지거나 이면도로가 개설될 때까지 한시적으로 조건부 건축허가할 수 있다(대법원 2008두167).

(3) 완충녹지를 지정할 때에 지목이 대^垈인 토지가 있으면 이면도로를 개설하여야 한다(공원녹지법 영 [별표3의2]). 그런데 이 도시관리계획에는 주거지역과 도로, 완충 녹지 등으로 결정되어 있지만 그 시행시기는 알 수 없어, 기존 통로를 출입구로 인정 받지 못한 토지는 건축허가에서 (녹지점용허가를 받지 못하면) 막대한 피해를 입는다.

(4) 이곳은 도시지역 중 일반주거지역이므로 허가청은 완충녹지 결정으로 인하여 건축법 도로 또는 건축물 출입로가 없어지지 않도록 도시관리계획을 결정하여야 한다. 즉 시내지역은 도로를 달리는 차량의 제한속도가 낮기 때문에 가감속차선이 없이 진입통로를 개설하여도 교통사고의 위험이 적기 때문에 기득권자를 보호할 수 있다.

정리 지자체는 모든 행정계획의 수립 및 집행에서 '국토의 효율적 이용'을 위하여 공익과 사익을 비교교량할 때에, 국민의 입장에 서서 개인의 이익(=사익)을 보호하면 어떤 문제점(=공익의 침해)이 생길 것인가를 고민하는 것이 먼저이어야 한다.
즉 각종 허가를 했을 때에 현행법에 명백한 금지규정이 없다면 국민의 편에 서서 어떤 공익이 침해되는지를 검토해서, 그 침해를 막을 대안을 찾아야 할 것이다.

대형 개발에서 발생된 현황도로 ≫

드라이브 스루 카페를 하려고 주유소를 매수하여 건물을 멸실하고 허가를 접수했는데, 담당자가 바뀌니 입구의 완충녹지가 점용이 안 된다고 하여 맹지가 될 형편이다.

이 부지는 1981년에 지목이 대(垈)로 변경되었고, 2000년경에 택지개발이 완료된 후 지적공부가 새롭게 만들어졌으며, 2002년 주유소 용지로 지목변경이 되었다.

(1) 주유소 앞 도로가 6차선으로 확장될 때에 지자체와 시행자는 완충녹지 지정 전부터 있었던 통로는 이면도로를 확보해주지 못하면 막을 수 없다(대법원 2008두167).

이웃 블록은 10m 완충녹지에 8m 이면도로를 개설하였는데, 이 블록은 뒷부분이 워낙 낮아서 자동차 진입을 할 수 없어 이면도로 없이 1~3m의 완충녹지를 만들었다.

청주지방법원 2006구합1611 판례 살펴보기 🔍

완충녹지를 가로지르고 있는 이 사건 진입도로는 이미 완충녹지로 지정되기 전부터 현재까지 도로로서 사용되고 있는 곳이므로 원고가 완충녹지 안에 별도로 진입도로를 설치할 필요가 있는 것도 아니며, 이와 같이 완충녹지에 이미 형성되어 있는 도로를 이용하고자하는 경우까지 점용허가를 받아야 하는 것은 아니다.

(2) 녹지과는 주유소를 멸실한 대지에 새로 짓는 근생 건축물을 신축으로 보고 녹지점용허가 대상이라고 판단하는 것은 법령해석을 잘못한 것이다.

4. 4차선 국도에 완충녹지가 결정되면서 불안해진 진입로

사례 87 4차선 국도변 대지의 진입로　　　　　경기 김포

지목이 대^垈인 대지에 주택이 있다. 진입로의 일부가 옆집 소유인데 본인 토지로도 4m가 충족된다. 4차선 국도 확장공사에서 진입로가 완충녹지로 지정·고시되었다.

이 대지에 근생 건축허가를 받기 위해서는, 도시관리계획으로 규정된 각종 제한사항 및 접도의무가 충족될 수 있을지 공부^{公簿} 및 현장을 다음과 같이 확인하여야 한다.

(1) 공익사업은 실시계획이 승인·고시되면 수용이 가능하므로, 이 도로확장으로 인한 기존 대지의 진입로를 어떻게 처리할 것인지는 시행처가 이미 결정하였을 것이다. 녹지 지정 이전의 통행로는 시행처가 이면도로 개설 등으로 진입로를 확보해주어야 할 의무는 있으나, 추후 건축허가에서는 공원녹지과 등에서 이견이 생길 수 있다.

(2) 완충녹지는 소음·공해 등을 차단하기 위하여 공원녹지법에 의하여 도시관리계획으로 결정된 도시계획시설로서, 지정 이전의 기존 통행로는 점용허가 대상이 아니다. 시행사는 도로 확장공사가 마무리될 때에 통행로를 완전하게 처리해줄 의무가 있으므로, 그 처리도면을 확보하여 건축허가의 사전심사 또는 사전결정에 활용하면 된다.

(3) 이 주택의 통행로의 일부가 타인 소유이다. 이 통행로가 건축법의 막다른 도로로 지정되지 않았더라도 소유자는 배타적 사용·수익권을 주장할 수 없다. 이 통로로 수십 년 전에 두 차례 건축허가를 받았고, 76.2.1. 이전에 개설되면 건축법 도로이며, 20년 이상 사용되어 통행지역권이 성립했을 수 있다(대법원 91다46861).

(4) 건축물대장에 1996년 개축근거가 없다. 그 이유는 1992년부터 건축물관리대장이 건축물대장이 되면서 이기移記기준에 맞지 않거나(건축물대장기재규칙 부칙), 본인의 신청이 없어 허가 후 준공 및 사용승인, 대장 미기재, 미등기가 되었을 것이다.

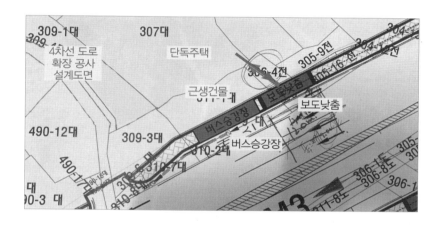

(5) 4차선 확장도로에서 자동차 통행이 가능한 통로가 연결되어 있어도 건축이 가능할 것인지에 대해서는 사전심사−사전결정−건축허가(신고)로 미리 확인할 필요가 있다. 즉 기존의 통행로는 막히지 않을 것이나, 추후 증·개축에서 완충녹지로 지정된 곳을 건축물 진입로로 사용하는데 건축과와 공원녹지과의 해석이 다를 수 있기 때문이다.

정리 도로 시행처는 기존 건축물의 진입로를 어떤 방법으로든 개설해주어야 할 책임이 있으나, 추후 건축허가에서 각 실과(건축과−도로과−도시과−공원녹지과등)의 협의 의견이 다를 수 있으므로 미리 건축 가능 여부를 문서로 확인하는 것이 좋을 것이다.

5. 구획정리사업에서 발생된 현황도로

이 사유도로는 1982년 「토지구획정리사업법」에 의하여 환지된 대로변 상업용 토지의 뒤 필지를 1989년 분할하여 지목을 도로로 만든 곳으로, 분할分割로 인하여 배타적 사용·수익권이 포기 또는 제한된 도로가 아닌지 다음과 같이 검토할 필요가 있다.

> **법 조항 살펴보기**
>
> **토지구획정리사업법 [시행 1999. 8. 9] [법률 제5911호]**
> 제2조 (용어의 정의)
> 2. "공공시설公共施設"이라 함은 도로(대지의 효용증진을 기할 수 있는 것에 한한다)·공원·광장·하천, … 대통령령이 정하는 것을 말한다.

(1) 토지구획정리사업의 도로는 공공시설이며, 법 제64조에 의하면 이 도로는 지자체장이 관리한다. 그러므로 이 사업으로 개설된 도로는 모두 공로公路로 볼 수 있다. 그리고 7년 후 토지소유자 스스로 지목을 대에서 도로로 변경한 것이 건축허가 기준을 맞추기 위한 것이라면 그 배타적 사용·수익권을 포기하였다고 볼 수 있다.

그러므로 막다른 (사유)도로라고 하여도, 이 도로의 개설경위(지목변경한 목적), 건축법 – 구획정리사업법 – 국토계획법(구.도시계획법) 등에 의하여 배타적 사용·수익권이 제한된 근거를 종합적으로 확인할 필요가 있다.

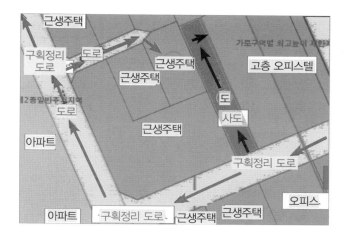

(2) 두 번의 분할·합병 및 지목변경 신청서류(오피스텔 사업계획 및 허가신청서)를 보면 이 사유도로의 배타적 사용·수익권의 포기·제한근거를 찾을 수 있을 것이다.

또한 지목이 도로인 곳에 토지소유자가 주차장 등으로 배타적 사용을 하려면 허가청에 별도의 신고를 하였을 것이다. 이때 이 도로는 공로公路가 아니더라도 배타적 사용·수익권이 (또는 선별적 이용권) 없다면 주차장 신고가 수리되면 안 된다.

대법원 96다20581　　　　　　　　　　　　　　판례 살펴보기 Q

기부채납은 지방자치단체의 공유재산으로 증여하는 계약으로서, 증여계약이 해제된다면 특별한 사정이 없는 한 기부자는 그의 소유재산에 처분권뿐만 아니라 사용·수익권까지 포함한 완전한 소유권을 회복한다.

(3) 이 현황도로는 오피스텔 사업시행자의 소유이지만 건축허가 당시 이 현황도로의 소유권을 허가청에 기부채납하였다가 6개월 후 다시 원 소유자에게 환원되었다. 당시 허가서류를 보면 오피스텔 허가에서 진입로 규정을 맞추기 위하여 개설되어, 주민들이 25년간 자유롭게 사용해왔다면 통행권을 침해하면 안 될 것이다(93다26076).

정리 토지구획정리사업법의 도로는 지자체가 관리하는 것이므로 허가청은 소유권과 관계없이 공공시설로 보아서, 토지소유자의 배타적 사용·수익권의 보장과 주민들의 이용권(공익)을 비교교량하여 조례도로로 지정하는 등 적극행정을 할 필요가 있다.

6. 「학교시설사업촉진법」과 「건축법」의 진입로

사례 89 고등학교 후문이면서 유치원 진입로   경남 사천시

고등학교

노유자시설

다가구신청지

학교 및 노유자시설 진입(현황)도로

이 포장도로는 1984년에 사립고등학교의 진입로(현재 후문)로 만들어져 지금까지 사용되고 있으므로, 다음 이유로 배타적 사용·수익권이 제한된 도로로 볼 수 있다.

(1) 「학교시설사업촉진법」의 사업승인에서 공로와 연결시킨 통로이고, 그 후 지자체가 상·하수도 관로를 매설하면서 수십 년 동안 아스콘 포장 등 관리해온 공로이다.

즉 학교시설의 도시계획결정과 노유자시설의 건축에서 스스로 확보한 도로이므로, 도시계획법 등에 의하여 배타적 사용·수익권이 제한된 공로로 해석할 수 있다.

(2) 허가청은 이 막다른 도로 끝에 1991년 노유자시설을 허가할 때에 건축법 도로로 지정하지 않은 것은 배타적 사용·수익권이 제한되었다고 판단했기 때문일 것이다. 그렇다면 이번 다세대주택 허가에서 평등의 원칙과 신뢰보호 원칙에 따라 소유자의 사용승낙 없이 허가될 수 있는데 대법원은 아니라고 판결하였다(2017두50843).

(3) 법원은 이 현황도로는 현재 학교와 유치원만 사용하고 있는데, 만약 유치원이 없어지면 이 도로의 공익적 기능이 없어지는 단순한 사유통로라고 해석하고 있다.

그러나 이곳은 일반주거지역이므로 이 현황도로를 과거 및 미래에도 건축법 도로(=공도)로 만들어야 할 책임이 지자체장에게 있다는 것까지 검토하였어야 한다.

(4) 노유자시설은 건축법시행령 제28조, 법제처 유권해석(법제처-16-0229), 국토부 질의회신에서도 6m 이상의 건축법 도로에 접도해야 합법적 건물이라고 한다.

이런 잘못된 행정을 허가청 – 도청 – 감사원 – 국민권익위 등에 진정하였지만, 노유자시설의 불법 여부와 다가구주택 허가와 관련이 없다면서 방관하고, 권익위는 불법건축물의 고발처리는 지자체장의 재량이라서 조치하지 않을 수 있다고 하였다.

사립학교

85년 후문 공사용 도로

정리 허가권자는 현황도로소유자의 재산권 보장도 중요하지만, 이 현황도로는 1984년 「학교시설사업촉진법」의 사업을 추진하면서 개설된 공공시설이고 공익시설이며, 1991년 노유자시설 허가에서도 건축법 도로지정을 하지 못한 잘못이 지자체에 있으므로, 비록 사유私有라고 하여도 지자체장은 그 도로를 이용하거나 또는 그 현황도로에 접해 있는 토지소유자들을 위하여 ①현황도로소유자의 배타적 사용·수익권의 공법적 제한근거를 적극적으로 찾고 ②조례도로로 지정하며 ③지자체의 불법점유라면 보상을 하여 주민들의 이용권을 찾아주려는 노력을 하는 것이 옳지, 이 엄청난 잘못을 지금 허가 신청하는 국민에게 떠미는 것은 지자체의 전형적인 소극행정이다.

| 사례 90 | 도시재정비지구 등의 보차혼용통로 | 서울 은평구 |

　지구단위계획이란 지자체가 수립하거나 민간제안을 지자체장이 승인하는 행정계획이므로, 지구단위계획구역 내에 지정되는 보차혼용통로는 공로公路로 보아야 한다.

> 지구단위계획이란 국토계획법에 의하여 도시관리계획으로 결정되는 것으로, '난개발 방지를 위하여 개별 개발수요를 집단화하고 기반시설을 충분히 설치함으로써 개발이 예상되는 지역을 체계적으로 개발·관리하기 위한 계획'을 말한다(지구단위계획수립지침 1-2-4).

　⑴ 지구단위계획구역 내에는 맹지형 토지가 있을 수 없다. 지구단위계획은 그 수립목적이 난개발을 방지하기 위하여 기반시설을 충분히 설치하기 위함이기 때문이다.
　개발제한구역에서 해제되는 곳은 지구단위계획 수립이 의무이고, 기반시설(도로)을 최대한 확보하려면 주민이 합심해서 보차혼용통로 등의 공로를 만들어야 한다.

　⑵ 지구단위계획에서 민간시행지침이 결정되는데, 민간지침은 주민들이 참여한 행정계획이므로, 이 보차혼용통로는 스스로 만들어가는 공로公路가 되는 것이다.
　보차혼용통로는 민간지침에 따라 토지소유자가 협력하여 건축허가 때마다 건축선

후퇴로 만들어지는 도로이므로 배타적 사용·수익권이 제한된 것으로 해석해야 한다.

국토교통부는 "국토계획법에 따른 지구단위계획은 해당 지역을 체계적·계획적으로 개발 및 관리하기 위해 시·도지사, 시장·군수 등이 수립하는 도시·군관리계획으로서, 지구단위 계획수립지침(국토교통부 훈령) 3–13–2 등에 따르면, 보차혼용통로는 대지 내 공지로서, 양 호한 보행환경 조성과 원활한 차량 통행 등을 위해 지구단위계획으로 건축물 대지의 일 부에 지정하는 통로를 말하며, 이러한 보차혼용통로 이용 시 토지소유자의 동의가 필요한 것은 아니라고 판단된다."라고 회신하였다(2017.2.15. 도시정책과–1515).

(3) 국토부는 보차혼용통로는 공로公路라고 유권해석하고 있다. 그러므로 지구단위 계획을 결정한 지자체장이라도 소유자의 배타적 사용·수익권을 인정하면 안 된다.

즉 사유인 보차혼용통로를 건축법 도로로 개설할 책임이 그 소유자들에게 있기 때 문에, 보차혼용통로로 결정되면 국토계획법 및 시행지침에 의하여 권리가 제한된다.

(4) 건축허가권자인 지자체장은 지구단위계획구역 내에 조성된 보차혼용통로가 사 유일 때에 사용승낙이 없다는 이유로 반려하면 재량권 일탈·남용이 될 수 있다.

이 보차혼용통로는 허가권자가 ①지구단위계획 수립 및 승인과정에서 기부채납 받 을 수 있었고 ②민간지침에서 공로로 규정할 권한이 있으며 ③개발행위허가에서 기 부채납을 요구하거나 공로로 지정 또는 조건부 허가할 수 있고 ④건축허가에서 건축 법 도로로 지정할 수 있었기 때문이다.

그런데 지자체장은 그 책무를 다하지 않고 지금 건축허가를 신청하는 개인에게 이 웃과의 이런 분쟁은 사적자치 영역이라면서 해결 책임을 떠미는 것은 큰 잘못이다.

정리 지구단위계획이란 국토계획법의 허용범위 내에서 자체적으로 도시관리계획 을 수립하는 것이므로, 만약 민간지침 등에서 보차혼용통로로 결정되었다면 이 보차 혼용통로는 사유私有라도 공로로 해석되어야 하고, 도시과와 건축과는 지구단위계획 의 입법취지를 정확히 이해하여 국민이 대법원까지 가지 않도록 하여야 할 것이다.

사례 91 | 저수지가의 국·공유 현황도로를 공로로 만들어라 경기 용인시

보전관리지역의 임야를 분할하여 전원주택 단지로 만들면서 그 내부도로를 6m로 만들어서 지분등기하였으나, 단지 외부의 도로가 없어 십수 년째 맹지 상태이다.

지자체도 방치할 수 없을 것이므로, 토지주가 합심하여 도시계획전문업체를 선정하고 지자체와 협의해야 하는데, 그 단지 외부도로를 확보하는 방안을 안내한다.

(1) 저수지가의 도로를 너비 6m로 확보하려면 관리청의 동의가 필요하다. 저수지의 크기에 따라 관리청 – 허가청 – 허가규정이 달라서 한국농어촌공사에 질의하여야 한다. 저수지 주변에 비포장 형태의 현황도로가 존재한다면 그 현황도로를 포장도로로 만들 계획을 관리청 또는 한국농어촌공사가 갖고 있으므로 먼저 협의하여야 한다.

(2) 한국농어촌공사가 농업용수를 확보·관리하기 위하여 주변 임야 및 도로를 정비하게 되면 저수지 주위에 4~8m 포장도로인 공로가 자연스럽게 만들어지는 것이다.

관리기관에는 저수지 위의 흙이 흘러내리거나, 농업용수가 오염되지 않도록 관리계획이 있으므로, 인근 주민이 관리청과 공동으로 저수지를 보호하는 것은 공익에 맞다.

농어촌정비법 제2조(정의)
이 법에서 사용하는 용어의 뜻은 다음과 같다.
5. "농업생산기반 정비사업"이란 다음 각 목의 사업을 말한다.
　　마. 저수지[농어촌용수를 확보할 목적으로 하천, 하천구역 또는 연안구역 등에 물을 가
　　　　두어 두거나 관리하기 위한 시설과 홍수위 이하의 수면 및 토지를 말한다.], 담수호
　　　　등 호수와 늪의 수질오염 방지사업과 수질개선 사업

(3) 저수지가의 제방 및 농로는 농어촌정비법에 의한 농어업용수의 수질오염방지 및 수질개선 목적으로 농업생산기반시설 정비사업 및 농업생산기반시설 개량사업의 일환으로 저수지가에 도로를 개설 또는 보수할 수 있다. 그러므로 20여 필지의 소유자들이 합심하여 농어촌정비법의 생활환경정비사업 또는 주택법의 대지조성사업 등으로 기반시설을 확보하는 것은 지자체에게도 좋을 것이다.

(4) 개발행위허가에는 허가권자의 재량권이 있으므로 이 문제해결을 위해 법원으로 가면 허가신청자에게 불리하므로 집단민원으로 지자체에 호소하는 것이 더 효율적일 것이다. 통상 개발행위허가는 사익추구로 보고, 도시계획은 공익추구로 보기 때문이다. 그리고 지자체도 국토의 효율적 이용 및 토지소유자의 사유재산권 보호(집단민원)를 위하여 공익과 사익을 비교교량하는 합리적 절충안을 찾아야 할 것이다.

정리 저수지 주변의 임야가 맹지일 때에 농업생산기반 정비사업 기본계획 및 시행계획에 포함되어 있는지 확인하여 그 계획에 맞게 진행할 수 있는지 검토해야 하는데, 저수지는 농업생산기반시설 등록대상이므로 관리기관에 문의하면 된다.

또한 농업생산기반시설인 저수지 축조 및 정비에는 비상대처계획이 있고, 농어촌용수의 오염방지와 수질개선을 위한 대책, 환경부의 '물환경보전법' 등이 적용되는지 검토하여, 이런 계획에 부합되는 방향으로 도로개설방법을 찾으면 될 것이다.

9. 산림보호법의 보호수가 마을안길을 점용한 사례

사례 92 보호수가 국유도로에 지정되어 마을길이 없어짐 충북 충주

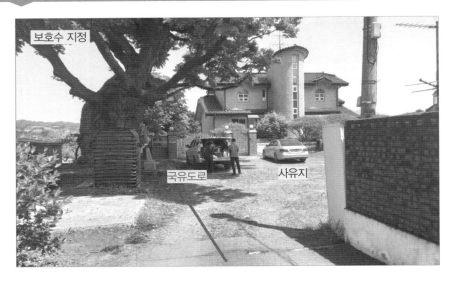

비도시·면지역에서 주택을 멸실하고 1종 근생 건축신고를 하였는데 진입로(국유) 위에 보호수가 지정되어 지적도의 도로 너비가 50㎝가 모자라서 사용승낙이 필요하다.

수십 년간 마을안길로 사용해온 실제 너비는 충분하다. 비도시·면지역은 접도의무가 없어 허가권자는 사유인 마을안길의 배타적 사용·수익권의 제한만 검토하면 된다.

(1) 개발행위허가기준에는 1천㎡ 미만의 주택 및 1종 근생은 마을안길 및 농로로 허가가 가능하기 때문에 이 현황도로가 마을안길에 해당되는지를 검토해야 한다.

이 현황도로를 수십 년간 사용해온 주민들의 통행권도 보호해야 하므로, 허가권자는 공익과 사익을 비교교량하여 판단하여야 할 것이다(대법원 2020다246630).

(2) 사유지가 마을길로 사용하고 있는 부분은 폭 1m 내외로서 길이는 6~8m이다. 이 마을길이 있는 필지는 지목이 과수원이나 오랫동안 마을 놀이터로 사용되고 있다.

그래서 배타적 사용·수익권의 제한으로 볼 수 있고, 폭 6~8m이므로 단독으로 건축물을 지을 수 없고 주변 필지와 합해서 건축한다고 하여도 효용성이 거의 없다.

(3) 주변의 필지는 원래 하나이었는데, 분할·매각하면서 그 진입로를 만들고 현재 현황도로를 소유자가 도로로 인정하였기 때문에 2채의 주택이 존재할 수 있었다.

보호수가 국유도로를 점용하여 허가신청자가 주위토지통행권 확인소송 조건이 된다면 허가권자는 (소송 없이) 재량권으로 허가할 수 있을 것이다(대법원 2005다70144).

(4) 이곳은 실제 자동차 통행이 가능하고 지적도의 너비도 자동차 통행이 가능하다. 그런데 두 채의 주택이 지어진 후 보호수구역 경계를 넓게 지정하여 50㎝가 부족하다. 보호구역을 지정하면서 기존 마을안길이 없어졌고 보호수가 내 토지까지 불법 점용하고 있으므로, 지자체는 공익을 위하여 각 실과와 합의하여 허가할 수 있을 것이다.

정리 20여 년 전부터 주택 두 채의 진입로로 사용하고 있던 마을안길 및 농로에 지자체가 「산림보호법」의 보호수구역을 설정하여 주민의 통행로 일부가 없어졌다면, 허가청은 어떤 방법으로든 주민들의 마을길의 통행권을 보호해야 할 것이다.

허가청이 비도시·면지역에서 실제 현황은 무시하고 지적도만 보고 개발행위허가를 못하겠다고 하는 것은 재량권을 소극적으로 행사하는 무책임한 행정이다.

정당한
보상이 안 된
현황도로

국가 및 지자체 등은 공익사업을 위하여 사유재산권을 수용·사용할 수 있지만 정당한 보상(헌법 제23조 3항)을 해야 하는데. 과거 고속도로 및 국도개설 등에서 기존 마을안길 등을 대체도로를 확보하지 않고 없앴는데 (시효時效경과 등으로) 억울한 국민은 지금 어떻게 해야 하나?

1. 고속도로가 개설되면서 진입로가 없어진 사례

헌법 제23조
① 모든 국민의 재산권은 보장된다. 그 내용과 한계는 법률로 정한다.
② 재산권의 행사는 공공복리에 적합하도록 하여야 한다.
③ 공공필요에 의한 재산권의 수용·사용 또는 제한 및 그에 대한 보상은 법률로써 하되,
정당한 보상을 지급하여야 한다.

「공익사업을 위한 토지 등의 취득 및 보상에 관한 법률」(약칭 토지보상법)에 규정된 112가지 공익사업을 수행하는 사업시행자(법 [별표])는 그 사업에 필요한 토지 및 건축물, 시설물 등을 협의를 거쳐(법 제16조) 수용할 수 있다(법 제19조).

이때 사업시행자는 헌법 제23조 3항에 따라 정당한 보상을 해야 하는데, 그 잔여 토지에 진입로가 완벽하지 못하면 경제적으로 큰 손실이 발생할 수 있다.

공익사업을 위한 토지 등의 취득 및
보상에 관한 법률(토지보상법) 시행규칙 제26조(도로 및 구거부지의 평가)
① 도로부지에 대한 평가는 다음 각 호에서 정하는 바에 의한다. 〈개정 2005.2.5.〉
  2. 사실상의 사도의 부지는 인근 토지에 대한 평가액의 3분의 1 이내
② 제1항 제2호에서 "사실상의 사도"라 함은 「사도법」에 의한 사도 외의 도로로서 다음 각 호의 1에 해당하는 도로를 말한다.
  1. 도로 개설 당시의 토지소유자가 자기 토지의 편익을 위하여 스스로 설치한 도로
  2. 토지소유자가 그 의사에 의하여 타인의 통행을 제한할 수 없는 도로
  3. 「건축법」 제45조에 따라 건축허가권자가 그 위치를 지정·공고한 도로
  4. 도로개설 당시의 토지소유자가 대지 또는 공장용지 등을 조성하기 위하여 설치한 도로

그리고 보상액은 도로소유자가 ①자기 이익을 위해 스스로 만든 도로 ②타인의 통행을 제한할 수 없는 도로 ③건축허가 시 허가권자가 지정한 도로 ④(분양목적으로) 대지 조성을 하면서 만든 도로는 주변 평가액의 1/3로 보상을 받게 된다.

이때 수용 당시 그 토지가 (토지보상법이 정한) 도로가 아니라면 정상적인 보상을 받을 수 있다(대법원 99두2215).

　　정당한 보상이 안 된 현황도로　　　　　　　　 ≫

고속도로에 수용되면서 농지가 도로구역에 접했다. 이 농지를 전용轉用하여 주택 및 창고를 지으려는데, 그 진입로가 도로구역이라서 사용동의가 필요하다고 한다.

만약 지적도에 없는 현황도로가 수용 당시에도 있었다면, 그 소유자(국가 및 공공기관)로부터 사용승낙(허가)을 받아야 할 절차는 다음과 같다.

(1) 허가청이 현황도로로 건축 및 개발행위허가를 받을 수 없다고 하면 그 이유를 정확히 물어야 한다. 왜냐하면 수용당하면서 정당한 보상을 받지 못했기 때문이다. 오랫동안 농로로 사용되었던 통로가 있는데 그 통로가 분할되어 있지 않고 도로구역에 포함되어 있다면, 허가청은 국·공유지 관리청의 동의가 필요하다고 할 수 있다.

대법원 94다14193
판례 살펴보기 🔍

민법상의 상린관계의 규정은 인접하는 토지 상호간의 이용관계를 조정하기 위하여 인지隣地소유자에게 소극적인 수인의무를 부담시키는 데 불과하므로, 그중의 하나인 민법 제219조 소정의 주위토지통행권이 위에서 말하는 사권의 설정에 해당한다고 볼 수 없고

(2) 국·공유지를 개발행위허가의 진입로로 사용하기 위하여 사용동의를 받기 어렵다. 국·공유지는 사권의 설정 등 권리 제한을 할 수 없기 때문이다(국유재산법 제11조).

다만 공익사업에서 사유지를 수용할 때에는 헌법 제23조3항의 정당한 보상을 하여야 하는데, 이런 현황도로의 대체도로를 확보해주는 것은 사업시행자의 의무이다.

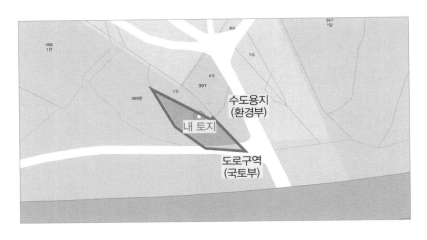

(3) 도로공사는 그 현황도로가 도로구역에 포함되면 주위토지통행권 수준의 통로 개설은 가능하므로(국유재산관리규정 제19조), 신청자는 수용되기 이전의 항공사진 및 지적을 가지고 관리청에 이 도로가 대체도로 성격임을 확인시켜야 할 것이다.

(4) 협의가 안 되면 관리청에 민원처리법에 의한 고충민원을 신청하고, 필요 시 상급기관인 국토부, 국민권익위원회로 고충민원을 신청하거나 소송을 할 수밖에 없다.
　허가청은 불허할 때에 그 사유를 구체적으로 밝혀야 하므로, (법원은 허가권자의 재량적 판단을 존중하지만) 그 불허사유에 잘 대응하면 해결책이 나올 것이다.

정리 전국의 많은 공익사업의 수용으로 발생된 맹지는 그 해결에 지자체의 각 부서가 종합적으로 판단하여 관리청과 협의하면 그리 어렵지 않은데, 신청자에게 떠밀어서 국민의 입장에서 보면 서로 업무를 떠밀고 있는 것처럼 보일 수밖에 없다.

그러므로 지자체는 이런 경우에 민원처리법 시행령 제36조에 따른 '실무종합심의회' 등을 열어서 주민의 맹지탈출을 적극 도와야 하고, 국토부는 지자체가 적극 나설 수 있도록 업무지침(매뉴얼)을 만들어 담당자의 적극행정을 도와야 할 것이다.

2. 고속화 도로가 개설되면서 진입로가 없어진 사례

사례 94 6차선 고속화 도로가 개설되면서 마을길이 없어짐 ┃ 경기 성남시

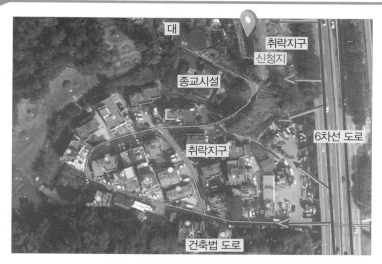

100년이 넘은 마을 앞에 1990년경 고속화 도로(6차선) 공사가 시행되면서 3~4개의 마을안길 및 농로가 없어졌다. 당시 LH가 수용하면서 정당한 보상을 하여야 한다. 이때 시행자는 기존의 마을안길 및 농로가 없어지지 않도록 대체도로를 확보하였을 것이므로, 다음 절차로 관리청에 도로를 찾아줄 것을 요구하여야 할 것이다.

도로노선대장

노선번호	100647		
도로종류	시도중일반도로		
관리자	토목팀		
노선 지정(인정) 일자	2010-02-02		
위치	시점	동 산69-6	
	종점	동 572-2	
노선연장	384.71m	전용연장	384.71m

(1) 관리청은 종교시설 하단의 현황도로(시가 관리하는 도로노선대장이 있고 도로명주소법의 도로임)를 포장하여 대체도로로 만든 허가 관련 서류를 공개하여야 한다.

관리청은 당시 시행사가 개설한 도로를 10년이 지난 후에 소유자가 그 포장을 무단으로 걷어내고 주민들의 통행을 제한하였는데도 사적자치 영역이라고 방관하였다.

(2) 관리청은 고속화 공사로 맹지가 된 토지소유자를 위하여 6차선 도로 밑에 방치되고 있는 국·공유지를 이용하여 건축법 기준에 맞는 통로를 개설할 수 있다.

이 통로를 건축법 도로로 지정하지 못하더라도 건축법 제44조 접도의무 예외인 '해당 건축물의 출입에 지장이 없다고 인정'하여 허가하면 될 것이나 공사비가 문제이다.

(3) 1992년 종교시설 설계도면(배치도)에 이 현황도로를 너비 4m로 표시한 것으로 보아 당시 허가청은 주민들의 통행로를 보호하기 위하여 행정지도를 잘한 것 같다.

이곳은 도시지역의 자연녹지이므로 이 현황도로를 건축법 제45조 단서 및 지자체 건축조례에 근거하여 소유자의 동의 없이 '조례도로'로 지정할 수 있을 것이다.

(4) 허가청은 두 번의 건축허가−개발행위−산지전용허가에서 그 임야 내의 마을 안길이 배타적 사용·수익권이 제한된 근거를 찾아서 주민들의 이용권을 찾아주어야 한다. 1974년 건축물 진입로와 1992년 종교시설 건축허가에서, 주민들이 70년 이상 사용해온 기존 통로를 공로를 판단하여 분할하거나 건축법 도로로 지정하여야 한다.

정리 시행사인 LH가 6차선 고속화도로가 개설되면서 3~4개의 마을안길 및 농로를 없애면서 대체도로를 만들어 주었을 것이다. 당시 준공 후 성남시에 관리업무를 이관하는 과정에서 대체도로에 대한 설명이 빠져서 이런 억울한 상황이 발생한 것이다.

대법원은 막다른 도로는 건축법 도로로 지정한 근거가 도로관리대장 등에 없다면, 건축신청 도서 및 도면만으로는 건축법 도로지정으로 볼 수 없다고 판결하였지만(대법원 98두12802, 99도697), 이 현황도로는 70년 넘게 주민들이 이용해온 공로이고, 두 번의 건축허가에서 소유자 스스로 도로로 인정한 것이라서, 허가청이 배타적 사용·수익권이 제한된 것으로 볼 수 있으므로, 지자체는 주민들의 통행로를 찾아주어야 한다.

3. 국도가 개설되면서 진입로가 부실해진 사례

사례 95 국도개설 시행자가 만든 대체도로가 부실함 　　　　전북 완주군

　국도가 개설되면서 시행자는 잔여 토지의 진입로 끝부분을 사인私人 토지에 만들었다. 그 도로가 미흡하여 국도관리청에 구거점용허가를 신청했는데 긍정적으로 검토하겠다고 한다. 그런데 허가가 되어도 막대한 공사비와 진입로의 관리에 문제가 있다.

　국도를 개설하면서 사업시행자가 사유지를 수용하려면 정당한 보상을 하여야 한다. 이 정당한 보상에 대체도로가 포함되므로 다음과 같이 협의하면 될 것이다.

　(1) 국도관리청은 국도관리에 지장을 주지 않는 범위에서 사유지의 통행로 개설을 위한 도로점용허가에 협조하여야 할 것이나, 이런 허가는 재량권이 커서 쉽지 않다.
　다만 당초 사업시행자의 미흡한 처리가 민원이 될 수 있으므로, 관리청은 도로개설을 위한 도로구역을 점용하는 허가 및 구거점용허가 등에 적극적일 것이다.

　(2) 이곳에 주택 또는 창고를 설치하려면 도로점용허가 이외에 개발행위허가를 받아야 하는데 그 개발 기준에 맞는 진입로 너비 및 구조기준을 미리 확인해야 한다.

새로 개설하려는 진입로에 자동차 통행이 가능하려면 소교량을 설치하여 기부(채납)하여야 하는데, 그렇게 되면 진입로를 독점적으로 이용·관리하기 어려울 수 있다.

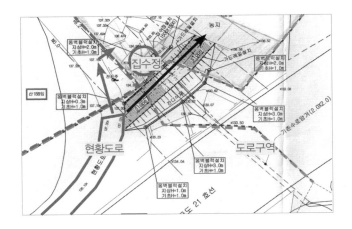

(3) 바로 위 필지의 지목이 하천인 것으로 보아 이곳은 산에서 자연적으로 흘러내리는 물이 아래로 모이는 웅덩이가 있어 관리청에서 구거점용허가까지 확인할 것이다.

이때 구거점용의 설계도면이 그 지형의 성절토 및 유수流水처리로 국도관리에 지장을 주지 않아야 하고 재해방지시설이 있어야 할 것이나 공사비가 걱정될 것이다.

(4) 진입로를 개설할 곳에 집수시설이 있는데, 그 시설은 도로관리에 직접적인 영향을 주는 곳이므로 변경설계에 유수 또는 산사태 방지시설이 포함되어야 한다.

정리 큰 임야의 아랫부분에 밭이 있었는데, 그 밭 가운데로 국도가 개설되면서 윗부분의 밭이 (타인의 토지로 통행로가 개설되어) 사실상 맹지가 되었다. 그래서 새로 진입로를 개설하려면 국도관리청과 지자체로부터 여러 가지 허가를 받아야 한다.

이때 이 진입로는 자연유수 수량 등을 검토하여 도로관리에 지장이 없는 범위에서 성절토 등을 협의해야 하고, 도로점용 및 구거점용허가를 받은 후에 그 통로를 단독으로 사용하려면 도로 부분의 국유지를 용도폐지하여야 매수신청이 가능할 것이다.

4. 지방도가 개설되면서 진입이 불편해진 사례

사례 96 지방도가 개설되면서 통로연결이 부실함   강원 홍천군

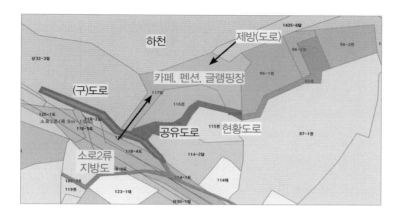

계획관리지역의 농지에 카페, 펜션, 글램핑장을 하기 위해 분석해보니, 지방도와 연결부분이 부실하고 내부에 공유도로가 있으며 입구의 지적도 혼란스럽다.

각종 지적공부로 토지 및 통행로의 연혁 등을 검토해보고, 토지이음 사이트에서 도시계획도면을 보며, 임장활동 등으로 다음과 같이 검토하면 될 것이다.

(1) 근생 건축물을 짓기 위해 개발행위허가를 받으려면 지방도와 연결하여야 한다. 1995년경 준공된 지방도를 공사하면서 내 대지와 잘못 연결하였다(높이 차이가 큼).

그리고 지방도의 도로구역과 기존의 국유인 도로 사이에 사유지(내 토지)가 있고 또한 접도구역이 있어, 도로연결허가 및 변속차로를 만들려면 복잡하다.

(2) 현황도로로 허가될 수 있을지에 대한 판단이다. 공유共有인 도로를 지금 형질변경하여 지목을 도로로 변경하려면 다른 지분권자의 동의가 필요하다.

다만 뒤 토지의 개발행위허가에서 원 소유자가 공로로 이용함에 동의하였으므로 지금 허가에서 동의 없이 가능할 것이나, 허가청이 인정하지 않으면 사용승낙에 갈음하는 판결을 받으면 된다(대법원 2012두 9932).

(3) 근생 건축물을 짓기 위한 개발행위허가에서 '도로 등이 미설치된 지역'의 허가기준은 국토계획법에 의하여 지자체 도시·군계획조례로 위임되어 있다.

개발행위허가의 진입로는 2차선 도로까지 신청인이 연결해야 하므로, 1천㎡ 미만의 단독주택이나 1종 근생, 농업용 시설 이외에는 4m 이상의 도로개설이 필요하다.

(4) 이 대지는 위쪽으로 국유인 밭에 연결되어 있는데 그 밭의 일부가 농로(제방도로)로 사용되고 있으므로 그 관리청과 협의하면 앞뒤로 진입로가 확보될 것이다.

이때 이 제방도로는 국유재산 중 행정재산이기 때문에 법정도로를 만들 수 없지만, 주위토지통행권 수준의 통행로는 사용허가될 수 있으므로 개설이 가능할 것이다.

정리 계획관리지역(면지역)의 농지에 카페, 펜션, 글램핑장을 만들려면 여러 해당 법령의 허가기준에 충족되어야 하는데, 이때 진입로 확보가 제일 중요하다.

진입로는 개발면적 및 건축물 종류에 따라 개발행위허가기준이 달라지게 되는데, ①지방도와 연결되는 부분의 도로연결허가 ②지방도와 사유지 사이의 국유지(구.도로) 매수신청 또는 사용허가 ③공유인 도로의 형질변경에 대한 허가청의 판단 ④제방도로의 사용허가 또는 매수여부 등을 하나씩 확인하여야 할 것이다.

정당한 보상이 안 된 현황도로 ≫

5. 산지관리법의 현황도로를 맹지로 평가한 사례

사례 97 임야를 고속도로로 수용하면서 맹지로 평가   경기 파주시

　고속도로로 수용되면서 보상액이 적어 문의하였더니, 현황도로로 자동차 통행은 가능하지만 법정도로가 아니므로 (허가가 불가능한) 토지로 평가하였다고 한다.

　사업시행자는 공익사업이 인정·고시되면 사유지를 수용할 권한이 있지만 토지소유자에게 정당한 보상을 하여야 한다(헌법 제23조3항). 이때 사업시행자는 토지보상법 제73조에 의하여 잔여토지의 통로를 제공할 의무가 있고, 마을안길·농로를 없애려면 대체통로를 확보해주어야 하며, 정당한 보상에 현황도로의 통행권도 포함된다.

　다음과 같이 감평사를 설득할 법률적 근거를 찾아서 적당한 협의를 하여야 하고, 협의되지 않으면 사업시행자를 상대로 소송 또는 고충민원을 제기할 수밖에 없다.

　(1) 건축법 도로는 비도시·면지역은 지정의무가 없고 자동차 통행이 가능한 통로만 있으면 되므로, 이런 곳에는 법정도로로 볼 수 있는 건축법 지정도로가 있을 수 없다.

(2) 개발행위허가의 진입로는 허가가 접수되면 도시계획조례 규정에 따라 여러 부서에서 공동으로 협의하는 것이므로, 허가 여부를 한 부서에서만 판단하기 어렵다.

다만 허가청은 1천㎡ 미만의 단독주택 부지 및 1종 근생시설은 기존의 마을안길 및 농로 등 현황도로로 개발허가가 가능하기 때문에 맹지로 평가하면 안 된다.

산지전용 시 기존도로를 이용할 필요가 없는 시설 및 기준

"현황도로"란 다음 각 목의 어느 하나에 해당하는 도로를 말한다. 다만, 임도를 제외한다.
　가. 현황도로로 이미 다른 인허가가 난 경우
　나. 이미 2개 이상의 주택의 진출입로로 사용하고 있는 도로
　다. 지자체에서 공공목적으로 포장한 도로
　라. 차량진출입이 가능한 기존 마을안길, 농로

---

(3) 보전산지의 진입로 규정은 산지관리법에 따라야 하고, 준보전산지이면 국토계획법과 산지관리법의 규정에 모두 적합하여야 한다(개발행위허가운영지침 3-3-2-1. (5)). 보전산지에 건축하려면 법정도로(건축법 지정도로 포함)가 있어야 산지전용허가가 가능하나, 준보전산지의 경우에는 현황도로(임도제외)로 전용허가가 가능하다.

(4) 이 보상토지는 원래 진입로가 없었으나, 대지 소유자가 이웃 토지소유자를 상대로 주위토지통행권 확인소송으로 자동차 통행이 가능한 진입로를 완성한 곳이다.

그러므로 공공사업으로 인한 수용이 없었다면 단독주택 및 1종 근생, 농림어업용 시설 등은 허가가 가능한 것이므로 맹지로 평가하는 것은 잘못이다.

정리 감평사는 미래가치가 아닌 현재가치를 평가해야 한다는 이유로 국민이 쉽게 허가받을 수 있는 권리 즉 기속재량에 해당되는 것도 가치를 인정하지 않으려고 한다.

특히 허가청의 재량권이 있는 개발행위허가 및 산지전용허가가 전제되면 감평사는 허가권자의 재량권을 핑계로 허가가치를 인정하지 않으려고 한다. 그래서 진입로가 명확하지 않을 때는, 일반적 감평으로 허가가치(=정당한 보상)를 인정받기 어렵다.

6. 공익사업의 미불용지에 대한 보상

1942년식 법정도로의 배타적 사용·수익권 전남 담양군

지방도에 연결된 지목이 도로인 현황도로는 공유와 사유가 절반씩이다. 이 현황도로를 진입로로 하여 산지전용허가를 받아 주택 11채가 거주하고 있다. 그런데 최근 주택허가를 또 받으려고 하니 사유도로 지분권자의 사용승낙이 필요하다고 한다.

허가청은 지목이 도로라도 사유인 경우 사용승낙이 필요하다고 할 수 있다(대법원 99 두592). 다만 그 현황도로의 배타적 사용··수익권이 포기·제한된 것이 명백하면 사용 승낙을 요구하지 않을 수 있으므로, 그 제한 여부를 다음 순서로 확인해야 할 것이다.

(1) 이 현황도로는 1942년 지방도 개설로 분할되어 지목이 도로로 변경된 것으로 당시 소유자가 스스로 일반 공중의 통행로로 제공하지 않은 미불용지이다.

당시 소유자의 자발성, 효용성은 없지만 그 후 주민들이 농림업 용도로 사용해왔고 이 도로로 이미 11채가 건축되었으므로 허가청은 평등의 원칙을 적용해야 할 것이다.

대법원 2006. 5. 12. 선고 2005다31736 판결 [토지인도등] 판례 살펴보기 🔍

새마을 농로 확장공사로 인하여 자신의 소유 토지 중 도로에 편입되는 부분을 도로로 점

(2) 이 현황도로는 중형 저수지로 연결되는 공로이므로 1942년과 2012년 확·포장할 때 '농어촌정비사업' 계획서를 확인하면 지자체의 점유여부를 검토할 수 있을 것이다. 당시 시행자는 마을대표 등을 통하여 소유자의 배타적 사용·수익권의 포기서를 받아 사업계획서에 첨부하였거나(대법원 2005다31736), 구두 동의를 받았을 가능성이 높다.

(3) 이 도로는 2012년 너비 5~6m로 포장되었다. 이곳은 비도시·면지역이므로 건축법 제44조의 접도의무가 적용되지 않고 자동차 통행이 가능한 통로만 있으면 된다.

그리고 보전관리지역의 준보전산지이므로 개발행위허가기준과 산지전용허가기준에 맞다면, 미불용지의 사용승낙과 무관하게 건축신고가 수리되어야 한다.

(4) 주민들이 이용해온 일반 공중의 통행로이고 이미 11채 이상의 주택이 거주하고 있다면, 비례·평등의 원칙, 신뢰보호의 원칙, 부당결부금지의 원칙이 적용되어야 한다.

이미 주민들이 80년 이상 사용해온 도로라서 앞선 건축허가에서 배타적 사용·수익권이 포기된 것으로 판단하였다면 이번 허가도 같은 기준으로 검토해야 할 것이다.

정리 허가청은 법원이 소유자의 사용승낙이 필요한지 아니면 배타적 사용·수익권의 포기된 것을 정확히 판단하라고 하는데도 스스로 확인해보려고 하지 않고 허가신청자의 긴박한 사정을 이용하여 사용승낙을 받아오라고 하고 있다.

일선 지자체들이 이렇게 행정지도를 하는 이유는, 허가는 공법규정이므로 지켜야 하지만 배타적 사용·수익권 제한 여부는 민법이므로 검토하지 않고 신청자에게 사용승낙을 요구해도 추후 문제가 되지 않을 것이라는 안이한 생각에서 오는 오래된 관행이다.

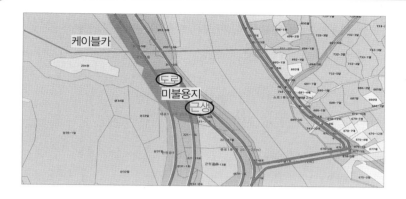

임야의 절반이 4차선 도로에 들어갔는데 보상되지 않았다. 국도관리사업소에 물었더니, 사업면적에 포함된 것 같은데 왜 보상하지 않았는지는 확인하기 어렵다고 한다. 공익사업은 「토지보상법」에 따라 정당한 보상을 하고 사유재산을 수용한다. 다만 지적불부합지라서 일부가 보상되지 않았을 수 있으므로 다음과 같이 확인해야 한다.

(1) 사업시행처의 의견을 확인하여야 한다. 이곳은 국도이므로 당시 도로사업계획서를 통하여 내 토지가 얼마만큼 수용되었는지 등 보상자료를 확인할 수 있을 것이다.

(2) 보상하지 않는 이유를 확인해야 한다. 공익사업은 보상하기 전에도 분할하고 지목변경까지 할 수 있지만, 실제 공사는 보상 또는 공탁하지 않고 시행할 수 없다.

보상업무를 지자체로 위임하였다면, 보상처에서는 소유자에게 통지하고 협의를 한 후에 공탁하고 공사하였으므로 당시 보상통지－협의문서－공탁서류 등이 있을 것이다.

(3) 보상금액에 대한 감정평가는 3인 이상의 감정평가사가 하는 것이므로, 일단 토지경계측량으로 수용·사용 면적을 확정한 후에 정당한 보상금액을 받도록 해야 한다.

이때 정당한 보상 및 적정한 사용료는 1차적으로 감평사가 평가하나, 미흡하면 (변호사와 함께) 정당한 보상절차(협의－이의재결 등)로 권리를 찾을 수 있을 것이다.

7. 마을숲원사업 등에 제공된 사유지

사례 100 마을길·교량을 개설하면서 보상이 없었던 사례　　　경기 남양주시

　　2002년 토지를 매입하여 공장허가를 받았다. 공장부지 내로 마을안길을 임시로 만들겠다고 하여 전 소유자가 동의해주었다는데 지자체는 보상 없이 도로를 개설했다.

　　공장허가를 받은 부지에 사실상 통행로가 있어 지적분할도 못하고 증축도 못하는 상황이 되었으므로, 다음과 같이 상황을 조사한 후에 지자체와 협의해야 할 것이다.

판례 살펴보기 🔍

대법원 2014두5477
정보공개법 제9조 제1항 각호에서 정하고 있는 비공개사유에 해당하지 않는 한 이를 공개하여야 한다. 이를 거부하는 경우라 할지라도, 대상이 된 정보의 내용을 구체적으로 확인·검토하여, 어느 부분이 어떠한 법익 또는 기본권과 충돌되어 법 제9조 제1항 몇 호에서 정하고 있는 비공개사유에 해당하는지를 주장·증명하여야만 하고, 그에 이르지 아니한 채 개괄적인 사유만을 들어 공개를 거부하는 것은 허용되지 아니한다.

　　(1) 공장허가 서류와 다리개설 서류를 정보공개 신청하여 당시 어떤 내용의 동의서가 있었는지 확인해야 한다. 다만 10년이 넘어서 관련 서류를 찾기 어려울 것이다.

　　그러나 큰 비용을 들여 설치한 다리이므로 사업계획서 및 도면 등은 반드시 있을 것이고, 소유자의 동의서 및 보상근거가 있을 것이므로 정보공개 신청하여야 한다.

(2) 건축물대장에 의하면 필지 전체를 대지(공장용지)로 허가받았는데 그 공장용지 내로 마을안길과 다리가 개설되었다. 경계측량하여 시가 점용한 면적을 확인한다.

만약 전 소유자가 보상을 받았다면 매매 당사자끼리 해결할 문제이나, 받지 않았다면 도로 및 다리로 사용하고 있는 부분을 분할하여 보상을 요구할 수 있을 것이다.

(3) 공장을 증축하려면 현재 토지를 현황대로 분할해야 한다. 그런데 맞은편의 국유재산을 점용허가 없이 오랫동안 사용하고 있으므로 교환협상을 할 수 있을 것이다.

국·공유지가 행정재산이면 용도폐지하여 일반재산이 된 후 매수신청할 수 있는데, 수의계약도 가능할 것이므로 그 절차는 지자체 국유재산 관리부서에 문의하면 된다.

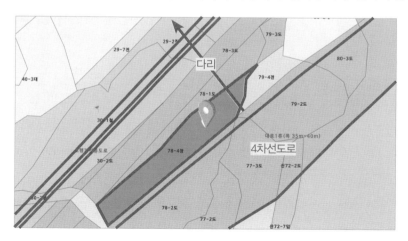

정리 이런 일은 지자체의 여러 부서가 함께 해결할 일이므로 쉽지는 않겠지만, 전 소유자가 정당한 보상을 받지 않았다면 지자체에 보상을 요구할 수 있고, 연접한 국유지는 오랫동안 점용하였다면 매수신청하여, 보상과 교환 협의를 같이 해볼 수 있다.

8. 댐 건설로 맹지가 된 사례

| 사례 101 | 댐 건설로 마을안길 및 농로가 없어진 사례 | 충북 충주시 |

1986년 댐이 건설되면서 수위가 높아져서 마을안길 및 농로인 보행교가 없어졌는데, 수자원공사와 지자체는 30년 넘게 방치하고 있다. 그 후 2016년 건축신고가 수리되고, 국민권익위도 해결을 권고하였는데, 수자원공사는 하천법 위반으로 고발하였다.

이곳은 생산관리지역으로 사과농장 등 농경지로 사용되고 있고, 2016년 신축된 주택이 있으므로 국가 및 지자체가 농로를 개설해주어야 할 책임이 있다. 수자원공사 및 지자체가 댐 관련 법령 등에 따른 의무를 이행하고 있는지 확인해보아야 한다.

(1) 댐 수위水位가 높아져서 많은 토지가 수몰되거나 농경지로 사용되지 못했다. 이때 시행자는 「댐건설관리법」과 「토지보상법」에 의하여 정당하게 보상하였을 것이다.

이 댐 건설 사업계획에는 보행교 폐도로 인한 대책 또는 보상까지 포함하여야 한다. 그러므로 당시 보상한 내역 및 시행자가 지자체와 협의한 내용을 확인해야 한다.

정당한 보상이 안 된 현황도로   ≫

(2) 「댐건설관리법」(2000.3.8. 시행)에 의하면, 그동안 「특정다목적댐법」에 의한 댐주변지역 주민에 대한 지원이 불충분하여, 댐 관리자와 지자체장이 주민복지증진을 위하여 '댐주변지역지원사업'을 실시하도록 하였는데(법 제41조, 43조), 이행하지 않았다.

1986년 이전의 보행교는 주민들이 마을안길 및 농로로 이용했던 곳이므로 최소한 갈수기(봄)에 영농자재를 실어나를 수 있는 통로를 만들어주어야 한다. 이제라도 수자원공사－환경부－지자체가 협의하여 최소한의 대책을 수립하여야 한다.

(3) 수자원공사와 지자체는 2018.6.12. 제정된 「댐주변친환경보전법」에 의한 지원계획에 그동안 지역주민의 고충민원이 반영되었는지 확인해보아야 할 것이다.

이 법에 따르면 댐주변지역은 각종 규제로 인한 지역경제 활성화에 한계가 있으므로, '댐 친환경 활용 계획'을 수립하여 댐 주변지역 경제를 진흥시켜야 한다(법 제1조)고 규정하였다. 이 활성화 계획에는 이 교량개설 계획을 포함하여 이 법의 입법취지 및 주민들의 고통(30여 년 동안 농로가 없어 영농에 큰 지장)을 해결해주어야 한다.

(4) 2016년 지자체는 이곳에 건축신고를 수리하였다. 이때 허가청은 갈수기(봄)에 가설통로로 자동차 통행이 가능한 농로農路로 사용하는 것에 대해서 수자원공사의 의견을 듣고 건축신고를 수리했을 것이다. 그렇다면 하천법 위반은 안 되어야 한다.

(5) 이 통행로는 하천점용허가 제도가 생기기 전부터 있었던 것으로 주민의 정상적인 영농활동이면서 생존을 위한 불가피한 점용이고 하천법에 콘크리트 구조물의 설치가 가능하므로(하천법 제34조 4항 4호) 마을안길 및 농로를 찾아주어야 할 것이다.

정리 댐을 관리하는 중앙행정부서와 지자체는 오래된 일이고 법률에 명확한 규정이 없다는 이유로 서로 책임을 떠밀면서 국민의 피해를 방관하고 있다.

그러므로 이런 사안은 국민권익위가 나서서 한국수자원공사 및 환경부, 지자체 및 국토부, 행정안전부 등에게 헌법에 보장된 국민의 사유재산권의 보장과 각종 댐 관련 법률에 정한 국가 및 지자체의 의무를 이행할 것을 요구해야 할 것이다.

9. 수용사업의 이주단지 내의 마을안길

1962년 논산훈련소가 확장되면서 주민 122명이 속초시로 강제 이주되었다. 대지 80평과 농지 2천 평을 보상받았는데, 지자체가 포장·관리해온 그 주택단지 내의 사유도로가 경매로 소유권이 바뀌면서 분쟁이 발생하였는데 지자체는 방치하고 있다.

이 마을안길은 이미 공로公路이므로 지자체는 소유권보다 주민들의 통행권을 보호해야 하고, 건축허가에서 사적자치 영역이라고 불허하면 안 되는 이유는 다음과 같다.

(1) 이곳은 공익사업으로 보상받은 주택단지이므로 그 내부도로도 국가(사업시행자) 및 지자체가 전적으로 책임져야 하는 것이 헌법 제23조 3항의 정당한 보상이다.
취락구조사업 때 자발적으로 도로로 제공하였고 본인 토지의 가치도 증진되었으므로 손해가 없어 (원 소유자의) 배타적 사용·수익권이 제한된다(대법원 2015다235049).

(2) 마을안길인 것을 알고 경매로 취득한 특별승계인은 토지인도 및 부당이득반환청구에 기각되므로(대법원 전원합의체 판결 2016다264556), 지자체가 나설 수 있다.

또한 이런 일반 공중의 통행로를 막는 것은 민법의 불법행위이고 권리남용이며 형법 제185조의 일반교통방해죄에 해당된다(대법원 2020다229239, 2020다254280).

(3) 현황도로를 시가 포장하여 관리해온 곳이라면 지자체의 점유를 인정하여 부당이득반환 청구는 인용될 수 있지만 토지인도는 안 된다고 하였다(대법원 2021다242154). 그러므로 허가청은 이런 현황도로로 건축신고를 접수하면 그 진입로는 '해당 건축물의 출입에 지장이 없다고 인정하여' 사용승낙 없이 수리하여야 할 것이다.

건축조례 제38조(도로의 지정)
법 제45조제1항제2호에 따라 주민이 장기간 통행로로 이용하고 있는 사실상의 통로로서 위원회의 심의를 거쳐 시장이 법 제2조제1항제11호나목에 따라 도로의 위치를 지정·공고하고자 할 때 이해 관계인의 동의를 얻지 아니할 수 있는 경우는 다음 각 호의 어느 하나와 같다.
1. 국가 또는 지방자치단체에서 직접 시행하거나 지원에 따라 주민공동사업 등으로 포장되어 사용하고 있는 경우
4. 사실상 주민이 이용하고 있는 통로를 도로로 인정하여 건축허가(신고) 하였으나 도로로 지정된 근거가 없는 통로
5. 전기·상수도·하수도·도시가스 등 공공기반시설이 설치되어 있는 통로
6. 그 밖에 시장이 이해관계인의 동의가 필요하지 않다고 인정하는 경우

(4) 주민들이 오랫동안 사실상 통로로 사용해온 마을길은 그 소유자의 동의 없이 건축위원회 심의를 통하여 건축법 도로로 지정할 수 있다(법제처 19-0541).

정리 2008년부터 주민들이 마을안길을 지자체에게 매입해달라고 하였는데 지자체는 수용권이 없다는 이유로 방치하고 있다.

이런 곳은 지자체가 소유자의 배타적 사용·수익권을 보장하는 것보다 주민들의 통행권을 보호해야 하는 곳이므로, 조례도로로 지정하거나 해당 건축물의 출입에 지장이 없다고 인정하면 될 것이고, 소유자가 통행을 막거나 토지인도 및 부당이득 반환 소송을 해오면 주민과 지자체가 충분히 대응할 수 있을 것이다(대법원 2020다229239 등).

도시계획(예정) 도로와 현황도로

도시계획시설 도로가 집행되지 않은 상태에서 그 내부도로는 관행적으로 건축법 도로로 지정하지 않았다. 그러므로 허가권자는 도시계획 (예정)도로가 결정될 때의 경계오차, 결정해제로 인한 기존 현황도로 처리, 도시계획시설 도로의 배타적 사용·수익권이 제한 여부는 행정 법의 재량권과 대법원 전원합의체 판례(2016다264556) 법리로 현황 도로 소유자의 사용승낙 없이 건축허가를 할 수 있도록 하여야 할 것 이다.

1. 장기 미집행 도시계획시설 도로의 해제

대법원 93다30907

시장·군수가 도시계획시설의 하나인 도로를 설치하기로 도시계획에 관한 지적 등의 고시를 하여 놓고 도시계획사업을 시행하지 아니한 채 방치된 토지가 사실상 일반 공중의 교통에 공용되는 도로로 사용되고 있는 경우, 그 토지의 소유자가 스스로 그 토지를 도로로 제공하여 인근 주민이나 일반 공중에게 무상으로 통행할 수 있는 권리를 부여하였거나 그 토지에 대한 독점적이고 배타적인 사용·수익권을 포기한 것으로 보려면, 그가 당해 토지를 소유하게 된 경위나 보유기간, 그밖에 자기 소유의 토지를 도시계획에 맞추어 분할하여 매도한 경위나 그 규모, 도로로 사용되는 당해 토지의 위치나 성상, 인근의 다른 토지들과의 관계, 주위환경 등의 여러 가지 사정과 아울러 분할 매도된 나머지 토지들의 효과적인 사용·수익을 위하여 당해 토지가 기여하고 있는 정도 등을 종합적으로 고찰하여 신중하게 판단하여야 한다.

2020.7.1. 도시계획시설 (예정)도로의 폐지(자동실효)로 인하여 많은 국민(소유자 및 주변 이용자)이 그 사유재산권에 심각한 피해를 입고 있다.

원래 도시계획시설 도로는 공물(예정)이므로 지자체가 배타적 사용·수익권을 제한할 수 있으나, 사업시행을 하지 않는 사이에 많은 주민과 지자체가 이 예정도로를 사용승낙 없이 포장까지 하여 사실상 공로公路가 된 사례가 전국적으로 무수히 많다.

장기미집행 시설인 예정도로는 2014.12. 국토부가 '해제가이드라인'을 정하여 2015년 말까지 ①우선해제시설을 분류하고 ②단계별 집행계획을 검토하여 ③그 정비절차는 2016년 말까지 도시군관리계획을 결정·고시하라고 하였다.

지자체장은 이런 통행권 분쟁 등을 해결하고자 건축법 제45조 1항 단서 2호에 의하여 조례도로의 지정을 위임받았는데, 전국적으로 시행하고 있는 지자체는 많지 않다.

이 조례도로의 시행은 토지소유자의 배타적 사용·수익권을 뺏는 것이므로 지자체가 부당이득반환 및 토지인도 소송에 휘말리거나 민원발생을 두려워할 수 있다.

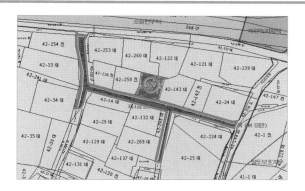

조례도로 지정을 위한 건축위원회 심의에서 도시계획시설 도로의 설치를 권유하였는데, 지자체 각 부서는 서로 책임을 떠밀고 있다. 그러나 지자체는 다음과 같은 이유로 주민에게 책임을 떠밀지 않고 적극적으로 해결에 나서야 한다.

(1) 도시계획시설 도로를 결정하여 소유자의 배타적 사용·수익권을 제한하고 주민들에게 이용권을 사실상 부여하였다면, 그 내부에 만들어진 현황도로의 통행권 분쟁은 지자체와 예정도로소유자와의 문제가 되어야 한다. 설사 부당이득반환해야 하는 것이 예상되어도 지자체는 사적자치 영역이라면서 외면하면 안 된다.

(2) 건축법 제44조의 예외로 허가가 가능하다. 대법원 판례(91다22032)는 '지자체가 도로로 지적·고시하고 도로로 지목변경한 곳에 하수관을 매설하고, 새마을 자조사업으로 콘크리트 포장하여 주민 및 차량의 통행에 제공하였다면 시가 점유·관리한 것이므로 부당이득반환 대상이지만, 배타적 사용·수익권은 포기되었다고 판단하고 있다. 그러므로 이런 경우 허가권자는 사용승낙을 요구하면 안된다.

법 조항 살펴보기

세종시 건축조례 제33조(도로의 지정)
법 제45조제1항제2호에 따라 주민이 오랫 동안 통행로로 이용하고 있는 사실상의 통로로서 다음 각 호의 어느 하나에 해당하는 경우 해당 도로에 대한 이해관계인의 동의를 받지

(3) 건축위원회의 재심의를 요청한다. 건축법에서 조례도로의 입법취지는 이용자를 보호하려는 것인데 현행 지자체 건축조례 규정에 맞다면 심의가 부족한 것이다.

이 통행로로 건축신고가 불수리되면 행정소송(불허처분취소)을 제기하거나, 주거지역이라서 주위토지통행권이 인용되어 허가될 수 있다(대법원 96다10171).

대법원 88다카16997, 91다6702, 91다35649, 91다22032 판결 참조 　판례 살펴보기 🔍

어느 사유지가 종전부터 자연발생적으로 또는 도로예정지로 편입되어 사실상 일반의 통행로로 사용되고 있는 경우 토지소유자가 사용·수익권을 포기하였다거나 도로로서의 사용승낙을 하였다고 해석하려면 그가 당해 토지를 매수한 경위나 보유기간, 사실상의 도로로 쓰이는 당해 토지의 위치와 성상, 주위 환경 등 여러 사정을 종합하여 신중히 판단하여야 한다.

(4) 도시계획과의 공식적인 의견이 중요하다. 이 현황도로는 주민들이 수십 년 동안 공로公路로 사용해왔는데 (이제와서 건축법 도로가 아니라면) 이 현황도로로 건축허가를 받은 수많은 사람들은 향후 재산권을 크게 침해받게 될 것이다. 그래서 허가청은 행정기본법 제9조의 평등의 원칙, 제12조의 신뢰보호의 원칙을 위배하는 것이다.

정리 2020.7.1. 자동실효된 도시계획도로 때문에 건축허가를 받지 못하고, 그 소유자와 이용자의 분쟁에 대한 민원이 엄청나게 발생하고 있는데도, 지자체는 현행법 기준(너비 4m 이상의 도로에 2m가 접해야 한다)에 맞지 않는다면서 불허하고 있다.

국토부는 도시계획예정도로의 폐지로 인하여 진입로가 4m 미만의 도로가 되어 억울하게 맹지가 되어버린 수많은 국민을 위하여 조속히 법을 개정할 필요가 있다. 이런 증·개축은 본인 대지에 건축선을 후퇴하여 허가해도 된다.

도시계획도로가 주민 반대로 없어진 사례

충북 진천

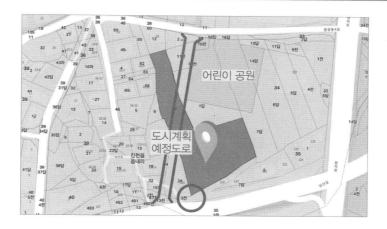

이번 사례는 도시계획도로가 장기 미집행된 상태에서 2020.7.1. 자동실효될 상황이 되자 지자체가 예정도로를 해제한 곳으로, 소유자는 지난 수십 년 동안 시설결정으로 인하여 재산권 행사를 하지 못했는데 해제되면서 진입로가 없어 맹지가 되었다.

현재 지자체는 주민 반대로 도시계획시설 폐지를 할 수밖에 없다고 변명하면서 주민이 모두 동의하면 도로개설계획을 다시 수립하겠다고 약속하였지만 이런 행정으로 피해를 입은 주민은 다음과 같이 권리를 찾아야 할 것이다.

(1) 국토부의 지침(장기미집행시설 해제 가이드라인)은 10년 이상 장기 미집행된 도시계획시설을 ①우선해제 ②재정적 집행가능 ③비재정적 집행가능시설로 나누었다.

도시계획시설로 지정되는 동안 건축법이 강화되어 지금 건축허가를 받을 수 없다면 지자체에게 맹지를 탈출할 대체도로 또는 해결방안을 수립해달라고 할 수 있다.

(2) 도시계획시설 도로 옆에 공원公園이 있다. 이 공원부지를 협의로 매수하였고, 그 시설 밖의 인근 토지를 지자체가 매수하였다면 그 이유를 확인해보는 것이다.

지자체가 예산을 세워서 토지를 매입하는 경우 반드시 행정계획이 있어야 하므로, 주변의 도시계획시설의 설치 및 변경이 언제 어떻게 바뀌게 될지 짐작할 수 있다.

(3) 이곳은 도시지역이고 일반주거지역이므로, 대지와 법정도로를 연결할 수 있는 지목이 구거인 국유지와 소하천구역을 점용허가를 받으면 진입로를 확보할 수 있다.

일단 폐지된 도시계획시설 도로에 건축물을 배치하여 건축허가-사전결정 또는 사전심사를 신청해보면 도시관리계획의 변경과 지자체의 해결 의지를 알 수 있을 것이다.

(4) 도시계획시설 도로의 폐지로 인하여 주변 토지에 건축법 도로가 없어지면, 주민과 지자체는 이 현황도로를 건축법 도로로 만들어야 동네 전체의 가치가 높아진다.

이 폐지로 인하여 직접적인 피해를 받게 되는 주민은 일단 구거점용허가 또는 국유재산사용허가를 통하여 건축법 도로를 만들어야 할 것이다.

정리 지난 30여 년 동안 도시계획예정도로가 있었는데 최근 해제되었다면 그 도로는 지자체 우선순위에 밀려서 (비재정적 집행가능시설로 분류되어) 해제되었을 것이다.

그렇다고 하여도 국가 및 지자체에 손해배상 또는 손실보상을 청구할 수 없다. 이 도시계획시설은 공공시설이고 법절차에 따라 진행했던 것이기 때문이다.

그러나 이런 해제된 도로의 주변에 주민들 간의 분쟁이 예상되는 현황도로가 있다면, 지자체는 그 현황도로를 조례도로로 지정하거나 또는 구거점용허가 등으로 공로公路를 만들어 주민들의 피해를 최소화할 의무가 있다.

2. 공동주택단지 내의 도시계획시설 도로

주택법의 도로는 접도의무 예외   전북 전주시

테니스장

이곳은 제3종 일반주거지역이고, 1989년 주택법에 따른 공동주택 아파트 사업승인을 받으면서 만들어진 도로이다. 당시에는 건축법 도로로 지정되지 않았다.

그래서 이 도로는 대법원 판례나 법제처 유권해석의 일부분만 보면 배타적 사용·수익권이 있어 그 도로소유자의 동의가 필요하다고 해석할 수도 있다.

그러나 이 도로는 주택법에 의한 아파트 진입로로 형질변경 및 개발행위허가를 받으면서, 단지경계를 펜스 및 지적으로 분리하지 않고 동서남북에 통로를 연결하였다.

그러므로 이 도로는 사유이지만 아파트 주민은 물론 이웃도 자유롭게 이용할 수 있는 도로이므로, 이 도로로 건축허가를 받으려는 개인은 동의가 필요 없어야 한다.

국토부는 "이 도로를 이용하여 공동주택을 적법하게 건축허가 하였다면 건축법의 도로관리대장에 등재되지 않았어도 지정행위가 있었던 것으로 본다"고 유권해석한다.

즉, 이런 도로는 공동주택 사업승인에서 허가신청자가 확보하여야 할 공공시설인 기반시설로써, 공로이기 때문에 사용승낙이 필요 없는 건축법 도로라고 유권해석한다.

그러나 대법원 및 법제처에서는 건축법 도로지정이 되지 않았다면 배타적 사용·수익권이 포기 또는 제한되지 않았다고 해석하는 판례도 있고, 이 국토부 유권해석은 법령이 아니기 때문에 허가권자가 따르지 않겠다고 하면 신청자는 힘들어진다.

당시에는 주택법의 사업승인은 건축법보다 상위의 법이므로 공동주택 허가에서 건축법 기준인 접도의무에 따라 건축법 도로지정을 할 필요가 없었을 것이다.

그리고 허가청은 공동주택 사업승인 당시 이미 주변의 마을길을 막을 수 없어 '공익 및 이해관계인의 보호'를 위하여 이 통로를 공로로 만들었을 것이다.

또한 주택법은 시행자가 공로개설에 부동의하면 사업승인을 불허할 수 있고, 시행자도 분양성이 높아질 것 같으면 (자기 이익을 위하여) 스스로 동의했을 것이다.

다행히 이 현황도로는 최근 도시계획시설 소로3류로 지정되어, 인근 주민은 이 도로를 이용하여 체육용지에 건축허가를 받으면 사용승인까지 가능할 것이다.

정리 이런 건축법 제2조 1항 11호 가목과 나목의 중간에 위치하는 도시계획시설 수준의 현황도로가 전국에 많다. 국토부는 이런 주택가 이면도로는 공공시설이라고 유권해석하므로(국토계획법 해설집 제260쪽(2018.7.발행)) 아파트 사업신청을 위한 지구단위계획구역 내외에 있는 이런 현황도로는 배타적 사용·수익권이 제한된 것으로 보아 사유라도 사용승낙 없이 허가되어야 한다.

3. 도시계획도로 변경으로 맹지 된 사례

　내 대지 경계선과 도시계획도로와의 사이에 너비 1m 내외의 기다란 사유지가 있어 허가청은 이 소유자의 동의가 없으면 개축신고를 수리할 수 없다고 한다.

　도시계획시설 도로의 결정 당시 허가청은 수용계획을 수립하면서 지적정리를 하였을 것이므로, 다음과 같이 사용승낙이 필요 없다는 것을 입증하면 될 것이다.

　(1) 허가청은 1983년 건축 신청서의 도면 및 현장조사서에 접도의무가 충족되었는지 확인하였을 것이다. 이때 진입로가 타인 소유이면 사용승낙이 있어야 허가된다.

　그리고 도시계획시설인 도로(건축법 제2조 1항 11호 가목)에 접도하면 허가를 받을 수 있다. 그런데 허가청은 2020년 도시계획시설 도로 선형을 변경하고 맹지라고 한다.

　(2) 당시 건축허가에서 건축법 도로의 지정은 필수이나 공고의무가 없었으므로, 도로관리대장 등 그 근거가 없어도 건축법 도로이다(대법원 87누1036, 91누1776).

　이곳은 한 필지를 분할하여 분양한 곳이므로 당시 내외부 도로는 배타적 사용·수익권이 제한된다(대법원 2013다33454 등). 소유권이 변경되어도 권리제한은 승계된다.

(3) 2007년 토지이용계획확인서에 대지가 도시계획시설 도로에 '일부저촉'이라고 공시하였다가 2020년 6월 현행처럼 변경하여 1.3m가 떨어지게 되었다.

도시계획시설 도면과 실제와 차이가 있는 것은 도해지적을 전산지적으로 바꾸면서 경계가 정확히 확인된 것 같다고 한다. 그렇다면 이 부분은 허가청이 해결해야 한다.

경기도 하남시 건축조례 제29조(도로의 지정)   법 조항 살펴보기 ⚖️
건축법 제45조제1항제2호의 단서에 따라 이해관계인의 동의를 얻지 아니하고 위원회의 심의를 거쳐 도로로 지정할 수 있는 사실상의 통로는 다음 각 호의 어느 하나와 같다.
  2. 주민이 사용하고 있는 통로로서 동 통로를 이용하여 건축허가(신고)된 사실이 있거나 건축물이 건축된 경우
  3. 주민이 사용하고 있는 통로로서 건축허가(신고)시 도로로 이용한 근거가 문서로 남아 있지 아니하나 당해 통로가 없으면 기존 건축물의 허가(신고)가 불가능한 경우

(4) 허가청은 건축법 제45조에 따라 진입로 소유자의 사용승낙을 받아서 건축법 제2조 1항 11호 나목의 건축법 도로를 지정하여 도로관리대장에 관리하여야 한다.

다만 예외적으로 주민들이 오랫동안 사용해왔던 현황도로는 소유자의 동의 없이 지자체 조례에 의하여 건축위원회 심의를 통하여 건축법 도로로 지정할 수 있다.

(5) 지자체가 도시계획시설 도로로 개설하면서 대지 경계선까지 포장하였고 지하에 공공시설이 매설되는 등 지난 30여년 동안 지자체가 관리해온 도로이다.

그러므로 건축법 제44조 1항 단서 1호에 의하여 '해당 건축물의 출입에 지장이 없다고 인정되는 경우'에 해당될 것이므로 사유지라도 사용승낙을 요구하면 안 된다.

정리 사유지 소유자는 이미 포장된 것을 알고 매수하였으므로 토지인도는 인용될 수 없고(대법원 2021다242154), 부당이득반환 청구는 소유자와 지자체의 문제이다.

건축허가에서 접도의무를 부여한 이유는 '그 건축물 출입의 편의와 긴급 시 피난차량의 통행로 확보'인데, 지적오차로 발생된 문제이고, 조례도로의 지정 가능성이 높으며, 포장된 도로에 접도하는 등 건축법 기준에 충족되므로 허가청은 개축신고를 반려할 명분이 없다.

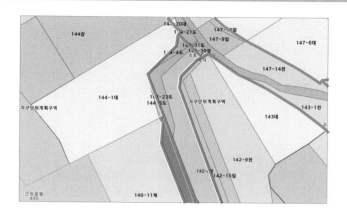

개발제한구역이 해제되면서 지구단위계획구역으로 지정되었던 곳이다. 대지는 도시계획예정도로(소류3류)에 접해 있으나, 실제 도로경계와 도시계획시설 도로경계가 약간 달라서 사유인 현황도로 부분의 사용승낙이 필요하다고 한다.

이번에 건축허가를 신청한 대지는 2008년 진입로 7㎡를 시에 기부(채납)하면서 '주차장용지'로 지목이 변경된 곳으로, 다음과 같이 재량권 일탈·남용으로 볼 수 있다.

(1) 이 사유도로는 2016년 소유자가 체육시설 허가를 신청하였을 때에 건축법 도로로 지정되었어야 한다. 지정하지 않은 이유는 지목이 도로이기 때문일 것이다. 또한 예정도로로 허가되었다가 자동차 통행이 가능한 현황도로가 있으므로 준공되었을 수 있다. 그렇다면 이번 허가도 같은 기준의 '평등의 원칙'이 적용되어야 한다.

(2) 개발행위허가는 재량행위이다(대법원 2004두6181). 선행 건축허가에 의제된 개발행위허가에서 이 통로를 기반시설인 도로로 보았지만 도시계획시설과 겹치기 때문에 건축법 도로로 지정하지 않은 것이다. 이 현황도로는 2011년부터 건축허가 4건이 되면서 건축법에 의하여 배타적 사용·수익권이 제한된 곳이다.

(3) 이 도로는 포장 주체와 무관하게 누구나 사용할 수 있는 통과도로 형태의 공로이다. 선행 3건의 허가에서 허가권자는 기부채납을 요구할 수 있었고, 지목을 도로로 변경하면서 건축법 도로로 지정하는 것은 법정의무이므로, 지금이라도 지정하면 된다.

(4) 허가청은 3건의 선행 허가는 사용승낙을 받아서 처리된 것이라고 한다. 그러나 이곳은 도시지역이므로 선행 건축허가와 이번 현황도로소유자의 체육시설 건축허가에 의제된 개발행위허가에서 이 도로는 이미 공로(=기반시설=건축법 도로)가 되었다.

(5) 이번 신청 토지는 2008년에 주차장용지로 개발행위허가를 받으면서 건축법에 맞게 기반시설인 도로로 판단된 것이다. 당시 주차장 협의서 등을 정보공개하여 분석하면, 허가청이 신뢰보호의 원칙, 평등의 원칙을 위배한 근거를 찾을 수 있을 것이다.

(6) 건축과에서 배타적 사용·수익권의 포기·제한에 대한 판단이 어려우면 지자체 건축조례에 의하여 조례도로 지정을 건축위원회 심의상정하면 될 것이다.

정리 99.5.9. 전에 도시지역에서 형질변경허가로 만들어진 사유도로는 건축법 도로로 지정된 근거가 없어도 건축법 및 도시계획법에 의한 공로公路로 보아야 하고(대법원 91누1776), 99.5.9. 이후에 지정되지 않았으면 지금 지정·공고하면 된다..

사례 108 **20년 넘은 도시계획도로를 해제하여 맹지 된 사례** 충남 공주시

'도시계획시설예정도로'는 건축법 제2조의 법정도로이므로 이 예정도로로 건축허가가 가능하다. 그런데 지자체가 대체도로 없이 이 도시계획시설을 변경(해제)하였다.

이런 경우 국토부는 법개정 및 업무지침을 제정하고, 지자체는 그 현황도로를 이용하는 기득권자도 보호하고, 도로소유자의 권리도 동시에 보호해야 할 것이다.

(1) 1999년 헌법재판소의 헌법불합치 결정에 의하여 2000.7.1. 이전에 도시계획시설로 결정된 것은 20년 이내에 시행되지 않으면 2020.7.1. 자동실효된다.

그래서 국토부는 2012년부터 국토계획법을 개정하여 이런 장기미집행시설이 일시에 해소됨으로써 발생될 혼란에 대해서 여러 방법으로 대비를 해오고 있었다.

(2) 도시계획시설의 해제는 국토계획법의 절차에 따라 지자체가 할 수 있다. 다만 그 도시계획시설이 수십 년간 존재하면서 발생된 현황도로의 문제점은 책임져야 한다.

즉 장기미집행시설인 도로가 해제된 경우, 그동안 소유권을 제한받았던 소유자와 이제 현황도로를 이용하지 못하여 맹지가 되어버린 주민의 피해가 최소화되어야 한다.

(3) 지자체는 도시계획시설 도로를 폐지할 때에 국토계획법에 따라 공고^{公告}만 하면 되는 것이 아니라, 수십 년 동안 사용해온 공공시설(예정)의 폐지로 인하여 발생될 주민의 피해, 즉 이해당사자의 권리까지 확인했어야 한다. 그런데 그동안 폐지사실을 몰랐던 건축주는 맹지가 되어 어쩔 수 없이 현황도로소유자를 상대로 주위토지통행권 소송을 하였지만, 그 시간과 비용, 정신적 고통은 지자체가 어떻게 보상할 것인가?

(4) 지난 50년 가까이 도시계획시설로 사유재산권을 제한하고서, 법령이 정한 폐지절차에 따랐다면서 그 사유인 도로소유자에게 어떠한 보상도 하지 않고 있다.
그런데 미흡한 법령을 국민을 위하여 고칠 생각을 하지 않고 그 법령에 따라 (권위주의적 자세로) 행정처분하는 잘못된 인허가 절차 및 관행은 이제 바뀌어야 한다.

정리 법령의 미비 그리고 인허가 부서 간의 협의 부족 등으로 발생된 민원은 국가와 지자체가 적극 해결에 나서야 하고, 특히 많은 주민들이 사용하는 현황도로를 지금 허가받는 사람에게 모든 해결책임을 떠미는 횡포는 더 이상 있어서는 안 된다.

이제는 국민도 '국토의 효율적 이용'이라는 공익달성을 위하여 사유재산권의 행사가 법령에 의하여 제한된다는 것을 충분히 알고 있으므로, 국토부와 지자체의 인허가 부서는 국민의 행복을 위하여 적극적으로 노력하는 자세를 가져야 할 것이다.

5. 학교시설 결정으로 도시계획도로가 없어진 사례

사례 109 『학교시설사업촉진법』으로 도시계획도로가 없어짐　　　서울 노원구

이 사례는 자연녹지의 대지(지목 전)가 1970년대에 도시계획시설 학교에 포함되었는데, 그 이후 '학교시설결정'이 변경되면서 도시계획예정도로가 폐지되어 맹지이다.

지자체는 도시계획시설사업이 완료되었다고 하는데 교육청은 보상하지 않았다. 이런 경우 이 대지(밭) 소유자는 다음과 같이 권리를 찾아야 할 것이다.

> 대상지는 학교법인 ○○ 학원에서 학교부지(現 ○○ 여자 ○○○ 고등학교)로 편입코자 도시계획시설(학교) 결정 요청하여 서울특별시고시 제415호(1977.11.29.)호로 도시계획시설(학교)로 결정되었으며, 서울특별시고시 제2001-35호(2001.11.24.)로 ○○동 795-5번지가 포함되어 <u>학교시설사업이 변경 시행되었으나,</u> 장기간 보상이 이루어지지 않은 토지로 <u>미집행 도시계획시설에 해당되지 않아</u> 단계별 집행계획 수립 대상이 아닙니다.

(1) 이 대지는 1977.11.29. 학교시설로 지정되었다. 소유자는 장기미집행시설로 알고 있었는데, 구청에서는 사업이 완료된 곳이므로 해제대상이 아니라고 한다. 구청-교육청-학교에 정보공개로 확인해보니, 교육청이 사립학교 사업승인을 잘못하여 여지껏 학교시설(예정)의 일부로 남아 있었던 것이다.

이 학교시설은 지난 2001년 학교시설시행계획이 수립되어 2014년 준공되었는데, 학교와 교육청이 서로 매수를 미루다가 사업계획에서 제척하지 않은 채로 준공되었다.

학교시설사업촉진법 [시행 1983. 4. 1.] [법률 제3634호, 1982. 12. 31., 제정] 법 조항 살펴보기
초·중등학교 및 특수학교를 설치·이전 또는 확장하고자 하는 자는 학교시설사업 시행계획을 작성하여 감독청(=교육청)의 승인을 얻도록 하고, 감독청이 관계행정기관(=시·군·구청)과 협의하여 이를 승인한 때에는 그 승인으로써 도시계획법(=국토계획법)등의 규정에 의한 각종 인·허가등을 받은 것으로 보도록 함.

(2) 최초 학교시설로의 결정은 지자체가 하지만, '학교시설촉진법'에 의하여 교육청에서 시행계획을 수립하고, 지자체는 협의만 하고 준공도 교육청에서 한다. 그래서 지자체가 협의에서 문제점이 발생되지 않도록 의견을 내었지만 교육청이 학교시설사업 시행계획에 포함된 사유지를 협의 또는 수용하지 않고 사업을 완료한 곳이다.

(3) 지금 이 대지가 학교시설에서 해제되면, 당초 예정도로는 이미 없어졌으므로 지자체와 교육청 및 사립학교는 대지 소유자에게 도로개설을 해주어야 할 것이다.

결국 교육청의 잘못된 행정으로 보상도 받지 못하고 40년째 학교시설로 남아 있는데, 구청은 학교시설촉진법을 이유로 교육청과 사립학교에 책임을 미루고 있다.

(4) 교육청 및 사학재단은 이 대지를 보상할 여력이 없으면, 이 대지를 학교시설에서 제척하기 위한 변경계획을 수립하여야 하는데, 지자체가 쉽게 동의할 리 없다.

만약 지자체가 동의해서 이 대지가 학교시설에서 벗어나면 그 대지 소유자는 지자체에게 원래 있었던 도시계획예정도로를 확보해달라고 요구할 것이기 때문이다.

정리 도시계획시설 학교용지의 지정 권한은 광역시 및 구ᄤ인데, 그 시행계획의 수립 및 집행은 교육청 및 사립재단이 되고 구청은 그 결과를 통보받는 것이다.

그 틈바구니에서 교육청의 감독 잘못으로 사유지가 보상도 받지 못하고 해제도 되지 않은 상태로 십수 년이 흘러갔다. 이런 미비한 학교시설사업촉진법령을 개정하여야 한다.

6. 도시계획도로의 폐지로 난감한 사례 (경기도 사전컨설팅)

> **사례 110** 개발행위허가 후 도시계획예정도로의 폐지로 진입로 부족

도시계획예정도로가 폐지되어 도로조건이 충족되지 못해도 이미 그 도시계획예정도로 일부에 개발행위로 만들어진 현황도로를 이용하여 이미 건축허가가 있었다면, (경기도 감사총괄담당관실은) 다음과 같이 사전컨설팅을 하였다.

> 국토계획법 제62조에 따르면 개발행위를 마치면 준공검사를 받도록 하고 있으며, 준공검사 결과 허가내용대로 사업이 완료되었다고 인정하는 때에는 '개발행위준공검사필증'을 신청인에게 교부토록 하고 있습니다.
> 법령에서 건축물의 건축과 토지의 형질변경을 각각 별개의 허가대상으로 규정하고 있으므로 토지의 형질변경에 대한 개발행위를 준공처리 함에 있어 건축허가를 받아야 하는 경우로 제한하는 것은 타당하지 않을 것으로 판단됩니다.
> 〈도시정책과—3414, 2012.5.30.〉 국토계획법 해설집 253쪽 (2018년)

현행 건축법과 국토계획법에 의하면 개발행위허가를 먼저 받고 추후 건축허가를 받을 수 있다. 또한 건축목적의 개발행위허가를 신청하면서 진입로는 건축법 기준에 맞게 형질변경 목적의 개발행위허가에 포함된 것이므로, 허가권자는 대지를 건축목적의 개발행위허가를 하면서 이 진입로를 건축법 도로로 지정하여 공고하였다.

이곳은 자연녹지지역이고 다가구주택의 건축허가는 너비 4m 이상의 건축법 도로에 2m 이상이 접해야 하는 접도의무를 개발행위허가에서 검토하였다.

그래서 도시계획예정도로의 일부를 진입로로 하여 다가구주택 부지조성 및 토지형질변경을 위한 개발행위허가를 하면서, 건축허가를 득해야 한다는 조건을 붙였다.

또한 이곳은 이 개발행위허가 전前에 11건의 개발행위허가에서 이 진입로가 차량통행에 지장이 없어 건축법 기준에 적합한 도로라고 판단하여 허가된 전례가 있다.

이미 건축목적의 개발행위허가를 받아서 토목공사를 마치고 그 대지에 건축허가를 신청한 곳인데, 허가권자인 지자체도 무작정 건축허가조건에 맞지 않다고 불허할 수 없고 그 재량적 판단의 불이익이 있을까봐 사전에 경기도에 컨설팅을 의뢰한 것이다.

이 컨설팅은 다음과 같이 지자체의 재량적 판단을 지원하는 해석으로, 허가청은 이 컨설팅에 따라 건축허가를 하게 되면 추후 적극행정에 대한 감사에 있어 면책될 수 있는 근거가 되어 이런 제도가 활성화되어야 하는데 소극적인 판단이 아직도 많다.

지금 건축허가를 신청한 건축주는 개발행위허가에 의제된 농지전용협의에 따라 농지보전부담금 6천만원을 이미 납입하는 등 개발행위허가조건을 이행하면서 이미 성토 및 옹벽 설치 등 부지정지를 마무리하였기 때문에 만약 이 건축허가가 불허되면 개인의 재산권 행사에 막대한 지장을 초래하게 된다.

반면 허가권자는 이 허가로 인하여 적법 상태의 실현에 의하여 달성되어야 하는 공익의 침해 즉 중대한 공익의 침해가 없고, 이로 인하여 허가청의 신뢰보호 원칙에 어긋날 수 있어, 이 공익과 사익을 비교·교량한 건축허가가 가능하다고 해석하였다.

지자체는 공공시설·공익시설인 건축법 도로를 개설·유지·관리해야 할 책임이 있으므로, 도시계획예정도로가 해제되어 주민이 불편한 곳은 해결에 적극 나서야 한다.

다만 개발행위허가 당시 이 대지와 연결되어 있는 도로가 도시계획예정도로이고 교통소통에 지장이 없다고 판단하여 허가되었으나, 예정도로가 폐지된 이후 이 현황도로의 확장이 불투명하고, 향후 이 현황도로로 주변지역에 개발행위허가를 먼저 받은 부지에 건축허가가 계속하여 신청될 수 있으므로, 허가권자는 도시계획예정도로 폐지구간에 대해서 당초 건축법에서 접도의무를 규정한 목적인 화재, 재난 등의 발생 시 긴급 차량의 진입 등 교통 소통에 지장이 없도록 미리 조치하거나 또는 행정지도하라고 권고(사전컨설팅)하였다.

도시지역의 자연녹지이고 자연취락지구에 2008년 제1종, 제2종 근린생활시설(제조업소) 건축허가를 받아 공장으로 사용하고 있는데, 2016년 말 건축주는 증축허가를 신청하였으나, 현재 너비 4m의 개발행위 도로를 너비 6m로 확장이 어렵기 때문에 이 현황도로로 증축허가를 신청하였는데 그 증축 신청이 거절되었다.

2008년 건축허가를 신청할 때는 1995년 고시된 도시계획시설 도로로 허가를 받았는데, 2016년 이 예정도로가 폐지되어 건축법 도로가 없어져서 피해를 입은 것이다.

이 증축허가를 받아야 하는 공장의 진입로는 막다른 도로이고 그 길이가 35m를 초과하여 너비 6m 이상의 도로가 확보되어야 하는데, 현재는 너비 4m 도로만 있다.

이에 허가청은 건축법 제11조에 따른 건축(증축)허가가 신청되면 관계법령에 따라 허가의 적정성을 검토하는데 이 대지는 접도의무에 부적합하다고 판단하였다.

이 증축허가 신청에서 접도의무는 기존의 현황도로가 35m를 초과하는 막다른 도로이므로 6m 이상이 되어야 하는데 그 너비를 충족하지 못한 것이다.

경기도 사전컨설팅에서는 당초 이 공장부지는 아래 필지에서 분할된 것이고 공로에서부터 앞 대지까지는 35m 미만이므로 너비 3m 이상이면 허가가 가능하므로, 두 필지의 건축허가를 동시에 신청한다면 막다른 도로의 길이가 35m 초과에서 35m 미만으로 짧아져서 규정에 합당하다고 판단한 것이다.

다만 이때에도 해당 도로(진입로)는 건축법 제45조에 따른 도로 위치의 지정·공고가 있어야 하고(건축법 도로관리대장이 작성되어야 함), 개발행위허가를 위해서는 '개발행위허가운영지침' 3-3-2-1에 따라 도로 폭 4m 이상, 건축(증축)허가를 위해서는 건축법 시행령 제3조의3에 따라 도로 폭 3m 이상이 확보(10m 이상 35m 미만의 막다른 도로)되어야 한다는 규정은 준수하여야 한다고 컨설팅하였다.

7. 도시계획도로 아닌 2차선 도로 위의 노외주차장

사례 112 노외주차장 때문에 건축허가가 어려운 사례   경기 동두천시

　자연녹지에 주택 7채를 지으려고 건축허가를 신청했는데, 주변 주거지역이 개발되면서 만들어진 5.4m 도로(도시계획도로 아님) 위에 노외주차장 7개가 설치되어 있다. 그 주차장이 통행을 방해하면 허가될 수 없다고 하여 도로과가 주민공람을 하였다.

　이 노외주차장* 부지는 지자체가 1997년 취득한 것이다. 인근 주택 소유자들은 당초 연립주택 등을 지으면서 기부한 토지이므로 인근 주민들이 무상으로 사용할 수 있는 주차공간이라면서 노외주차장 폐지에 반대하고 있다.

　노외주차장이 지자체 소유의 도로 위에 설치된 공공시설이지만 도시관리계획에 의한 도시계획시설로 결정된 곳이 아니므로, 이 주차장이 인근 주민의 도로통행을 방해한다면 인근 대지의 건축허가를 위해서는 노외주차장은 폐지될 수밖에 없는 것이다.

----

* 「주차장법」의 노외주차장이란 (도시계획시설) 도로 노면 또는 교통광장 이외의 장소에 설치된 (무료)주차장이다. 반면 노상주차장이란 (도시계획시설) 도로의 노면 또는 교통광장의 일정한 구역에 설치되어 일반인에게 유료로 제공되는 시설이다.

8. 도시계획도로 지하굴착을 위한 사용승낙

사례 113 「지하안전법」에 따른 2차선 도로 지하의 사용승낙   서울 성북구

2016년 「지하안전법」이 제정되었다. 지하에 매설된 시설을 건드리거나 또는 지하수의 흐름으로 인하여 도로 등에 씽크홀이 생기는 것을 예방하기 위해서 일정 규모(깊이) 이상의 지하를 굴착하는 경우 그 허가 전에 '지하안전평가'를 받는다(법 제13조). 건축사업의 경우에는 미리 허가하고 안전평가를 통과하면 착공신고를 수리하게 된다.

지하에 안전시설을 설치하려면 도로법 도로, 도시계획시설 도로는 '도로점용허가'로 굴착공사를 하면 되나, 사유인 경우 소유자의 동의가 없으면 지하를 굴착할 수 없다.

그 현황도로의 성격에 따라 사용승낙의 필요성은 지자체장이 판단해야 한다. 왜냐하면 지상에 배타적 사용·수익권이 제한되면 지하에도 미치기 때문이다(2016다264556).

이 현황도로는 건너편 아파트 단지를 사업승인하면서 개설된 도로로써, 지적도에 미분할되고 지목도 도로가 아니지만, 도시계획시설 도로이고 20여 년 동안 포장된 2차선 도로로서 마을버스가 다니고 있는 길이며, 이 길을 이용하지 않으면 아파트 및 수십 채의 단독주택 진입로가 없고 이 길을 이용하여 건축허가를 해준 선례가 많다.

주택법의 공동주택 사업승인에서 300세대 미만도 너비 6m 이상의 진입로가 확보되어야 하고, 세대수에 따라 8~15m 도로의 확보의무가 있기 때문에, 이 도로는 이십여 년 전에 사업시행자가 공익시설인 도로로 제공한 것이므로 배타적 사용·수익권이 없고(승계받은 아파트 입주자 포함), 그 이후에도 도시계획시설처럼 예산을 들여서 관리해온 곳이므로, 토지인도 및 부당이득반환 청구할 수 없다. 관련 판례는 아래와 같다.

(1) 토지의 형질변경을 수반한 건축허가는 재량행위이다(대법원 2004두6181). 그러므로 법원은 재량권의 일탈·남용만을 비례·평등의 원칙 등으로 판단할 수 있다. 재량권 일탈·남용에 대한 근거는 주장하는 자가 입증해야 한다(87누861).

(2) 택지를 분양하면서 개설된 도로는 수분양자 및 내왕자에게 통행권을 부여하였으므로 배타적 사용·수익권이 제한된 것이다(2009다8802).

(3) 소유자가 택지를 분양하면서 개설한 도로를 행정청이 확·포장한 경우 손실이 생겼다고 볼 수 없어, 부당이득반환 청구할 수 없다(85다카421, 92다17778).

(4) 배타적 사용·수익권의 포기여부는 허가권자가 종합적으로 판단하여야 한다(97다11829, 2009다8802, 2016다264556 전원합의체 판결).

(5) 지상의 배타적 사용·수익권 제한되면 그 지하도 제한된다(2009다25890).

(6) 특별승계인은 배타적 사용·수익권을 행사할 수 없다(2020다246630).

(7) 민법 제218조의 시설권은 법정의 요건을 갖추면 당연히 인정되므로, 수도, 송수관 매립에서 사용승낙은 '확인의 소'로 대체할 수 있다(2015다247325).

정리 하루 수천 명이 자유롭게 이용하는 아파트 이면도로가 도시계획시설 도로 또는 건축법 도로로 지정되어 도로관리대장으로 관리하지 못한 경우가 의외로 많다.

「지하안전법」에 의한 지하안전평가 검토의견서에 소유자와의 '사전협의'는 사용승낙이 아니다(대법원 2007두13791). 그러므로 허가청은 지하안전평가 검토의견서에 따라 설치해야 하는 시설물의 종류 및 시공방법에 따라 어떤 주변 피해가 예상되는지 등을 검토하여 처리하면 될 것이고, 소유자가 동의하지 않는다는 것을 중대한 공익의 침해로 보아 수익적 행정처분을 취소하면 안 될 것이다(대법원 90누9780, 2004두6822).

9. 대도시의 사도법의 사도私道는 공도

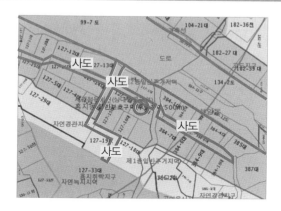

　서울 등 대도시 주거지역에는 1938년부터 지정된 사도법私道法의 사도가 있다. 이 사도는 건축법 제2조 1항 11호 가목의 법정도로로서, 도로법 도로 또는 준용도로에 연결되어야 하고, 개설 구조기준도 「농어촌도로정비법」 도로 수준 이상이어야 한다.

　그런데 대도시의 골목길에 1938~2012년까지 존재한 사도는 사도개설이 되지 않아서 소유자와 이용자 간의 분쟁이 있는데, 다음과 같이 그 특징을 살펴보기로 한다.

　(1) 사도법의 사도는 개설하려는 사람이 사도개설계획을 세워서 허가권자에게 신청하는 법정도로이므로 모두 공시公示되어야 한다(영 제2조). 그래서 토지이용계획확인서에 표시된다. 이 사도는 일반인의 통행을 제한할 수 없다(법 제9조).

　또한 사도법의 사도의 관리는 개설자이다(법 제7조). 공공교통에 크게 도움이 된다고 인정되면 예산의 범위 내에서 설치비와 관리비를 보조할 수 있다(법 제14조).

　(2) 2012년까지 사도법 제3조와 시행령으로 존재한 사도는 도시계획시설 도로에 연결되면서 도로법 도로 수준으로 시공되지 않고 개발행위허가 수준으로 만들어진다.

또한 사도법의 사도의 사도계획선은 건축(후퇴)선이 되어야 한다. 그런데 사도법의 도로로 지정·고시만 되고 시행되지 않으면 분쟁의 소지가 있다.

(4) 도시계획시설 예정도로처럼 아직 개설되지 않은 사도는 배타적 사용·수익권이 제한되지 않았다고 해석하여 타인이 그 사도를 이용할 때에는 분쟁이 생길 수 있다.

예를 들어 1960년대에 한 필지를 십여 개의 대지로 분할하면서 그 내부에 사도법의 사도를 결정하였는데, 집 마당에 사도경계선이 그어져 있으면 분쟁이 생기게 된다.

(5) 이런 사도는 건축법의 법정도로인데도 관리가 부실하다. 그래서 도시지역의 사도는 장기미집행 도시계획시설처럼 20년이 지나면 자동실효 되어야 한다.

반면 비도시지역에서 신설되는 사도법의 사도는 일반 개발이 허용되지 않는 농업진흥지역와 보전산지에도 가능하는 등 여러 가지 특혜가 있고, 권장할 필요도 있다.

정리 서울 등 대도시의 노후된 주거지역에는 1960년대에 지정된 사도법의 사도가 아직도 준공되지 않은 상태로 존재한다. 그런데 노후된 주택지에 사도법으로 이미 개설된 사도를 소유자가 사실상 관리하지 못하는 곳은 지자체가 관리해야 한다.

또한 2012.12.18. 이전 사도법 제3조로 허가권자가 재량으로 주거지역에 (신청에 의하여) 지정된 사도는 분쟁만 있을 뿐 그 존재의미가 없어졌다고 보아야 한다.

국·공유지
현황도로를
공도로 만들기

지목이 도로 등 기반시설이 될 수 있는 국공유지의 전부 또는 일부가
사실상 폐도된 곳, 지자체가 공매☆賣한 대지가 맹지인데 연접한 국유
지를 도로로 활용하여도 될 곳, 각종 점용허가를 받아 개설된 교량 및
도로 등은 공공시설로서 공로가 되어야 한다.

1. 개발제한구역이 해제된 곳의 현황도로

사례 115 국공유지와 사유지가 섞인 현황도로를 공로(公路)로! 대전 유성구

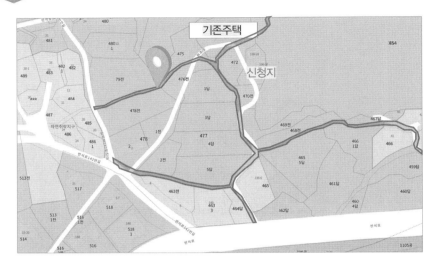

　카페 건축허가를 신청하였는데, 허가청은 대지에 접한 현황도로를 막다른 도로로 보고 6m로 확장하라면서, 마을길(국유)을 사용하려면 '비관리청허가'를 받으라고 한다.

　허가청의 판단이 재량권 일탈·남용인지 다음 사항을 검토하여야 한다. 성급하게 행정소송을 하면 허가권자의 재량행위로 볼 수 있어 불리하다(대법원 2004두6181).

　(1) 개발제한구역 내의 국유도로가 방치되어 그곳에 수목이 자라서 도로가 대부분 없어졌다. 그런 도로를 이용하려면, 비관리청 도로공사 허가를 받아야 한다는 것이다.
　마을안길인 국·공유 도로는 형질을 변경하지 않으면 허가 없이 그냥 사용할 수 있고, 포장 또는 확장으로 현황을 바꾸어야 할 때에는 국유재산사용허가를 받아야 한다.

　(2) 내 대지 내의 현황도로가 이웃 주택의 진입로로 사용되었는데 허가청은 막다른 도로(35m 초과)로 보아 6m로 확장하지 않으면 내 건축허가를 해줄 수 없다고 한다.

건축법의 막다른 도로 규정은 건축허가의 진입로가 된 곳에만 적용된다(대법원 92
누7337 등). 이곳은 통과도로이고 유일한 통로가 아니기 때문에 해당되지 않는다.

(3) 주민들이 통행하는 사실상 도로라면 대체도로 없이 현황도로를 폐지할 수 없다
(대법원 2018두45954). 또한 개발행위허가에서 대체도로 확보조건을 붙일 수 있다.

다만 소유자의 권리도 보호되어야 하므로 건축법의 도로로 지정되지 않았다면 이
웃 주민들의 통행이 방해되지 않도록 대체도로를 확보해주면 없앨 수 있는 것이다.

(4) 지자체장은 이 현황도로와 연결되는 국유인 비법정 도로(지목 도로)를 방치하지
말고 주민들이 편리하게 사용할 수 있도록 마을안길로 확보하여야 할 것이다.

이 현황도로는 허가신청자가 혼자 사용하는 길이고, 그 위를 막아도 다른 통로가 있
으므로 공로가 아닌데도 특정인에게 그 개설책임을 떠미는 것은 허가권자의 횡포이다.

정리 개발제한구역에서 해제되었지만 비법정 국유도로가 방치되는 등 아직도 여
러 가지 개발제한이 있다. 지자체장은 이 국유인 도로의 원래 기능을 찾아서 주민들
에게 통행로로 제공할 책임이 있으므로, 허가−관리−이용 등을 하고 있는 각 부서
가 협의하여 이 비법정 국유도로의 일부라도 주민들에게 돌려주어야 할 것이다.

2. 국유인 마을안길이 없어진 사례

사례 116 택지개발지구 외곽의 마을길(국유)이 없어짐 　　　대전 유성구

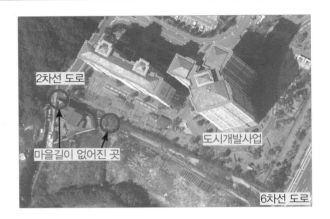

2008년 조성된 택지개발지구에 소로3류 도시계획도로를 개설하였지만, 아파트 단지와 기존 마을안길이 제대로 연결되지 않아 통로가 없어졌는데 해결되지 못하고 있다.

택지개발지구 등 대형 개발지구 외곽의 마을안길(국유)이 끊어지는 것을 지자체가 방관하고 있다. 지자체는 이런 현황도로를 다음과 같이 해결하여야 할 것이다.

판례 살펴보기 🔍

대법원 99두592
토지구획정리사업 고시 당시 폭 4m 미만의 도로는 시장·군수가 도로로 지정하여야만 건축법상의 도로가 되는 것이고, 한편 도로지정이 있게 되면 그 도로부지 소유자들은 건축법에 따른 토지사용상의 제한을 받게 되므로 도로지정은 도로의 구간·연장·폭 및 위치 등을 특정하여 명시적으로 행하여져야 한다.

(1) 3m 내외의 국유와 사유가 섞인 마을길로 건축허가를 신청하면 허가권자는 그 현황도로소유자의 사용승낙을 요구하는데, 개인이 공로를 만드는 것은 어렵다.

그러므로 허가청은 택지지구의 시행자가 기존 마을길에 대한 대체도로를 확보한 근거를 개발행위허가서와 항공사진 등으로 확인하여 이제라도 공로를 만들어야 한다.

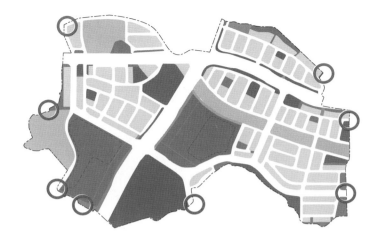

(2) 시행자와 지자체 승인부서는 지목이 도로인 국유지와 사유지가 연결되는 마을 안길을 이용하는 사람이 적어서 대체도로 없이 방치하였다면, (지자체장은 당시 허가 규정에 '공익 및 이해관계인의 보호'의 범위가 한정되지 않았다고 하지 말고) 지금이라도 주 민들의 협조를 구해서 그 연결 부분을 복원하는 데 시간과 예산을 투입해야 한다.

건축조례 제36조(도로의 지정)
법 제45조제1항제2호에 따른 사실상의 통로는 다음 각호와 같다.
　1. 복개된 하천 및 구거溝渠부지　　2. 공원 안 도로　　3. 제방도로
　4. 통행로로 사용되고 있는 토지소유자가 행방불명된 토지

(3) 1999.5.9.부터 건축법에서 지자체 건축조례로 정하여 현황도로소유자의 사용승 낙 없이 건축법 도로로 지정할 수 있는 권한을 부여하였으므로 적극 활용하여야 한다.
　그런데 이 지자체는 사유도로를 공로로 만들 근거가 조례에 아예 없다. 지금이라도 지자체는 건축조례를 정비하여 주민들 간의 분쟁을 해결하는 데 적극 나서야 한다.

정리 이런 도시개발법 등에 의한 택지개발지구에는 방치된 현황도로로 인하여 발 생된 민원 및 주민들 간의 분쟁이 의외로 많다. 그러므로 지자체는 이런 현황도로를 건축법 도로로 만드는 것을 연약한 국민에게 떠밀지 말고 조례도로의 지정 등의 방법 으로 적극 나서야 하고, 국토부는 지자체가 나설 법률적 근거를 만들어주어야 한다.

| 사례 117 | 국유재산사용허가가 불허된 경우 해결 절차 | 경기 평택시 |

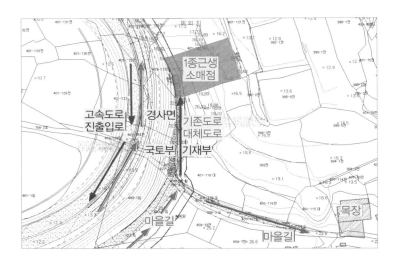

생산관리지역의 밭에 제1종 근생 소매점 부지조성을 위하여 개발행위허가를 신청하였는데 진입로가 국유이므로 그 관리청의 사용허가를 받아야 한다고 한다.

이 현황도로는 국토부와 기재부 소유로써, 지적도만 보면 고속도로 진출입로에 접해 있기는 하나 실제는 약 10m가 높아서 고속도로 통행에 전혀 지장이 없는데도, 기재부 업무를 대행하는 한국자산관리공사는 국유재산사용허가가 불가하다고 한다.

국유재산사용허가는 재량행위이고 법원도 재량권 일탈·남용만 판단하므로(대법원 2015두41579), 성급하게 법원으로 가는 것보다 다음과 같이 해결방법을 찾아야 한다.

(1) 건설도로과에서는 개발행위허가의 진입로가 될 수 있는 농로農路는 도로점용허가대상이 아니지만 국·공유지이므로 국유재산사용허가를 받아야 한다는 의견이다.

그러므로 이 농로를 누가 왜 조성하였는지 확인하기 위하여 지적공부 및 항공사진으로 기본 사항을 점검한 후에 읍사무소에서 개설경위를 확인하여야 할 것이다.

(2) 당시 시행자가 지자체와 협의한 사업계획서를 보면 고속도로를 개설하면서 주변 농지를 맹지로 만들 수 없어 대체 통로를 만들었다는 것을 알 수 있을 것이다.

이때 허가청도 시행자의 협의에 동의하였을 것이다. 그 협의서가 지자체에 없다면 시행자로부터 이 현황도로가 당시 개설된 공로(대체도로)임을 문서로 확인받아야 한다.

(3) 이 현황도로 개설에 시행자와 허가청이 협의하였다면 수용에 대한 정당한 보상인 대체도로이고, 허가청도 국토계획법 제57조 4항에 따라 공익 및 이해관계인의 보호 명분으로 이 도로를 누구나 사용승낙 없이 사용할 수 있는 공로로 협의한 것이다.

(4) 이 허가신청은 2016년 이 현황도로를 이용하여 건축허가(신고)를 받았으나 본인 사정으로 착공하지 못하여 허가가 취소된 것이므로, 당시 도로공사가 도로로 사용할 것을 동의한 문서와 허가청의 건축허가서 등으로 지금 개발행위허가 부서에 이 현황도로가 사용허가가 필요 없는 공로임을 주장하여야 할 것이다.

정리 허가청에서 당시 도로공사와 협의한 근거가 없고 당시 신청도 지금과 사정이 다르므로 국유재산사용허가가 필요하다고 주장하면 다음과 같이 진행하면 될 것이다.

① 기재부(캠코 대행)에 국유재산사용허가를 신청하여야 한다. 이때 유의할 점은 앞서 설명한 문서(허가서＋동의서)들을 첨부하지 않으면 불허할 확률이 높다.
② 캠코가 부동의하면 소송 전에 시행자로부터 당시 현황도로 개설 근거 문서를 찾아야 한다. 왜냐하면 시행자는 협의하지 않고 도로를 개설할 수 없기 때문이다.
③ 국유재산관리규정 제19조에 의하면 주위토지통행권 수준의 도로는 사용허가를 하라고 되어 있고, 이 현황도로는 5필지의 농로로 계속 사용되어야 하기 때문이다.

사례 118 환경부와 지자체가 서로 미루는 사례　　　　　충남 공주시

　　소유자인 환경부는 이런 현황도로의 관리는 지자체가 하므로 국유재산사용허가 대상이 아니라고 하고, 허가청은 건축허가에서 진입로를 공로에 연결하려면 환경부 소유인 이 현황도로(지목 도로)를 지나야 하므로 반드시 사용허가가 필요하다고 한다.

　　도로점용허가에서 이 현황도로가 개발행위허가(형질변경) 대상이 아닌데도, 국유재산사용허가를 받아야 하는 법률적 근거가 있다면 그 근거로 환경부를 설득하여야 하고, 그런 법률적 근거가 없다면 다음 순서로 지자체(허가청)를 설득해야 할 것이다.

　　(1) 국토계획법 제58조 1항 5호 '해당 개발행위에 따른 기반시설의 설치나 그에 필요한 용지의 확보계획이 적정할 것'과 동법 시행령 제56조4항에 의한 '개발행위허가 운영지침' 3-3-5 기반시설에 '진입도로는 건축법에 적합하게 확보하고, 대지와 도로의 관계는 건축법에 적합할 것'이라고 규정되어 있다.

　　(2) 개발행위허가 대상이 건축물의 건축인 경우 진입도로는 개발행위허가 운영지침 3-3-2-1 농어촌도로 이상에 접속하되, 개발행위규모가 5천㎡ 미만은 너비 4m

도로를 신청자가 확보하여 개설하여야 한다고 너비(폭)기준이 규정되어 있다.

(3) 신청자가 확보할 진입로가 본인의 토지가 아닐 경우에는 그 토지소유자의 사용동의를 받아야 한다. 그러나 이미 현황도로가 존재한다면 허가청은 그 현황도로의 배타적 사용·수익권의 포기 또는 제한을 검토하여 만약 배타적 사용·수익권이 제한된 공로가 되었다면 사용승낙 또는 국유재산사용허가를 요구하면 안 된다.

(4) 이번 허가에서 처음 진입로를 신설해야 한다면 (국유재산)사용허가를 받아야 하지만, 이 현황도로는 오래전부터 주민들이 마을인길 및 농로로 사용해온 것을 2차선 도로가 개설되면서 주민들의 통행권(기득권)을 보호하기 위하여 변경한 통행로(대체도로)일 뿐 신설이 아니므로 국유재산사용허가 대상이 아니다.
또한 이곳은 지자체가 계속하여 포장 등으로 유지·관리해온 마을 통행로이다.

(5) 허가청은 환경부가 사용에 동의한다면 건축법 제44조의 예외인 '해당 건축물의 출입에 지장이 없다'거나, 개발행위허가에서 마을안길 및 농로로 보아서, 굳이 복잡한 국유재산사용허가 절차를 밟지 않고 간단한 동의문서로 갈음해도 될 것이다.

정리 허가청이 국토계획법 제56~58조(개발행위허가제도)에서 요구할 수 있는 허가조건은 이번 허가로 인하여 공공시설인 도로의 통행에 지장이 있는지와 민법 제211조의 소유권에 보장된 소유자의 배타적 사용·수익 권능의 포기 또는 제한을 확인하기 위한 것일 뿐, 국토계획법이 달성하려는 다른 이유(=공익달성목적)는 없다.

그러므로 허가청은 신청자에게 사용허가를 요구하기 전에 이 국유인 현황도로의 배타적 사용·수익권에 대해 판단할 의무가 있다. 왜냐하면 개발행위허가에서 허가권자의 재량권은 (기반시설의 부족으로 난개발이 예상되는 경우가 아니라면) 개발로 인하여 주변 환경과의 조화와 개발(≒훼손)의 최소화를 달성하는 것이기 때문이다.

5. 맹지를 공매(公賣)하고 잘못 없다는 지자체

사례 119 공매조건에 '이후 책임은 매수자에게'라고 함 서울 성북구

1980년 항공사진

구청으로부터 서울시 소유의 일반재산을 공매(公賣)로 취득했는데, 출입로가 없어 건축허가를 받을 수 없다. 지난 6개월 동안 공매한 구청의 재무과 – 도로과 – 건설과 – 건축과 등에 상담·질의하였으나, 각 부서가 서로 떠밀고 있어 해결책이 없다.

(매각할 때에 이런 사실을 공시하지 않고 주변시세보다 저렴하게 매각하지 않았다면) 이는 1996~2006년까지 아리랑로를 건설하는 사업주체와 구청이 잘못한 것으로, 공부(公簿)를 확인하고 관련 부서의 공식적인 의견을 문서로 확보하면서 해결해야 한다.

(1) (각종 공부로) 맹지가 된 경위를 보니 이 필지는 지목이 대(垈)로서, 1997년 항공사진에 의하면 도로에 접해 있어 당시에는 맹지가 아니었는데 진입로가 없어졌다.

그런데 이 대지의 일부가 도로로 수용되면서 필지가 분할되었고, 2006년 준공 때까지 도로개설공사 현장사무소로 사용했던 곳임을 항공사진으로 확인할 수 있다.

(2) 당장 건축할 의사가 없다면 건축과와 상담하거나, 민원처리법의 사전심사 또는 건축법의 사전결정을 통하여 진입로에 대한 허가권자의 의지를 확인해보아야 한다.

건축허가에서 '접도의무'를 충족시켜야 할 의무가 있으나 도시계획시설사업으로 세로(불) 토지가 되었다면 그 진입로는 도로사업 시행자 및 구청이 해결해야 한다.

(3) 1996년경 도시계획시설을 계획하면서 맹지가 된 것인지 아니면 2006년 준공에서 지적정리가 잘못된 것인지를 당시 실시계획 도면 등으로 원인을 찾아야 할 것이다. 대지는 앞부분이 도로로 수용되었고 진입로는 지목이 대(垈)인 상태로 녹지공간으로 조성하였는데 어떤 공익을 위하여 통로를 폐쇄할 수밖에 없었는지 확인하여야 한다.

(4) 건설과－도로과는 지목이 대(垈)인 녹지공간을 특정인을 위해서 진입로를 개설해주거나 주위토지통행권에 동의(국유재산사용허가)하는 것은 특혜라는 것이다.
이 사례는 특혜가 아니라 당시 헌법 제23조 3항의 정당한 보상을 하지 않았고, 대체도로 없이 맹지로 만든 잘못을 시정해야 하는 지자체의 의무이다.

국유재산관리규정 제19조(조건부 사용허가)
① 행정재산은 다음 각 호의 경우에 원상회복이나 시설물 포기를 조건으로 하여 사용허가 할 수 있다.
  2. 민법 제219조에 따른 주위토지통행권이 인정되는 경우로서 통행로 제공을 위한 최소한의 범위

(5) 행정재산도 주위토지통행권이 인정될 수 있으면 (사권설정이 아니므로) 이웃 통행로 제공을 위한 최소한의 범위에서 사용허가 할 수 있다(국유재산관리규정 제19조).
그러므로 이 토지는 서울시 소유이므로 공유재산사용허가를 받아서 건축법 도로로 사용할 수 있다. 만약 사용허가가 안 된다면 그 법률적 근거를 확인해야 한다.

정리 「국유재산법」, 「토지보상법」 등에 의하면 공익사업으로 수용된 토지는 공용 또는 공공용으로 사용되지 않으면 환매 또는 매각처분해야 한다. 사업시행자 및 지자체장은 당시 건축물이 있는 대지의 일부를 수용하면서 진입로를 확보할 책임이 있으므로, 지금 녹지로 사용되는 대지를 매각 또는 사용허가하여야 한다.

토지구획정리사업이 완료된 후 공공기관에서 보유한 토지(지목 대)를 공개입찰을 통하여 매수하였는데, 대지가 건축법 도로에 연결되지 않아 건축허가를 받을 수 없다.

연접한 토지는 지목이 도로인 국유지인데, 지자체가 공원으로 사용하여 건축법 도로가 되지 못한다. 공원녹지법의 공원이 아니므로, (매각할 때에 이런 사실을 공시하지 않고 주변시세보다 저렴하게 매각하지 않았다면) 다음 절차로 권리를 찾아가야 할 것이다.

(1) 건축물이 있었던 대지(지목 대)의 주변에 도로가 개설되거나 구획정리사업이 시행되면서 맹지가 되었다면 대체통로가 있어야 하므로 왜 맹지인지 확인해야 한다.

이 대지에 접도한 도로형태의 잡종지는 사업지구 외곽 끝부분에 시행자가 개설한 것으로 주변 토지의 대체도로인 것 같은데 실제는 숲속 길(보행로)로 사용되고 있다.

(2) 이 대지는 95년 3월 구획정리 시행신고 당시 지목이 대(岱)이었고, 10일 후 구획정리 시행신고를 폐지한 곳이다. 그러므로 당시 사업변경계획을 살펴보아야 한다.

이 대지를 사업지구에서 제척하는 변경계획을 수립하려면 주변의 토지에 피해가 생기지 않도록 하여야 할 책임이 사업시행자에게 있고, 지자체장과 협의하였을 것이다.

(3) 이 대지가 접도하고 있는 지목이 도로인 국유지가 3필지가 연속되어 있는데, 지금은 그 도로의 양쪽 끝이 없어져서 쓸모없는 맹지상태의 도로이다.

항공사진 등으로 3필지의 도로가 잘린 시기를 보면 지자체 및 시행자가 건축법 도로 또는 개발행위허가의 진입로를 만들어줄 의무가 있다는 것을 알 수 있을 것이다.

(4) 이 대지는 283㎡의 소형 필지라서 건축신고 대상이므로 건축법 제44조 1항 단서 2호에 의하여 주변에 공지가 있는 곳에는 접도의무의 예외로 건축허가가 가능하다.

구획정리사업 또는 대로개설로 맹지가 된 지목이 대垈인 필지는 건축법 접도의무의 예외로 처리하는 것이 공익과 사익을 비교·교량한 공정한 행정처분일 것이다.

정리 구획정리사업지구 외곽에 있는 지목이 대垈인 사유지(공매된 대지)가 지목이 도로 및 잡종지인 국유지에 접해 있는데, 그 국유도로는 사실상 공원이라서 건축법의 접도의무를 충족시킬 수 없어 건축신고를 할 수 없는 상황이다.

이 잡종지는 시행자가 '공익과 이해관계인의 보호'를 위하여 사업지구 경계에 개설한 대체도로 성격의 도로인지 당시 사업계획을 확인해보고, 지자체는 지목이 대垈인 토지가 도시계획으로 인하여 맹지가 되었다면 국민의 재산권을 보호하기 위하여 건축법 제44조 1항 2호의 예외를 적용하여 맹지탈출을 적극적으로 도와야 할 것이다.

6. (국가)하천구역의 국유재산사용허가

건축허가 및 개발행위허가의 진입로를 만드는 과정에서 물과 관련된 지목을 만나면 ①하천점용허가 ②구거점용허가 ③공유수면사용허가 등을 받아야 할 수 있다.

전	답	과수원	목장용지	임야	광천지	염전
대	공장용지	학교용지	주차장	주유소용지	창고용지	도로
철도용지	제방	하천	구거	유지	양어장	수도용지
공원	체육용지	유원지	종교용지	사적지	묘지	잡종지

사례 121 **하천구역의 현황도로를 공로로 만든 사례**　　　　　경기 양평군

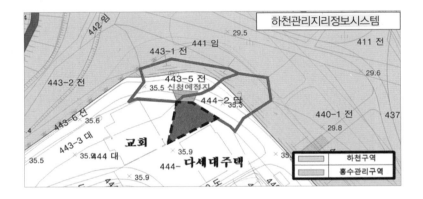

대지(지목 대)가 접도한 국유인 현황도로는 한 필지(지목 전)의 가운데에 있는데, 그 필지의 오른쪽은 하천관리구역이고 왼쪽은 휴경지이며 가운데는 포장된 도로로 사용되고 있다. 지자체에 도로점용허가를 질의하였더니 관리청이 국가라고 한다.

(1) 토지이용계획확인서에는 한 필지 전체가 하천법의 하천구역이다. 그런데 하천관리지리정비시스템(RIMGIS)의 하천구역 표시를 자세히 살펴보니 오른쪽 경사면만 하천구역이고 가운데 도로와 왼쪽의 밭은 하천구역이 아니었다. 그래서 세 개로 분할하여 제방도로 안쪽의 국유재산은 국유재산법에 따라 사용허가를 받으면 된다.

(2) 국가하천 관리청에 질의하니 매 10년마다 하천정비기본계획이 수립되는데 이 필지가 변경계획에 포함될 수 있어 지금 점용허가가 안 된다는 것이다.

그래서 제방도로는 하천구역에 포함되지 않아서 향후 하천정비계획 변경에 영향을 미치지 않을 것이라고 하였더니, 그때 국유재산관리부서로 이관되었다.

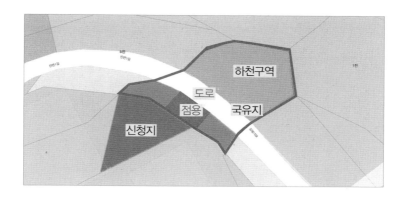

(3) 이 국유지는 실제 현황에 따라 분할하면 되는데, 국유재산 중 행정재산은 국가 및 지자체가 사용하고 있거나 앞으로 사용할 재산이면 사용허가를 해줄 수 없다.

다만 국유재산법 및 국유재산관리규정 제19조에 이웃 필지의 맹지탈출에 협조할 수 있다고 되어 있는데, 이 도로는 다세대주택 등 인근 건축물 통행로로 이용되고 있다.

(4) 이 국유지를 분할하여 하천구역 및 도로구역은 행정재산으로 관리하고, 휴경 농지는 일반재산으로 전환하여 연접한 맹지 소유자에게 대부하거나 매각하는 것이 옳다. 국유재산법에서도 불필요한 일반재산은 처분하는 것이 원칙이다. 그런데 국유지의 전부 또는 일부가 마을안길인 경우에 그 관리를 잘못하고 있어 국민의 고통이 크다.

정리 국유지는 보통 관리청이 지자체이나 국가하천구역은 국토부가 관리청이다. 지자체는 관할구역 내에 있는 지적정리가 되지 않은 국유지를 전수 조사하여 행정재산과 일반재산으로 구분하고 그 실제 이용현황에 맞게 분할하거나 지목변경하여 지적공부地積公簿를 정리하고 일반재산은 주민들이 이용할 수 있도록 하여야 한다.

사례 122 하천점용으로 만든 현황도로를 공로로 만들어라   경북 영덕군

하천점용허가를 받아서 건축된 건축물(사후신고라서 미등기)이 있었는데, 그 건축물 소유권과 진입로의 하천점용권을 분리·양도하여(면사무소 승인) 맹지가 된 사례이다.

건축물 진입로로 사용허가된 하천부지의 점용권을 그 건축물 소유자가 아닌 타인에게 양도할 권리가 있다고 하여도, 허가권자는 그 건축물의 사회적 가치를 무시한 처분이므로 다음과 같은 이유로 허가권자의 재량권의 일탈·남용이 될 수 있다.

(1) 이곳은 지방하천(2급)인데 오래전에 하천은 말라 없어지고 2차선 도로가 제방 역할을 하고 있어 건축물의 진입로, 농경지 등으로 국유재산사용허가를 받을 수 있다.

하천구역을 진입로로 형질변경하려면 하천점용허가를 받아야 하고, 기존 허가권을 타인에게 양도할 때에 허가권자는 그 점용권의 양도로 주변에 피해(진입로 없어짐)가 있는지 확인할 의무가 있다.

(2) 원래 하천점용권자와 주택 소유자가 동일인이었는데, 그 주택이 오랫동안 비어 있고 미등기건물이라서, 허가권자는 굳이 주택 진입로를 보호할 필요가 없다고 한다.

그러나 허가권자는 국가 및 국민을 위해서 국유재산을 효율적으로 관리해야 하므로, 관내 건축물 진입로가 존재해왔다면 그 진입로 이용권을 보호했어야 한다.

(3) 당초 하천점용허가는 1984년 이전에 받아서 현재 자세한 기록이 없다. 그런데 현장을 보면 하천점용부지 내에 이 건축물의 진입로 및 화장실, 창고가 존재한다.

그러므로 하천점용료는 부과기준 미달이지만 허가권자(면장에게 위임되었음)는 점용권의 양수도 신청이 있을 때에 건축물의 진입로가 명백하다면 분리하면 안 된다.

(4) 양수자의 하천점용신청서에 점용목적이 '대지'라고 기재되었다. 이미 건축물의 진입로 및 화장실로 사용되고 있으므로 그 건축물과 점용권을 분리하면 안 된다.

하천법령에 분리할 수 없다는 규정이 없어 재량적 판단을 할 수 있다고 하여도, 하천점용권을 분리하면 기존 주택의 진입로가 없어져서 엄청난 피해가 예상될 곳이다.

정리 사인이 국유인 하천부지를 점용받아 건축물의 진입로로 사용하고 있는 경우 허가권자가 그 하천부지 점용권을 건축물과 분리해서 양도하는 것을 그 점용권자 개인의 권리라고 판단하는 것은 부당하게 행정법을 잘못 집행한 것이다.

이런 상황이 발생한 것도 이해할 수 없지만, 법원이 이 양수도를 승인한 허가청도 법집행에 문제가 없다고 판단한 것은 더더욱 이해할 수 없다.

8. 구거점용허가 받은 공로公路와 교량

사례 123 구거점용받은 현황도로를 공로로 만들어라   충남 아산시

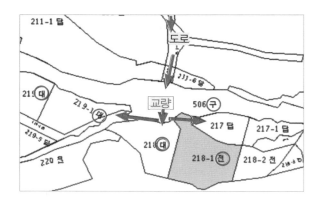

　개발업자가 전원주택 부지를 매각한 후에 그 진입로(교량) 및 하천점용권을 특정인 (3명)에게만 양도하여, 다른 수분양자는 진입로를 사용하지 못하게 되었다.

　(1) 지목이 하천河川이 아니라도 하천구역 또는 소하천구역에 포함되면 그 (소)하천 기본계획에 맞게 점용계획을 수립하여야 하므로 공사면적은 훨씬 넓어질 수 있다.

　구거溝渠를 점용하려면 농업생산기반시설사용허가 대상인지 아니면 공유수면으로 국유재산사용허가를 받아야 하는지를 그 구거 관리청(시군→시도)에 알아보면 된다.

　(2) 하천점용 유효기간은 1~5년인데 기간연장이 가능하다. 하천점용허가*로 만들 어진 구조물(공공용 교량 등)은 공공시설로써 원칙적으로 기부채납대상이다.

　그리고 여러 사람이 사용할 교량을 사인私人이 하천점용허가 또는 농업생산기반시설 사용허가를 신청하면 배타적 사용·수익권이 제한되는 조건부 허가를 하는 것이다.

---

*　하천점용허가권이란 특허에 의한 공물사용권의 일종으로 점용허가기간 동안 허가받은 목적으로 사용할 수 있는 권리로서, 법인의 합병, 상속 등으로 양도가 가능하다.

(3) 기득 하천사용자가 새로운 허가로 손실을 받게 됨이 명백한 경우에는 지금 신청인은 기득 하천사용자의 동의를 받아야 한다(하천법 제34조 및 영 제39조).

다만 새 신청자의 사업이 공익성이 뚜렷하게 큰 경우와 기득 하천사용자의 손실을 방지하는 시설의 설치로 그 사업시행에 지장이 없을 경우에는 동의를 면제하고 있다.

(4) '하천사용허가 사전확인제'가 있다. 하천점용허가는 많은 비용과 시간이 소요되고 절차가 복잡한데, 간단한 서류와 사업계획만으로 허가여부를 확인하는 제도이다.

이때 국가계획과의 상충여부, 타법과의 저촉여부 등 허가가능여부 전제조건을 충족하고 있는지를 사전에 개략적으로 검토하는 것이다. 주택 등에 활용하면 유익하다.

정리 건축허가 및 개발행위허가를 받아서 건축공사가 완료되어 준공승인을 받기 전에 그 허가권을 매수하는 경우에는 허가서에 첨부된 허가조건이 무엇인지 꼼꼼히 확인하는 것이 중요하다. 개발행위허가에 의제된 물 관련된 점용허가로 도로가 만들어지면, 그 도로의 공공성으로 배타적 사용·수익권이 제한되는 것이다.

또한 구거점용허가를 받아서 건축물이 준공되지 않은 상태에서 그 건축허가권을 매매하려는 경우에 그 교량의 양쪽 토지소유자의 동의가 없으면 맹지라고 생각할 수 있는데, 건축허가가 취소되지 않는 한 맹지는 아니다.

9. 지자체가 포장한 국유인 임야(현황도로)

사례 124 임야(국유)의 현황도로를 지자체가 포장한 한 사례 　　　제주시

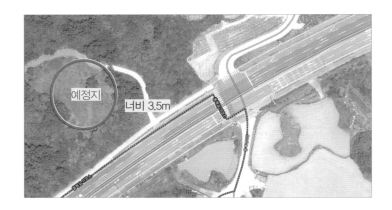

　　자연녹지지역의 밭에 근생 건축을 하려는데, 4차선 도로에서 대지까지 연결된 진입로는 주변에 공공시설이 들어서면서 기존도로가 절단되었지만 지자체가 포장한 국유(지목 임야)이다. 이 현황도로를 건축법 도로로 인정받아 건축허가를 받고자 한다.

　　(1) 건축허가에서 허가권자가 건축법 도로로 지정하려면 그 토지소유자의 사용승낙(국·공유는 사용허가)이 있거나, 건축법 제45조 1항의 예외인 '조례도로'로 가능하다.

　　또한 허가권자가 건축법 제44조 1항 단서인 '해당 건축물의 출입에 지장이 없는 경우로 인정'하면 접도의무 예외로 건축허가를 받을 수 있다(대법원 98두18299).

　　(2) 국유인 현황도로가 공공사업으로 포장되었을 때에, 배타적 이용을 하지 않는다면(법령에 제한이 없다면), 누구나 그 도로를 이용하여 건축허가를 받을 수 있다.

　　국토부는 사유私有라도 행정청이 포장하면서 소유자로부터 동의를 받았다면 배타적 사용·수익권이 제한된 것으로 보고 사용승낙 없이 허가할 수 있다고 해석한다(국토교통부 도시정책과 국민신문고 2016.4.28.).

지적(측량)법의 현황도로

지목이 도로라도 모두 공로는 아니지만(대법원 99두592), 사유인 마을 안길 및 농로의 공로 여부는 '지적재조사지구' 이외에는 지자체가 나서기 어렵다. 또한 측량오차로 인한 분쟁, 지목불합치, 공공성 있는 사업이 종료되면서 지목변경, 주민들이 오랫동안 마을안길로 사용해 온 현황도로를 공로公路로 만드는 데 지적부서의 권한이 필요하다.

1. 2012년 시행된「지적재조사특별법」

'2022년 지적통계'에 따르면 우리나라의 2021년 말 전국 지적공부에 등록된 필지 수는 39,367,416필지이고 국토면적은 100,431.8㎢이다.

그런데 지적불부합지(지적공부의 등록사항(경계·면적·위치)이 실제와 다른 10필지 이상의 지역) 등 지적이 불일치한 토지가 전 국토의 약 15%에 해당되고, 이로 인한 민사소송이 연간 4천 억이 발생하여 2012년 지적재조사특별법이 제정되었다.

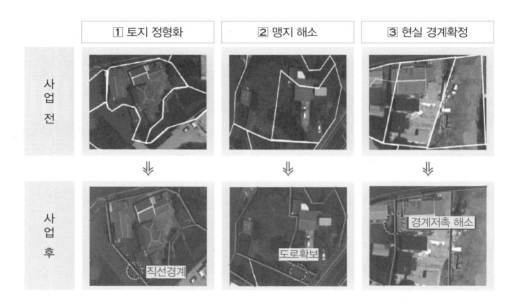

지적재조사사업지구의 재조사사업이 완료되면 ①토지가 정형화되고 ②맹지가 해소되며 ③현실 경계가 확정되는 등 지적이 정확히 정리되어, 개인, 마을, 국가의 부동산 가치가 높아지고, 도로가 생겨 일선 지자체 담당자와 민원인 그리고 이웃 주민 간의 분쟁을 줄일 수 있는 객관적 자료가 되는 것이다.

현재「공간정보관리법」과「지적재조사법」으로 해결이 어려운 현황도로의 지적경계로 인한 이웃 간의 분쟁, 지목불일치 그리고 배타적 사용·수익권이 포기된 수많은 현황도로를「소규모공공시설법」과 함께 공공성을 부여하는 권한을 이 법률에 포함시켜, 국토의 효율적 이용을 달성하면서 국민을 위한 공법체계가 잘 세워져야 할 것이다.

지난 40여 년간 마을안길로 사용되어온 포장된 사유지의 주인이 나타났다. 이곳은 2021년 지적재조사 사업이 완료된 곳이다. 소유자는 지자체에 매수할 것을 요구한다.

소유자의 배타적 사용·수익권은 보장되어야 하고, 주민들의 통행권(=공익)도 보호되어야 한다. 대법원은 배타적 사용·수익권이 제한된 물권은 없지만 일반 공중의 통행로는 소유자의 권리 행사가 제한된다고 하므로 다음과 같이 분석해야 한다.

(1) 소유자의 재산권 보장이다. 국가가 사유재산을 수용·사용·제한하려면 정당한 보상을 하여야 한다. 소유자는 법률의 범위 내에서 소유물을 사용·수익·처분할 권능이 있다(민법 제211조). 다만 소유자라도 민법, 공법 및 대법원 판례 법리에 따라 그 행사에 제한이 있다.

(2) 주민들의 통행권 보호이다. 국가 및 지자체가 정당한 보상을 한 법정도로와 달리 주민들이 40년 이상 이용해온 현황도로는 통행권 보호에 대한 판단이 쉽지 않다.

주민의 안전과 행복을 책임져야 할 지자체장은 공법에 의한 재량권의 범위 내에서 대법원 판례 법리에 맞게 종합적 신중한 판단을 하여야 한다(대법원 88다카16997).

(3) 형법 제185조의 일반교통방해죄는 어떤 경위로 개설되었던, 통행권이 있든 없든, 관리주체가 누구이든 보행과 자동차 통행이 가능한 일반 공중의 통행로를 막거나 훼손하면 10년 이하의 징역 또는 1,500만 원 이하의 벌금형에 처하게 된다(대법원 2021다242154, 2016도12563). 이 법의 집행은 경찰서장의 권한이자 의무이다.

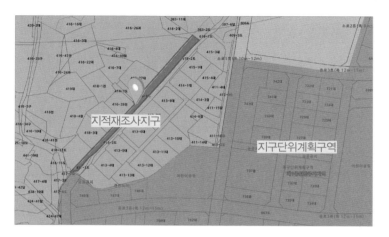

(4) 대법원 판례 법리이다. 소유자 스스로 일반 공중의 통행로로 제공하였거나 택지를 분할·매각하면서 개설된 통로는 배타적 사용·수익권이 제한된다. 이 법리에 따라 소유자의 배타적 사용·수익권이 제한된다고 판단되면 그 지하도 제한되고, 승계취득인의 권리도 제한되어 주민들의 통행권이 보장된다(대법원 2016다264556).

(5) 지자체장의 재량적 판단이다. 이 현황도로는 1929년 지목이 도로로 변경되었다. 지자체장은 헌법과 민법이 정한 사유재산권을 보장하면서 공법을 집행하는 것이다. 만약 미불용지가 아니고 그동안 도로로 사용되었다면, 현 소유자도 토지인도 및 부당이득반환 청구소송에서 기각될 가능성이 높다(대법원 2020다229239).

정리 토지소유자의 재산권은 대세적으로 보장되어야 한다. 다만 대법원이 이런 비법정 현황도로의 배타적 사용·수익권의 제한은 종합적으로 판단하라고 하였으므로, 허가권자인 지자체장은 소유자의 소유권 보장과 통행권 보호를 비교형량하여야 한다. 그러므로 지적재조사사업 전·후의 소유자 권리 제한을 확인하여야 한다.

지적(측량)법의 현황도로 ≫

2. 지적재조사지구로 결정되었지만 불안한 사례

사례 126 농지 위에 70년 된 건축물 진입로   경기 남양주시

수도권 지하철역 근처의 밭에 1950년 사용승인된 건축물이 있는데 맹지이다. 이곳은 2020년 지적재조사지구로 지정되었는데 지자체가 법에 따라 조정을 하고 있다.

자연녹지지역(도시지역)에 있는 오래된 건축물의 대지는 진입로가 없는 경우가 많다. 이곳은 「지적재조사특별법」의 재조사지구이므로 다음 사항을 확인해야 한다.

(1) 1950년대 도시계획구역 외 지역에서 농가주택을 짓기 위한 농지전용은 허가·신고가 불필요하였고, 「농지의 보전 및 이용에 관한 법률」(1973)이 제정된 이후에도 일정한 요건에 해당하면 허가 없이 합법적으로 건축되었다(대법원 2020두30665).
당시 비도시지역이어서 건축법 도로로 지정하지 않은 현황도로로 가옥대장이 있다.

(2) 지적재조사지구에서 새로운 지적경계는 법 제14~18조에 따라 결정되므로 맹지소유자는 현실 경계와 다른 통지를 받으면 이의신청서를 제출할 수 있다.

경계확정은 양당사자의 합의가 우선이지만 합의가 안되면 경계결정위원회가 결정한다. 이의신청 결과에 불복하면 행정소송 판결이 확정되어야 경계가 확정된다.

(3) 지목불일치로 인하여 여러 가지 손해를 보고 있으므로, 건축물 대지의 지목이 대垈가 아니라면 지적공부의 근거서류를 찾아서 지목합치 절차를 밟아야 할 것이다.

농지(지목 전·답·과수원) 위에 합법적인 건축물이 있다면 국가는 직권으로 지목을 일치시켜야 한다. 현행법으로 어렵다면 법을 개정하여 국민의 재산권을 보호해야 한다.

(4) 농지 위에 있는 건축물을 양성화하여 지목변경을 하려면 건축물이 언제 지어졌는지에 따라 농지보전부담금의 납부여부가 달라질 수 있다(농업인은 면제된다).

「농지의 보전 및 이용에 관한 법률」(1973)과 「농어촌발전특별법」(1990)이 제정되기 전에 허가 없이 합법적으로 건축하여 거주한 건축물은 부과대상이 되면 안 된다.

(5) 1950년 당시 비도시지역은 진입도로가 중요하지 않아서 도로지정 없이 사용승인되었다면, 이제 국가(지자체)와 국민(주민)이 합심하여 해결책을 찾아야 할 것이다.

당시 법령의 미비 또는 자동차가 없던 시절이라서 통행로 개설을 면제해주었다는 논리와 민사사안이라서 나설 수 없다는 핑계로 그 책임을 신청자에게 떠밀면 안 된다.

정리 도시 외곽에 이렇게 지적정리가 안 된 채로 방치된 토지가 의외로 많다. 그래서 2030년까지 국가는 지적재조사지구를 지정하여 경계분쟁 해소, 맹지탈출을 위한 노력을 하고 있지만, 인력 및 예산의 한계가 있어 일부만 진행되고 있고, 10호 미만의 소마을의 마을길 및 농로는 언제 해결될 수 있을지 요원한 실정이다.

국가와 지자체는 현존하는 현황도로는 그 소유자의 신청에 의하여 이웃 간의 분쟁을 합리적으로 조정하고, 그 소유자의 배타적 사용·수익권의 제한 여부를 종합적으로 판단할 권한을 「지적재조사특별법」, 「공간정보관리법」, 「소규모공공시설법」 등에 명시하여 주민들의 고통을 조기에 해결해주는 것이 국가균형발전의 초석이 될 것이다.

지적재조사지구의 지적도의 맹지

경기 김포시

2000년 사용승인을 받은 건축물에 거주하고 있다. 당시 진입로는 지적도에 없었지만 사실상 통로는 있었다. 이번 이 동네가 지적재조사지구로 편입되었다.

지적재조사지구가 되면 기존의 지적은 없어지고 현황대로 측량해서 현재 점유한 상태로 새로운 지적을 만들어지면서, 시행자는 소유자 간의 이해를 조정하고 그 조정이 안되면 위원회에서 결정하게 된다. 이때 소유자의 면적 증감은 정산하게 된다.

그동안 지적에 없었던 도로가 새로 생기게 되면, 그 도로에 접한 주변 토지는 개발이 가능할 것이므로, 시행처에서 사업계획 도면을 미리 확인해볼 필요도 있다.

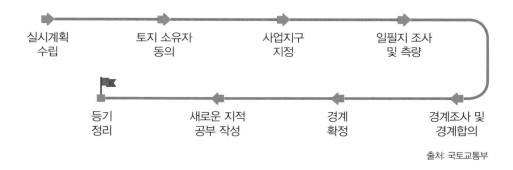

실시계획
수립

토지 소유자
동의

사업지구
지정

일필지 조사
및 측량

등기
정리

새로운 지적
공부 작성

경계
확정

경계조사 및
경계합의

출처: 국토교통부

3. 지적과 현황이 다른 (지적불일치) 마을길

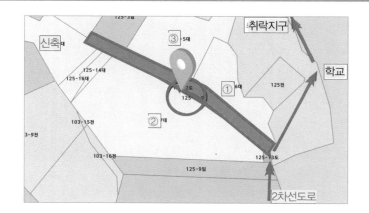

지적도의 진입로(막다른 도로) 폭은 4m인데 현황은 3m이다. 이 현황도로는 수년 전에 소유자가 합의하여 지목을 도로로 바꾼 것으로 지분 60%를 소유하고 있다. 지적공사에 경계측량을 요구했더니 지분권자 모두의 동의가 있어야 한다고 하고 군郡은 면에서 해결할 사안이라고 하는데, 이웃 지하주차장 및 담장이 도로를 침범하였다.

비도시·면지역은 건축법 도로지정이 없었으므로 다음과 같이 대응하면 될 것이다.

(1) 비도시·면지역은 건축법 제44−46조가 적용되지 않으므로 현재 진입로로 가능하고 개발행위허가에서도 주택은 마을안길 및 농로를 진입로로 인정받을 수 있다.

수익적 행정처분인 허가는 불법이 아니면 허가청도 취소할 수 없고, 수허가자는 허가서대로 시공하면 사용승인되므로(대법원 95두15283), 건축신고를 접수해야 한다.

(2) 토지면적의 과반을 소유하면 경계측량을 신청할 수 있을 뿐 아니라(민법 제265조), 관리를 위하여 특정 부분을 단독으로 사용할 수 있다(대법원 2021다252458).

지적공부를 정리하는 경우에는 지분권자 모두의 동의가 필요하나, 합의가 되지 않으면 지분권자를 상대로 소송 등으로 합리적으로 해결하면 될 것이다.

(3) 진입로 좌우에 있는 주택의 대문, 경계석, 주차장, 수목 등이 경계를 침범하여 실제 도로의 너비가 3m 이내라면, 당시 형질변경 허가서 및 지목변경 서류를 정보공개 요청하여 토지분할이 먼저이었는지 시설물 설치가 먼저인지 확인하여야 할 것이다.

만약 지적정리가 먼저이었다면 도로 양쪽의 불법시설은 철거되어야 할 것이고, 시설물 설치 후 지적정리가 나중이었다면 다시 측량해서 해결책을 찾아야 할 것이다.

정리 택지를 분양하면서 만들어진 진입로는 배타적 사용·수익권이 제한된다(대법원 2016다264556). 그러므로 건축법 도로로 지정되지 않았어도 소유자가 막을 수 없다.

토지의 공유자는 그 도로의 이용권은 있지만, 독자적으로 시설물 설치 등을 할 수 없으므로 도로의 통행에 지장을 주는 각종 시설물은 철거되어야 할 것이다.

또한 이 진입로는 5채 이상의 주택의 통행로이고 인근 토지소유자들이 자유롭게 사용해온 일반 공중의 통행로라면 특정인이 이 도로의 통행을 막으면 일반교통방해죄가 성립할 수 있다. 그러므로 일단 이웃 주민들과 대화로 타협하고, 안되면 면사무소와 군청 등에 이웃의 불법사항 등을 고지하고 해결(중재)를 요청하면 될 것이다.

4. 지자체는 건축물 배치도면 경계를 책임져야 함

사례 129 법면 사용승낙으로 경계를 침범한 사례 경기 오산시

앞 건축물의 건축사 및 건축주에게 법면처리용으로 사용승낙해주었는데 그들이 건축물 대지에 포함하여 허가 및 준공을 하였다. 다음과 같이 권리를 찾아야 할 것이다.

「건축물대장의 기재 및 관리 등에 관한 규칙」 제12조제2항제3호의 현황측량성과도는 「지적법」상 지적측량수행자가 작성한 지적현황측량성과도만이 아니라 「측량법」상 측량기술자 자격이 있는 자가 작성한 현황측량성과도도 포함되는 것이다(법제처 07-0218).

(1) 지적측량을 할 수 있는 자격은 한국국토정보공사(LX)와 일반측량업체에 있다(법제처 07-0218). 지적공사(LX)의 측량도면은 지자체장의 확인을 받으면 곧바로 지적공부를 정리할 수 있지만, 일반측량업체의 측량도면으로는 지적공부를 정리할 수 없다. 그런데 건축사의 도면은 생활정보지리시스템으로 가능하여 경계분쟁이 생길 수 있다.

(2) 건축공사가 완료되어 준공 및 사용승인을 받으면 건축물대장을 만들게 되는데, 이때 건축사가 제출하는 도면은 일반측량업체의 측량도면으로 가능하다.

그러나 분쟁이 생기면 지적공사의 도면으로 위반여부를 가리게 된다. 이때 양쪽의 측량결과(성과도)가 다르면, '지적측량적부심사'로 침범여부를 가리게 된다.

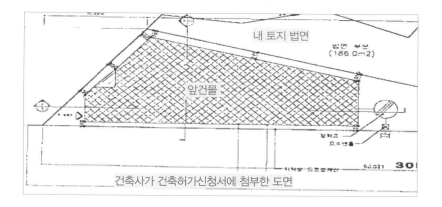

건축사가 건축허가신청서에 첨부한 도면

   (3) 이런 분쟁이 생기면 먼저 시·군·구청에 내 토지의 경계(복원)측량을 신청하고, 앞집 건축허가 관련정보의 공개를 신청할 수 있다(정보공개법 제9조 6호 다목).

   그런데 공사 중 경계 침범으로 인한 권리분쟁은 건축물대장에 첨부된 배치도 등으로 알 수 없기 때문에, 개발행위허가신청서 등의 공개를 요청하여야 한다.

대법원 2014두5477   판례 살펴보기 🔍

정보공개법 제9조 제1항 각호에서 정하고 있는 비공개사유에 해당하지 않는 한 이를 공개하여야 한다. 이를 거부하는 경우라 할지라도, 대상이 된 정보의 내용을 구체적으로 확인·검토하여, 어느 부분이 어떠한 법익 또는 기본권과 충돌되어 정보공개법 제9조 제1항 몇 호에서 정하고 있는 비공개사유에 해당하는지를 주장·증명하여야 하고, 그에 이르지 아니한 채 개괄적인 사유만을 들어 공개를 거부하는 것은 허용되지 아니한다.

---

   (4) 행정정보는 공개가 원칙이고, 이웃 간의 권리분쟁 등에 있어서 공개여부에 대한 판단은 지자체장의 재량이지만, 비공개사유는 구체적이어야 한다(대법원 2014두5477).

   그러므로 지자체장은 정보공개로 인하여 개인정보가 노출되어 제3자의 피해가 없도록 최대한 노력하면서, 조기에 분쟁이 해결되도록 적극행정을 하여야 할 것이다.

정리 모든 허가기준을 법령에 담을 수 없기 때문에 허가권자에게 재량권을 부여하는 것인데, 지자체는 이런 분쟁에 대한 정확한 판단이 워낙 복잡하고, 적극행정(정보공개)으로 인하여 혹시 있을지도 모르는 불이익이 두려워 소극행정을 하고 있다.

5. 국가는 국·공유지를 현황대로 합필하라

사례 130 국·공유지는 지목합치와 합필을 해야 함   서울 영등포구

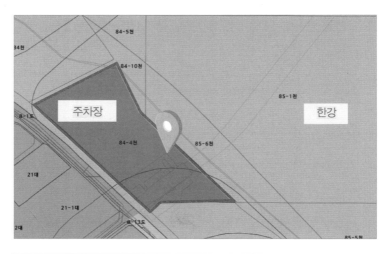

　위 도면은 서울 여의도인데 주차장의 지목은 천川이고, 한강의 물 아래 토지는 수많은 천川이 합필되지 않았다. 아래 도면은 대형 저수지인데 물 아래의 토지는 유지, 임야, 도로, 구거, 묘지, 대 등 수많은 지목이 섞여 있고 합필되지 않았다.

　국토교통부는 지난 2011.7.20. 이런 필지를 합병 및 지목일치하겠다고 보도자료를 냈으나('도로·하천 등 국·공유지 지적, 제 모습 찾는다'), 여지껏 해결되지 않고 있다.

6. 지자체는 마을안길을 현황대로 맞추라

사례 131 마을안길의 지목이 도로+전+구거 등임 　　　　　　　세종시

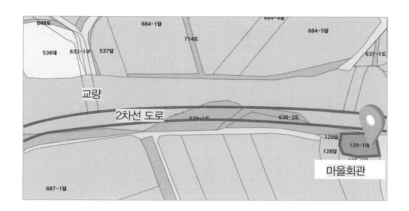

　사인이 개발하는 토지는 준공이 되면 지목변경과 지적합병 및 분필을 60일 이내에 하여야 한다(공간정보관리법 제79-81조). 그러나 국가 및 공공기관이 하는 사업에는 준공 후에 지목변경 및 합병이 되지 않은 곳이 많아서 큰 불편이 있다.

　국민의 생활과 직결되는 도로 등 공공시설은 실제 현황에 맞게 경계측량 및 지적정리를 하여야 하는데 그렇지 않았다. 2016년 제정된 「소규모공공시설법」에 의하여 도로, 교량 등이 공공시설로서 관리되고 있지만 지적정리는 엄두조차 못 내고 있다.

공간정보관리법 시행령 제67조(지목변경 신청)　　　　　　　🔖 법 조항 살펴보기

① 법 제81조에 따라……
　1. 관계 법령에 따른 토지의 형질변경 등의 공사가 준공된 경우
　2. 토지나 건축물의 용도가 변경된 경우
　3. 도시개발사업 등의 원활한 추진을 위하여 토지의 합병을 신청하는 경우

정리 　현재 지적재조사지구로 지정되거나, 공간정보관리법 제86에 따라 의무적으로 처리해야 하는 31곳의 개발사업만 '지적확정측량'으로 처리될 뿐, 기존의 국·공유 및 공공시설의 지적정리는 대부분 엄두조차 내지 못하고 있다.

사례 132 도시계획예정도로와 지적도의 진입로 차이   경기 시흥시

이곳은 개발제한구역이고 집단취락지구인데, 지적도의 도로 1m 정도가 임야로써 도시계획예정도로와 다른데, 그 지목이 도로라도 사유이면 사용승낙이 필요하다고 한다.

개발제한구역에서 개발행위허가는 재량권이 있으나(대법원 98두17593), 이 도로는 다음과 같은 이유로 배타적 사용·수익권이 제한된 공로公路로 볼 수 있을 것이다.

(1) 이 현황도로는 1976.2.1. 전에 개설된 도로이므로, 건축법 도로의 지정·공고한 근거(=처분)가 없어도 이미 건축법 도로이다(대법원 2011두27322, 2011두815).

이 현황도로는 1974년 공장허가를 위하여 스스로 개설한 4m 이상의 도로이므로 그 포장 여부 및 소유권과 상관없이 이미 건축법(부칙)도로이므로 공로인 것이다.

(2) 50년 가까이 주민들이 자유롭게 이용하고 있고, 허가권자는 소유자의 사용승낙을 받아서 산업단지의 건축허가를 하면서 건축법 도로로 지정했어야 한다.

도시계획법 등의 개발허가에 협의규정이 없었더라도 주민들이 공동으로 이용하는 도로이므로 배타적 사용·수익권의 포기각서 등을 받았을 것이다(대법원 96다20581).

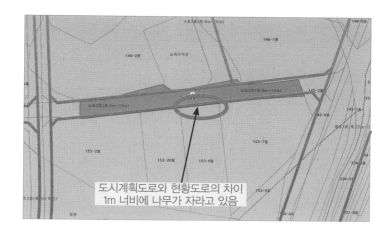

도시계획도로와 현황도로의 차이
1m 너비에 나무가 자라고 있음

(3) 당시 도로로 형질변경하면서 그 설계도서를 제출하였을 것인데, 설계도면대로 시공하지 않으면 준공 시 전체면적을 도로로 지목변경해서는 안 된다.

그런데도 준공 시 허가권자가 제대로 검토하지 못했거나 측량오차로 일부가 형질 변경이 안 되었다면 그 책임을 지금 허가신청하는 주민에게 지우면 안 된다.

(4) 현황도로소유자를 상대로 민법 제219조의 주위토지통행권 확인소송을 통하여 건축법 도로를 확보할 방법도 있다(대법원 2012두9932, 서울고법 2011누15802).

그러나 허가권자가 주민들을 위하여 이 사유도로의 배타적 사용·수익권이 법률로 제한되었다는 것을 근거로 '해당 건축물의 출입에 지장이 없다'고 판단하는 것이 옳다.

정리 허가권자는 ①1974년에 개설된 도로이므로 당연히 건축법 도로이고 ②개발 제한구역에서 도로로 지목변경할 때에 도시계획법의 엄격한 입법취지에 맞게 시공했을 것이며 ③이 현황도로를 이용하는 주민들의 기득권을 보호해야 할 책임이 있다.

그러므로 이 도로가 여러 이유로 배타적 사용·수익권이 제한된 공로라고 판단하여 사용승낙 없이 허가하여야 하고, 추후 그 현황도로소유자와의 부당이득반환 소송은 당시 허가서와 대법원 판례 법리로 방어할 수 있을 것이다(대법원 94다20013).

8. 공공시설의 지목변경은 법령에 따라야 함

2차선 도로의 지목을 도로로 바꿀 수 없다?　　　경북 포항시

　　관광농원사업승인을 받아서 허가서대로 준공하여 사용승인을 받았다. 이때 2차선 공도公道에서부터 6m 너비의 진입로(2차선 포장도로)의 지목이 유원지가 되었다.

　　다음 건축허가를 위하여 도로로 지목변경을 신청했더니 그 도로에 접한 토지주의 동의가 필요하다고 하였다. 이 판단은 다음과 같은 이유로 잘못된 것이다.

　　(1) 준공 후 지목을 변경하려면 공간정보관리법 제81조에 따라 준공검사필증이 있어야 한다. 사실상 완료되었다고 하여도 준공승인이 안 되면 지목변경이 될 수 없다.

　　허가청은 지목변경하려면 주변 토지소유자의 사용승낙을 받아야 한다고 했다가, 선례가 없어 안 된다고 한다. 그런데 법령에 제한이 없으면 변경이 가능한 것이다.

　　(2) 현황도로가 법정도로 수준의 구조·너비이고, 소유자 스스로 일반 공중의 통행로로 제공하겠다면, 주변 토지 이용자들을 위하여 지목변경을 권장하여야 한다.

　　이런 공공시설의 확보가 지자체장의 의무인데도 불구하고 법률적 제한근거도 없이 주변 토지소유자의 동의를 받으라는 것은 허가권자의 재량권 일탈·남용이다.

(3) 허가권자가 지목변경을 재량적으로 제한할 수 있는 경우는 ①관광농원 사업계획에 어긋나는 경우 ②준공검사가 되지 않은 경우 ③건축법 지정도로를 폐지하려는 경우 ④허가권자의 재량권(대법원 2018두45954) 등이고, 그 이외에는 허용되어야 한다.

다른 법률에 제한이 없으므로, 다음과 같이 지목변경을 신청하면 될 것이다.

① 관광농원 관리부서에서 관광농원 중 사실상 공도로 사용되는 부분을 분할하여 지목을 도로로 변경하여도 건폐율 및 당초 사업계획에 제한이 없는지 확인하여

② (가능하다면) 도시과에서 도로로 지목변경에 동의하지 않으면 주변 동의가 왜 필요한지에 대한 법률적 근거 제시를 요구하여야 한다.

③ (안되면) 사전심사 또는 사전결정 후→불허 시에 소송하면 된다.

정리 토지소유자는 공간정보관리법과 허가관련 법률에 제한이 없다면 지목변경을 신청할 수 있으므로, 허가권자가 법률적 근거 없이 거절하면 재량권 일탈·남용이다.

그리고 이 6m 현황도로(지목 유원지)는 이미 공공시설 및 공익시설이 되었으므로, 허가권자는 그 소유자의 배타적 사용·수익권의 보호와 이 현황도로를 이용하는 주민들의 이용권(공익)을 동시에 보호하여야 하므로, 지목변경을 허가하여야 한다.

사례 134 폐도를 매각 또는 교환하라

경북 포항시

지자체가 2차선 도로를 개설한 후 지목변경, 합병, 폐지된 도로의 처리, 국유와 사유의 교환 등 지적정리를 하지 않아서 헌법 제122조의 국토의 효율적 이용이 되지 못하고 있는 대표적 사례로 이런 곳은 다음과 같이 해결되어야 한다.

(1) 지자체는 허가받은 곳의 지적만 정리할 것이 아니라 주변 토지의 지적까지 정리해서 다음 개발행위허가의 진입로를 만들어 마을 전체의 부동산 가치를 높여야 한다.

즉 사업부지만이 아니라 주변 토지의 지목변경, 경계측량, 합병 및 분할 등 모든 지적정리를 할 수 있는 권한을 지적부서에 부여하여 전체를 정리해야 할 것이다.

(2) 행정재산의 효율성에 대한 검토를 하여야 한다. 즉 국공유지의 관리청인 지자체가 나서서 국공유지의 효율성을 높여 국토의 효율적 이용에 앞장서야 할 때가 되었다. 이 마을을 보면 폐도廢道된 도로가 사유지 가운데에 알박기처럼 방치되어 있다.

2차선도로가 개설되면서 비법정 국유 도로가 폐도되는 등 행정재산이 기능을 완전히 상실하여 보전할 가치가 없으면 일반재산으로 만들어 매각하거나 교환하여야 한다.

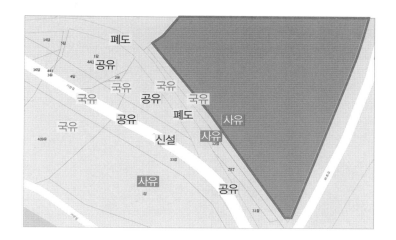

(3) 이곳은 농지법의 농업보호구역이라서 경지정리는 안 되었지만 대형 농기계를 이용할 수 있는데도 교환 등 지적정리가 되지 않아서 마을 가치가 떨어지는 곳이다.

2차선 도로가 향후 4차선으로 확장될 가능성이 있으므로 도로 주변의 국공유지를 함부로 매각할 수 없지만, 인근 사유지와 교환하여 마을 전체의 가치를 높여야 한다.

(4) 농업인들에게는 개발행위허가 및 농지전용에 있어 기존의 마을안길 또는 농로로 허가가 가능하기 때문에 현황도로(마을안길 및 농로)를 정리할 필요성이 크지 않다.

그러나 대도시 인근의 사유인 농로 및 마을안길은 주민들 간에 분쟁이 의외로 많으므로 이런 현황도로가 된 마을안길 및 농로에 대한 선제적 해결이 필요하다.

정리 지자체는 국·공유인 도로의 이용권 분쟁과 국유인 비법정 도로의 너비확충 등을 통하여 농촌 마을의 부동산 가치를 높이는 방안을 연구해야 할 것이다. 특히 지목이 도로가 아닌 국유 비법정 도로를 합법적 도로가 될 수 있도록 노력해야 한다.

또한 국가 및 지자체 등 공공기관은 비도시지역에 도로를 개설하거나 농어촌정비법에 의한 농업기반시설인 도로를 개설하면서 그 사업지 주변의 지적을 정리하지 않아서 생긴 사유인 현황도로로 인한 분쟁 해결에 적극 나서야 한다.

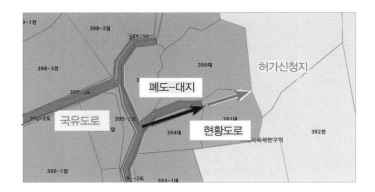

대지가 지적도에는 국유인 도로에 연결되어 있으나, 그 국유도로 위에는 옆집 담
장이 있고, 실제 사용하는 도로는 이십여 년 동안 아스콘 포장된 사유지이다.

이곳은 비도시·면지역이라서 건축법 도로의 지정의무는 없지만, 개발행위허가에
서 도시계획조례로 지정할 수 있으므로, 다음 사항을 검토해야 할 것이다.

(1) 대지에 접도의무는 없지만 자동차 통행로는 있어야 한다(법제처12-0559). 지
목이 대垈라도 기반시설이 없으면 지하에 사용승낙이 필요할 수 있다(대법원 2009두
19960). 이곳은 자동차 통행이 가능한 통로가 있으므로 개발행위허가가 가능하다.

(2) 개발행위허가에서 도시계획조례로 건축법 도로를 지정할 수 있고, 사용승낙이
없이 허가하려면 그 진입로의 배타적 사용·수익권이 제한된 근거가 있어야 하는데, 주
변은 사후신고 건축물일 것이므로 허가권자의 해석을 확인하여야 한다(평등의 원칙).

(3) 1,000㎡ 미만의 단독주택 등은 마을안길 및 농로로 가능하다(지침 3-3-2-1
⑷). 이곳은 30여 년 전부터 포장되어 마을안길 및 농로로 사용되고, 내 토지의 전 소
유자이므로 민법 제220조의 무상통행권이 있어 막지 못할 것이다. 또한 당시 사용승
낙을 받아 이용자가 포장하였다면 통행지역권도 성립할 수 있다(대법원 2001다8493).

법령 개정과 적극행정지침 제정

건축법 도로가 되지 못한 비법정 현황도로를 이용한 건축허가에서 허가권자는 건축법 등 허가 관련 법령의 예외와 소유자의 배타적 사용·수익권이 제한될 수 있다는 대법원 전원합의체 판례(2016다264556) 법리에 맞는 현황도로는 공법 및 민법에 따른 재량적 판단으로 현황도로 소유자의 사용승낙 없이 건축허가를 할 수 있어야 할 것이다.

1. 국토부와 행안부는 국민을 위해 공로^{公路}를 찾아라

> 1 현황도로는 이용자인 주민들의 기득권을 먼저 판단하라.
>
> 2 대법원 판례 법리(배타적 사용·수익권 제한)를 적극 활용하라.
>
> 3 타인 토지가 2필지 이상이 접한 현황도로는 공로로 보라.
>
> 4 건축물의 진입로는 원칙적으로 (지정)도로로 보라.
>
> 5 지자체는 공법과 사법을 이해하는 법률전문가를 확보하라.

(1) 건축물의 진입로가 건축법 도로에 연결될 때에 그 (건축법) 도로는 모두 공공시설이고 공익시설이라는 관점에서 현황도로 문제를 바라보아야 할 것이다.

(2) 현황도로소유자 또는 개설자가 건축허가, 개발행위허가 등에서 허가권자에게 도로의 공공성을 인정하고 일반의 사용에 동의하였을 것이므로 공로로 보아야 한다.

(3) 건축법 도로지정이 원칙이므로 그 지정도로에 접한 필지는 소유자의 동의 없이 건축허가를 받을 수 있어야 한다. 그렇지 않으면 미지정 도로에 불공평이 생긴다.

(4) 대지의 진입로가 합법적으로 개설되었다면 건축법 – 국토계획법 – 산지관리법에서 규정한 목적이 달성되었으므로, 사유라도 사용승낙을 또 요구할 명분이 약하다.

(5) 지자체 허가부서에 1934 – 1962 – 2022년까지 각종 허가관련 법령과 그 연혁법 그리고 소유자의 배타적 사용·수익권의 제한을 종합적으로 판단할 전문가가 필요하다.

정리 지자체는 현황도로소유자의 재산권 보장과 주민들의 기득권(통행권)을 비교교량하여, 도시지역의 노후화된 주거지역의 골목길, 비도시지역의 개발행위허가로 만들어진 도로와 산지전용 또는 농지전용허가 규정이 제정되기 전부터 주민이 이용해온 마을안길은 배타적 사용·수익권이 제한된 토지로 보고 공로를 만들어가야 할 것이다.

2. 건축법 지정도로의 위상을 높여라

> 1 허가 시 제출한 진입로는 배타적 사용·수익권의 포기로 보라.
>
> 2 접도의무 예외에 배타적 사용권이 제한된 도로도 포함하라.
>
> 3 지하 및 승계인의 권리도 제한된다(대법원 전원합의체 판례).
>
> 4 막다른 도로의 정의를 구체화하라.
>
> 5 지정도로를 훼손하면 처벌규정을 정확히 적용하라.

(1) 1962년부터 소방도로를 그려서 허가권자에게 제출하면 그 진입로가 공로에 연결된 것을 확인하고 건축허가하였다. 그러므로 도로지정이 없어도 공로일 수 있다.

(2) 허가권자의 재량권인 건축법 제44조의 접도의무 예외의 범위를 각 지자체가 공평하게 적용하되, 배타적 사용·수익권이 제한된 사유도로도 포함하라.

(3) 허가권자가 여러 가지 사정을 종합적으로 분석하여 배타적 사용·수익권이 제한되었다고 판단하면 그 지하도 제한되고 승계인도 제한된다(대법원 2016다264556).

(4) 골목길은 막다른 도로도 있고 통과도로도 있다. 막다른 도로는 76.2.1. 건축법에 도입되었고 그 전의 너비 4m 미만의 도로는 허가권자가 지정한 도로만 공로이다.

(5) 건축법 지정도로에 건축하면 건축법 제47조 위반으로 3년 이하의 징역 또는 5억원 이하의 벌금에 처한다(건축법 제108조). 그런데 막으면 처벌이 애매하다.

정리 건축허가(신고)에서 허가권자는 소유자로부터 사용승낙을 받아 건축법 도로로 지정·공고하고 도로관리대장으로 관리하여야 한다. 이 건축법 도로는 공로☆路이다.
다만 소유자가 배타적 사용·수익권을 포기하였거나, 사용승낙을 해주었지만 지정도로가 되지 못한 현황도로로 추정되면 조례도로로 지정하여 공로로 관리해야 한다.

3. 건축법 조례도로를 활성화하라

> 1 조례도로 신청을 국민의 권리로 이해하라.
> 2 지자체 건축조례를 최대한 통일하라(법 앞에 평등).
> 3 대법원의 배타적 사용·수익권 제한 법리를 적용하라.
> 4 각 실과의 허가정보를 공개하여 조례도로로 만들라.
> 5 건축(후퇴)선은 지정도로 또는 조례도로로 만들라.

(1) 대부분의 지자체는 건축허가 신청인에게 조례도로 신청 권한이 있다고 해석하지 않고, 사유인 경우 사용승낙을 받아 건축법 도로를 지정하여야 한다고 생각하고 있다.

(2) 전국 167개 지자체의 건축조례를 정비하여야 한다. 건축법 제45조에서 권한을 부여받았어도, 국민은 법 앞에 평등해야 하므로 현황도로 종류를 공평하게 해야 한다.

(3) 2019.1.24. 대법원 전원합의체 판례 법리가 조례도로 지정에 활용될 수 있도록 국토부는 수많은 판례를 예시例示로 정리하여 면책규정인 지침을 만들어 하달하라.

(4) 현황도로를 건축법 조례도로로 지정하려면 건축과의 사용승낙만이 아니라 도시과－건설과－산림과－환경과 등 허가관련 모든 부서의 자료를 종합하여야 한다.

(5) 건축법 제46조의 건축선 후퇴로 만들어진 도로는 지정도로 또는 조례도로가 되어야 한다. 골목길의 일부만 건축선후퇴가 있었다고 방치하면 안 된다.

정리 전국의 각 지자체는 선진적인 건축조례를 본받아서 조례도로를 정비하여 국민이 법 앞에 평등하게 하여야 한다. 또한 허가관련 모든 부서가 힘을 합하여 배타적 사용·수익권이 제한된 근거를 찾아 주민들의 통행권 확보에 적극적이어야 한다.
그리고 건축(후퇴)선의 관리도 전국적으로 공평하게 하여야 할 것이다.

4. 개발행위 관련 도로를 공도^{公道}로 만들라

1 적법하게 개설된 현황도로는 모두 건축법 도로로 보자.

2 도시계획예정도로는 공로로 만들어야 한다.

3 개발행위허가 도로는 기반시설이므로 공로 조건부 허가하라.

4 행정계획으로 개설된 도로는 건축법 도로로 보라.

5 각종 법령의 미비 및 상충을 이용자 위주로 바꾸라.

(1) 적법하게 개설된 진입도로는 당초 공공시설로 제공할 의사로 사용동의를 받아 허가받은 것이므로 그 구조·너비기준이 건축법 기준에 맞을 경우 공로로 만들라.

(2) 도시계획예정도로 내에 건축물 진입로로 이용된 현황도로는 자동실효가 되더라도 그 소유자 및 이용자를 위하여 적법하게 보상하여 최대한 공로로 만들어야 한다.

(3) 개발행위에서 진입로는 허가신청자의 의무이므로, 기부채납 대상이거나 공익 및 이해관계인 보호를 위해 개설할 도로는 (공로)관리대장 등재 조건부로 허가하라.

(4) 도시관리계획 등 각종 개발계획(행정계획)이 시행된 사업부지 내외의 도로는 배타적 사용·수익권이 제한된 것으로 보아서 모두 건축법 도로로 보아야 한다.

(5) 각종 법령의 미비 및 상충으로 건축법 도로가 되지 못한 현황도로는 당시 허가신청서를 검토하여 조례도로로 지정하거나 향후 공로로의 사용동의를 받아라.

정리 각종 개발허가에서 기반시설인 도로는 공공시설, 공익시설이므로 소유자가 도로로 사용할 것에 동의하였다면 대법원 판례 법리인 공익과 사익을 비교교량하여 공로의 성격을 부여하여 지자체가 스스로 관리하여야 한다. 특히 비도시·면지역은 건축법 도로지정을 못했어도 대법원 판례 법리에 맞다면 공로로 해석해야 한다.

5. 도로관련 허가정보는 공개를 원칙으로 하라

1 개인정보법 위반이 아니면 허가정보를 모두 공개하라.
2 각 실과의 실무자협의를 강화하여 사전에 해결하라.
3 마을 전체의 발전을 위한 배타적 사용·수익권 제한을 판단하라.
4 상급기관의 사전컨설팅을 활용하여 민원을 해결하라.
5 부서 간 분쟁이 있을 선행 (허가)정보도 모두 공개하라.

(1) 허가권자가 보유한 허가정보는 「정보공개법」에 의하여 공개가 원칙이므로 허가청은 「개인정보법」에 금지된 부분만 빼고 모든 부서의 정보를 적극 공개해야 한다.

(2) 각 실과의 정보를 종합하지 않거나 부존재를 핑계로 공개하지 않으면 결국 법원을 통하여 공개받을 수밖에 없다. '민원실무심의회'를 통하여 선제적으로 해결하라.

(3) 국·공유지 사실상 도로는 물론 사유인 현황도로의 배타적 사용·수익권의 제한에 대한 판단은 마을 전체의 발전을 위하여 그 마을안길의 공공성 측면에서 판단하라.

(4) 허가신청자인 국민이 요청하기 전에 지자체가 먼저 상급기관인 광역지자체에 사전컨설팅을 요청하거나 법제처 등 전문기관에 질의하여 조례도로 등 공로로 지정하라.

(5) 여러 부서의 여러 법령에 의한 복합적인 허가인 경우 선행 허가에서 정리되지 못한 현황도로는 지금이라도 공로로 만들 수 있도록 각종 허가정보를 공개하라.

정리 합법적으로 개설된 현황도로의 배타적 사용·수익권의 포기·제한 여부를 지자체가 직접 해결하지 않고, 허가를 받아야 하는 개인의 급박한 사정을 악용하여 허가신청자에게 소유자로부터 사용승낙을 받아오라고 하는 것은 지자체의 도리가 아니다. 사전 컨설팅과 허가관련 정보공개를 통하여 민관이 협력하여 해결책을 찾아야 한다.

6. 공부와 현황이 다른 지적정리 권한을 지적관련법에 부여하라!

1	지목은 지자체가 직권으로 현황에 맞게 하라.
2	지적경계가 다른 곳은(소형포함) 지자체가 해결하라.
3	등록전환 등에서 면적차이를 국가가 해결하라.
4	지적공부의 디지털화를 서둘러라.
5	측량기준점을 일반측량업자도 사용케 하라.

(1) 지목地目이 공부公簿와 현황現況이 다른 것은 국가와 지자체가 해결할 수 있도록 종합적인 법률 근거를 만들고, 직권으로 해결할 수 있도록 하라.

(2) 지적도의 경계境界와 실제 현황이 다른 곳은 지자체가 그 원인을 찾아서 해결에 적극 나서야 한다. 「지적재조사법」에 작은 불부합지역도 포함하라.

(3) 등록전환에서 임야대장과 임야도의 면적이 다르면 현재 측량된 면적으로 토지대장이 정리된다(법 제19조). 등록전환 및 측량오차로 인한 면적차이를 국가가 해결하라.

(4) 지적공부의 디지털화를 서두르고 그 결과를 국가가 책임져야 한다. 그리고 항공사진(과거포함)을 인허가에서 활용할 수 있도록 법을 보충할 필요가 있다.

(5) 그동안 한국국토정보공사(구, 대한지적공사)가 독점적으로 가지고 있었던 현행 측량기준점(=지적도근점)을 일반 측량사무실이 모두 활용하도록 하라.

정리 지적도 및 임야도는 국가가 국민으로부터 세금을 걷기 위하여 1910년대부터 만들어진 것으로 상당한 오차가 있고, 그 이후 각종 허가로 지적이 변경되는데도, 법령의 근거가 부족하여 지적地籍이 통합적으로 정리되지 못하고 방치되는 것이 많다.
이제 일반 국민의 올바른 부동산 활동을 위해서 제대로 된 지적공부가 필요하다.

7. 각종 공부公簿를 소급·보완해서 (공로)관리대장을 만들라

1 지정도로의 대장 및 도면을 (소급해서) 만들라.

2 건축법의 (총괄)지정도로대장을 만들어 일반에 공개하라.

3 비도시·면지역에도 건축법의 도로규정 적용하라.

4 기존 건축물의 특례를 강화하라(규제이전 마을길).

5 비법정 도로대장과 사용승낙서로 공로관리대장을 만들라.

(1) 건축법 도로로 지정되면 사용승낙이 필요 없는 공로가 되므로(반사적 이익), 그 지정근거를 보관한 도로관리대장과 총괄지정도로대장 및 그 도면을 소급해서 만들라.

(2) 지난 80여 년 동안 건축허가 때마다 만들어진 개별 지정도로를 총괄관리대장으로 합해서 일반에 공개하라. 그래야 국민이 스스로 권리를 찾고 행정력 낭비가 줄어든다.

(3) 비도시·면지역은 건축법 제44~47조의 적용이 면제되지만 이제 자동차 통행량이 크게 늘었으므로 순차적으로 접도의무와 지정도로관리의무를 부여토록 법을 개정하라.

(4) 합법적인 건축물의 진입로에 대한 판단은 당시 허가기준으로 보아야 한다. 건축후퇴선만을 적용하지 않아서 전국의 많은 건축물이 개축되지 못하고 있다.

(5) 건설과·도로과가 보유한 비법정 도로대장과 각종 개발사업을 주도한 실과가 보유한 사유 현황도로의 사용승낙서 등을 한곳으로 모아 공로관리대장을 신설하라.

정리 사유인 현황도로의 배타적 사용·수익권의 포기 또는 제한 여부 때문에 주민들 간의 분쟁과 행정소송이 계속되고 있다. 지자체는 건축법 지정도로 등 개발행위로 만들어진 모든 현황도로를 도로관리대장에 모아서 공로관리대장을 만들어라. 행정안전부는 「소규모공공시설법」을 활용하여 비도시지역에 공로를 개설하라.

8. 국·공유 도로를 찾고, 지적地籍을 정리하라

> **1** 지적공부 정리를 먼저 하고, 최종판단 권한도 부여하라
> **2** 방치된 국·공유 도로의 기능을 활성화하라.
> **3** 지적재조사특별법에 현황도로 해결부분을 강화하라.
> **4** 행정재산을 전수조사하여 불필요한 것은 일반재산 만들라.
> **5** 국·공유 일반재산의 매각·대부계약을 기속행위로 하라.

(1) 지적공부와 실제 현황이 많이 다르다. 공익公益을 위하여 지자체가 직권으로 정정할 권한을 가져야 하고, 공로 여부에 대한 최종 판단권한도 부여해야 한다.

(2) 건설과·도로과는 주민들이 마을안길 또는 농로로 사용하는 유일한 통행로인 국·공유지(지목불문)는 분할하여 건축법 도로로 만들거나 매각하면서 공로로 만들어라.

(3) 2012년부터 지적재조사특별법으로 도해지적의 오차(당시 전국토의 15%)를 해결해가고 있는데 (건축법의 조례도로 지정처럼) 지적법에 공로公路 지정권을 부여하라.

(4) 행정재산인 국·공유지 중에 용도폐지되어 일반재산으로 관리되어야 할 국공유지가 의외로 많다. 지자체는 마을안길 및 농로로 사용되는 모든 국공유지를 조사하라.

(5) 2014년 국유재산법이 개정되어 일반재산은 원칙적으로 매각할 수 있으므로, 국·공유지 관리부서는 국유재산사용허가 또는 대부계약 그리고 매각절차를 쉽게 하라.

정리 국토부와 지자체는 모든 국공유지의 지적정리를 먼저 하고, 이때 도로로 사용되고 있는 모든 현황도로는 국민이 건축법 도로 또는 개발행위 진입로로 사용할 수 있도록 만들어야 한다. 그리고 불요·불급한 행정재산은 일반재산으로 분류하고 도로 등 공익시설로 사용되는 국·공유 재산은 매수신청을 쉽게 하도록 법을 개정해야 한다.

9. 주민협의로 도로개설을 활성화하라

> 1 '건축협정' 범위를 넓히고 적극 홍보하라.
>
> 2 각종 도시재생사업지구 외에도 공로(公路)를 만들라.
>
> 3 마을자조사업을 활성화하고 공개적으로 지원하라.
>
> 4 모든 현황도로의 공로화에 주민이 참여하도록 하라.
>
> 5 상호협상의 표준을 만들고, 도로점용권은 공동사용케 하라.

(1) 2014년 도입된 '건축협정'을 체결할 수 있는 지역을 도시계획에 어긋나지 않은 범위 내에서 최대한 넓히고, 일반 국민에게 정확히 홍보할 필요가 절실하다.

(2) 도시지역은 '도시재생법'의 도시재생활성화계획에 포함되지 못한 곳도 주민들이 기존의 마을길을 공로로 개설할 수 있는 근거를 도시정비법 등에 명시하여야 한다.

(3) 마을자조사업 또는 마을숙원사업으로 개설된 사유인 마을안길 및 농로, 농어촌 정비법으로 개설된 마을안길과 농로 등은 공로라는 근거를 명확히 하고 지원하라.

(4) 도시지역이든 비도시지역이든 사유(私有)인 마을안길 및 농로를 공로(公路)로 만드는 데 그 지역주민들의 직접 참여로 해결하는 것이 효율적이다(마을이장 등 협조).

(5) 분쟁이 있는 소유자와 이용자를 위하여 지자체가 상호협상의 표준안을 제시하고, 면사무소 등에 중재위원회를 설치하라. 도로점용허가권 등은 공동사용토록 하라.

정리 국가 및 지자체는 지역주민들에게 '내 동네는 내가 발전시킨다'는 사명감을 불어넣는 것이 중요하다. 이때 '건축협정' 등의 장점을 설명하여 주민들의 적극 참여를 유도하여야 한다. 특히 농촌에 외지인이 이주하려고 할 때에, 마을안길 또는 대지의 진입로가 사유이어서 분쟁이 있는 곳은 마을에서 협상안을 제시하는 것이 필요하다.

10. 배타적 사용·수익권, 주위토지통행권 등 판례 법리를 교육하라

> 1 현황도로는 원칙적으로 배타적 사용·수익권의 제한으로 보라.
>
> 2 물권법정주의에 반하지 않도록 (허가)공법을 개정하라.
>
> 3 주위토지통행권 확인소송은 민법의 상린관계이다.
>
> 4 허가에서 현황도로의 배타적 사용·수익권을 중재하라.
>
> 5 배타적 사용·수익권 포기가 애매한 곳은 (보상) 해결하라.

(1) 각종 허가로 개설된 현황도로는 공익을 위해 배타적 사용·수익권이 제한된 것으로 보라. 대법원 전원합의체 판결(2016다264556)과 공법의 제한을 같이 교육하라.

(2) 허가신청자는 건축 및 개발행위허가에서 진입로를 확보할 의무가 있으므로 소유자의 사용승낙을 받아 허가권자가 건축법 도로로 지정하면 공로가 되어야 한다.

(3) 현황도로소유자와 이용자의 분쟁을 사적자치 영역이라고 뒤로 빠지지 말고, 대법원이 주위토지통행권을 해석한 사례를 구체적으로 설명하여 그 해결을 도와야 한다.

(4) 허가받아 개설된 현황도로는 소유자와 이용자 간의 민법 분쟁이 아니라 허가청이 공법에 의하여 공로를 만들 의무가 있었던 곳이므로, 소송 전에 중재하여야 한다.

(5) 배타적 사용·수익권의 포기가 애매한 현황도로가 자동차 통행량이 많거나 다수의 주민이 이용하는 경우에는 공로를 확보하기 위해 우선적으로 보상하라.

정리 현황도로를 보상 없이 건축법 도로로 이용할 수 있는지에 대한 판단은 허가청의 재량이지만, 도로는 공공시설이므로 지금처럼 양당사자(이용자와 소유자) 간에 민사적으로 해결하라면서 뒤로 빠지지 말고, 지자체가 중재에 적극 나서야 한다.

배타적 사용·수익권이 제한될 수 있는 민법과 공법을 교육하고, 공법을 개정하라.

11. 일선 허가담당자의 면책규정을 만들라

> 1 현황도로 해결을 위한 허가제도(업무지침)를 만들라.
>
> 2 조례 및 각종 유권해석을 제공하여 부담을 최소화하라.
>
> 3 건축신고의 진입로 판단은 경력자에게 맡겨라.
>
> 4 법제처 유권해석, 사전컨설팅을 적극 활용하라.
>
> 5 국토부는 다양한 적극행정 사례를 공개하라.

(1) 모든 현황도로를 공로(=건축법 도로)로 볼 수 있는 근거를 만들어야 한다. 특히 사유인 현황도로를 조례도로 등 공로로 지정할 수 있는 허가제도를 만들어야 한다.

(2) 마을안길 및 농로의 정의 등을 도시계획조례 및 예규에 정하고, 기존의 자료(각종 결정사례)를 제공하여 허가담당자의 업무처리능력을 높여야 한다.

(3) 건축허가 및 개발행위허가의 진입로에 대한 민원은 (허가관련 경험이 많은 담당관이) 여러 부서의 복합적 의견과 연혁법까지 고려하여 종합적으로 판단하도록 하라.

(4) 국토부-법제처의 법령해석, 상급기관의 사전컨설팅을 적극 활용하여 면책범위를 넓혀라. 또 국민신문고 등에 질의하면 다시 지자체로 미루어져 만족도가 떨어진다.

(5) 국토부는 적극행정 사례를 공개하여 지자체가 일차적으로 현황도로 민원을 해결하도록 하여야 한다. 지자체는 주민들의 기득권을 보호하는 입장에서 판단해야 한다.

정리 현황도로가 건축 및 개발행위허가의 진입로가 될 수 있는지는 허가관련 연혁법과 민법을 동시에 적용해본 경험 많은 공무원이 판단하도록 하여야 한다.

국토부는 건축허가에서 진입로에 대한 상세한 업무지침(예시: '건축법도로길라잡이')을 만들어서 일선 허가 공무원이 적극행정을 펼 수 있도록 보호막을 만들어야 한다.

2017년 저희 연구원에서 《맹지탈출노하우 건축과 도로》를 출간한 이후, 그리고 2018년부터 유튜브에 동영상 강의를 본격적으로 올린 이후, 저희 연구원으로 맹지탈출 및 각종 개발 인허가에 대한 상담 전화가 많이 걸려왔다.

그때마다 느끼는 것은 사인私人이 현황도로를 건축허가의 진입로로 인정받는 것은 굉장히 어려운데도, 허가권자는 미숙한 국민의 편에 서서 설명하거나 판단하지 않는다는 것이다. 그동안 허가청이 법령의 미비로 인하여 누락漏落시킨 잘못을 지금 허가신청자인 국민을 통하여 해결하려고 무리한 요구를 하고 있다는 생각이 들었다.

현황도로가 만들어진 이유는 각기 다르겠지만 합법적으로 개설된 모든 현황도로(=건축법 지정도로가 아닌 도로)는 그 배타적 이용이 명확한 경우를 제외하고 원칙적으로 공로(=사용동의 없이 누구나 사용할 수 있는 도로)로 보고, 그 도로를 이용하는 국민을 위해 사용승낙을 요구해선 안 될 것이다.

왜냐하면 비도시·면지역에서 건축법 제44~47조가 적용되지 않은 경우를 제외하고, 모든 건축물은 건축허가 또는 신고를 받아서 건축되었을 것이므로 당시 허가권자는 건축물 진입로를 건축법 도로로 지정했을 것이기 때문이다.

또한 비도시·면지역의 마을길 및 농로가 사유私有라도 산지전용허가 또는 농어촌정비법 등으로 개설된 도로는 이미 공로公路가 되었을 것이다.

물론 현황도로 소유자의 배타적 사용·수익권은 지자체가 보호하여야 한다.

그러나 그동안 수많은 법령에 의하여 개설된 각종 현황도로는 이미 배타적 사용·수익권이 제한되었을 것인데, 왜 국가 및 지자체는 건축법 도로(=공도)를 만들지 못한 책임을 슬그머니 허가신청자에게 떠미는 것일까?

왜 허가담당자는 허가신청자인 일반 국민의 입장에서 생각하지 못하고 혹시 있을지도 모르는 본인들의 불이익만 생각하는가? 왜 현황도로의 관리에 대한 어려움 때문에 현황도로의 배타적 사용·수익권 제한 여부를 허가부서 및 관리부서 등이 보관하는 허가신청서 등을 확인해보지 않고 건축법 도로관리대장이 없는 현황도로는 모두 사용승낙을 받아오라는 소극행정을 하는 것일까?

국토부는 지금이라도 법령 개정, 업무지침 제정 등을 통하여 일선 허가담당자를 안전하게 지켜주고, 행정법 및 민법을 교육하여 대법원이 요구하는 배타적 사용·수익권의 포기 또는 제한 여부를 종합적으로 판단할 능력을 길러주어야 한다.

그래야 허가 공무원의 적극행정으로 비수도권 및 농촌이 발전할 수 있다. 현행처럼 비수도권 지역의 현황도로의 분쟁을 지자체가 선제적으로 해결하지 않고, 주민들 간의 분쟁을 당사자 간의 문제라고 방관하면 결국 전국 균형발전을 저해하고 도시인의 농촌 지역의 이주를 막는 결과를 가져올 것이다.

디디알부동산연구원

원장 배연자